# Σχεδιασμός περιουσίας για αυτοκατευθυνόμενους λογαριασμούς συνταξιοδότησης

Frank Selden

22 Lions Publishing

# Copyright

Σχεδιασμός περιουσίας για αυτοκατευθυνόμενους λογαριασμούς συνταξιοδότησης

Γράφει ο Frank Selden

# Contents

# Πρόλογος

Το βιβλίο αυτό βοηθά οποιονδήποτε διαθέτει αυτοκατευθυνόμενο λογαριασμό ειδικού σκοπού (SDQA), αυτοκατευθυνόμενο IRA (SDIRA), SoloK ή rollover business startup (ROBS) να κατανοήσει τις αποχρώσεις του σχεδιασμού διαδοχής που προκύπτουν από αυτές τις δομές.

Η μη κατανόηση του τρόπου μεταβίβασης των περιουσιακών στοιχείων του SDQA όταν ο ιδιοκτήτης του λογαριασμού (AO) πεθάνει μπορεί να οδηγήσει σε απαγορευμένες συναλλαγές, διανομές ή αποκλεισμό του λογαριασμού. Η πρόθεση δεν αποτελεί πρόβλημα - σπάνια χορηγούνται παραιτήσεις ή προσφυγές. Ευτυχώς, οι κανόνες δεν είναι επαχθείς. Η συμμόρφωση είναι εύκολη αν γνωρίζετε τις κατάλληλες διαδικασίες.

Οι πελάτες με ρωτούν πάντα πώς δημιούργησα μια νομική πρακτική που επικεντρώνεται στα SDQAs. Μεγάλωσα σε γαλακτοπαραγωγική φάρμα, εγκατέλειψα τη γεωργία στα τριάντα μου για να καταταγώ στην Εθνοφρουρά του στρατού και επέστρεψα από το στρατόπεδο εκπαίδευσης και τη στρατιωτική σχολή για να εργαστώ σε μια τοπική τράπεζα. Αγαπούσα τις τράπεζες. Σχεδίαζα να εργαστώ στον κλάδο μέχρι να συνταξιοδοτηθώ. Πρόσφερα δάνεια, IRAs, αμοιβαία κεφάλαια, προσόδους και βοηθούσα τους ανθρώπους σε σημαντικά ζητήματα ζωής.

Ενώ εργαζόμουν ως τραπεζίτης, γράφτηκα σε ένα τοπικό κολέγιο για να αποκτήσω τα προσόντα για προαγωγή σε περιφερειακό διευθυντή. Οποιοδήποτε πτυχίο ήταν επιλέξιμο- η τράπεζα δεν απαιτούσε πτυχίο στα οικονομικά ή στις επιχειρήσεις. Το τοπικό μας κοινοτικό κολέγιο προσέφερε μόνο λίγα μαθήματα στο απογευματινό του πρόγραμμα. Επέλεξα την ψυχολογία, ένα αρκετά άχρηστο πτυχίο, ίσως κατάλληλο για εργοδότες που δεν ενδιαφέρονται για την ειδικότητα ή για την εισαγωγή σε μεταπτυχιακό πρόγραμμα.

Η τράπεζα στην οποία εργαζόμουν συγχωνεύτηκε με μια μεγαλύτερη τράπεζα κατά το εαρινό τρίμηνο του τελευταίου μου έτους. Με τη συγχώνευση καταργήθηκαν πολλές θέσεις, συμπεριλαμβανομένης και της προαγωγής μου. Η αναδιοργάνωση μετέφερε επίσης τις πωλήσεις επενδύσεων, όλα όσα μου άρεσαν στη δουλειά μου, σε ένα νέο τμήμα τίτλων. Δεν μου άρεσε πια η τραπεζική. Εκείνο το φθινόπωρο γράφτηκα στη Νομική Σχολή, με σκοπό να επικεντρωθώ στον σχεδιασμό ακίνητης περιουσίας. Τότε συνέβη η 11η Σεπτεμβρίου. Ο στρατός με κάλεσε σε ενεργό υπηρεσία. Η νομική σχολή μου επέτρεψε να ολοκληρώσω τις σπουδές μου ενώ βρισκόμουν υπό στρατιωτικές διαταγές. Ο στρατός μου έδωσε άδεια τεσσάρων ημερών, ώστε να επιστρέψω στην πατρίδα μου μετά την εκπαίδευση και να δώσω εξετάσεις. Στη συνέχεια με έστειλαν στο Ιράκ για να ενταχθώ στη μονάδα μου.

Πολλοί στρατιώτες διαπιστώνουν ότι ένας αυτοσχέδιος εκρηκτικός μηχανισμός (IED) μπορεί να τους καταστρέψει ολόκληρη τη μέρα. Στην περίπτωσή μου, ένας τραυματισμός στην πλάτη και μια ενδεχόμενη ιατρική απαλλαγή. Έξι μήνες φυσιοθεραπείας μου επέτρεψαν να εργάζομαι οκτώ με δέκα ώρες την εβδομάδα. Έψαξα για δουλειές που θα μπορούσα να κάνω από το σπίτι. Μια νέα εταιρεία στην περιοχή μας χρειαζόταν έναν δικηγόρο για να βοηθήσει με το προϊόν αυτοκατευθυνόμενου IPA της. Το ωράριο μερικής απασχόλησης και το τραπεζικό μου υπόβαθρο ταίριαζαν απόλυτα με τις ανάγκες τους. Ένα χρόνο αργότερα, προσέθεσαν επίσης ένα προϊόν ROBS. Έμεινα σε αυτή την εταιρεία για δέκα χρόνια, μέχρι που προβλήματα υγείας με ανάγκασαν να κάνω ένα διάλειμμα. Στη συνέχεια άνοιξα τη δική μου εταιρεία, δημιουργώντας, διαχειριζόμενος και ρευστοποιώντας αυτοκατευθυνόμενα συνταξιοδοτικά κεφάλαια. Η εταιρεία αυτή έκλεισε το 2021.

Κατά περιόδους, βοηθούσα να καθαρίσω το χάος που δημιούργησε ένας προωθητής της SDQA που δεν έδινε προσοχή στη λεπτομέρεια ή ο πελάτης που δεν ήξερε τι να κάνει. Ορισμένα χάος προέκυψε επειδή ο ιδιοκτήτης της SDQA πέθανε και ο πελάτης, συνήθως εκτελεστής ή κληρονόμος, έχασε τα περιουσιακά στοιχεία και έλαβε φορολογικό λογαριασμό.

Αυτό το βιβλίο θα σας βοηθήσει να προετοιμάσετε σωστά το σχέδιο ακινήτων σας, ώστε τα περιουσιακά στοιχεία να μεταβιβαστούν σωστά όταν έρθει η ώρα. Θα γλιτώσει εσάς ή τους αγαπημένους σας ενδεχομένως δεκάδες χιλιάδες δολάρια σε περιττούς φόρους και νομικά έξοδα.

Πριν από χρόνια, χτύπησε το τηλέφωνό μου. Αναγνώρισα ότι ο κωδικός περιοχής ήταν το Σαν Φρανσίσκο. Πάτησα το κουμπί για να απαντήσω. Μετά από μερικές ευχάριστες κουβέντες, συμπεριλαμβανομένων σχολίων σχετικά με τον αγώνα Seahawks vs. 49ers εκείνης της χρονιάς, ο καλών με ρώτησε για την SDQA. Απάντησα. Με ρώτησε αν ήμουν σίγουρος για την απάντησή μου. Απάντησα, "100 τοις εκατό" και του έδωσα την κατάλληλη παραπομπή. Ήταν σιωπηλός για μια στιγμή. Στη συνέχεια ρώτησε πόσα μου χρωστούσε.

"Τίποτα!" Λιγότερο από έξι λεπτά! Σε αυτά τα έξι λεπτά, όμως, του έδειξα πώς να αποφύγει τον τεράστιο φορολογικό λογαριασμό που θα προέκυπτε αν έκανε τη συναλλαγή με τον τρόπο που την είχε γράψει. Ευτυχώς γι' αυτόν, μου τηλεφώνησε πρώτος.

Τότε είπε κάτι αξιοσημείωτο. "Σε πειράζει να σου πω κάτι;"

"Καθόλου!"

"'Εθεσα αυτή την ερώτηση σε ένα δικηγορικό γραφείο εδώ στο Σαν Φρανσίσκο. Ήθελαν ένα συμβόλαιο δύο χιλιάδων δολαρίων για να ερευνήσουν το θέμα. Μόλις μου τηλεφώνησαν για να μου πουν ότι ακόμα δεν είχαν απάντηση και ήθελαν να αυξήσουν την αμοιβή. "Υπάρχουν μέρες που μισώ τους δικηγόρους... εξαιρείται η παρούσα εταιρεία".

Μια σωστή απάντηση μπορεί να διαρκέσει δύο λεπτά και να γλιτώσει κάποιος πέντε ή έξι νούμερα σε φόρους και πρόστιμα. Δεν γνωρίζουν όλοι οι δικηγόροι, οι λογιστές ή οι οικονομικοί σύμβουλοι τις απαντήσεις στις ερωτήσεις που καλύπτονται σε αυτό το βιβλίο. Αν οι πληροφορίες αυτού του βιβλίου σας είναι χρήσιμες, μη διστάσετε να τις μοιραστείτε με άλλους που μπορεί να τις χρειάζονται.

Εκτός από τις περιπτώσεις που συζητείται μια πραγματική δικαστική υπόθεση, οι χαρακτήρες σε αυτό το βιβλίο είναι φανταστικοί και δεν έχουν σκοπό να απεικονίσουν πραγματικούς ανθρώπους, ζώντες ή αποβιώσαντες.

Ίσως έχετε ακούσει ότι η IRS μπορεί να απαλλάξει από ορισμένα πρόστιμα ή τέλη εάν ο παραβάτης φορολογούμενος έχει βασιστεί σε επαγγελματική συμβουλή για το θέμα που έφερε την IRS στη σκηνή. Η ανάγνωση αυτού του βιβλίου δεν συνιστά τέτοια εξάρτηση. Αν θέλετε επαγγελματική συμβουλή για την υπεράσπισή σας ενώπιον της IRS, θα πρέπει να βρείτε τον εν λόγω επαγγελματία και να πληρώσετε για τις υπηρεσίες του.

Άλλη μια αποποίηση ευθυνών: Ο φορολογικός κώδικας και οι σύνδεσμοι σε αυτό το βιβλίο είναι σωστοί από τον Ιούλιο του 2023. Εάν αναθεωρήσω το βιβλίο στο μέλλον, θα αλλάξω την ημερομηνία "από" εδώ.

Ελπίζω να βρείτε αυτό το βιβλίο πολύτιμο. Μη διστάσετε να το μοιραστείτε με άλλους που θα μπορούσαν να χρησιμοποιήσουν τις συμβουλές του.

Ευλογίες στο ταξίδι σας,

Frank Selden

Κάπου στην Καραϊβική, 2023

# Εισαγωγή

Διαθέτετε έναν αυτοκατευθυνόμενο εξειδικευμένο λογαριασμό (SDQA), έναν αυτοκατευθυνόμενο IRA (SDIRA), έναν SoloK ή έναν Rollover Business Startup (ROBS); Αν ναι, αυτό το βιβλίο είναι ένα βιβλίο που πρέπει να διαβάσετε. Η κατανόηση των αποχρώσεων του σχεδιασμού της περιουσίας που δημιουργούν αυτές οι κατασκευές είναι το κλειδί για την αποφυγή απαγορευμένων συναλλαγών, διανομών ή ακόμη και αποκλεισμού του λογαριασμού. Οι συνέπειες της μη γνώσης του τρόπου μεταβίβασης των περιουσιακών στοιχείων SDQA μετά το θάνατο του Δικαιούχου Λογαριασμού (ΔΛ) μπορεί να είναι επιζήμιες. Αλλά μην ανησυχείτε, αυτό το βιβλίο είναι εδώ για να σας βοηθήσει. Με σαφείς και συνοπτικές εξηγήσεις των κατάλληλων διαδικασιών, η συμμόρφωση γίνεται εύκολη.

Πώς λοιπόν ο συγγραφέας, πρώην προσωπικός τραπεζίτης, κατέληξε να γράψει ένα βιβλίο που επικεντρώνεται στα SDQAs; Όλα ξεκίνησαν με μια συγχώνευση που άλλαξε την πορεία της καριέρας του. Αφού εγκατέλειψε τον τραπεζικό τομέα και γράφτηκε στη νομική σχολή, κλήθηκε να υπηρετήσει στις ένοπλες δυνάμεις μετά την 11η Σεπτεμβρίου. Τελικά, ένας τραυματισμός στην πλάτη τον ανάγκασε να εργάζεται από το σπίτι, και τότε ήταν που ανακάλυψε τον κόσμο των αυτοκατευθυνόμενων IRAs και των ROBS. Με τις γνώσεις και την εμπειρία του, βοήθησε να καθαρίσει το χάος που δημιουργήθηκε από την έλλειψη προσοχής στη λεπτομέρεια ή απλώς από την έλλειψη γνώσης των άλλων για το τι πρέπει να κάνουν.

Τώρα, έχει βάλει όλη την εμπειρία του σε αυτό το βιβλίο για να σας βοηθήσει να προετοιμάσετε σωστά το σχέδιο ακινήτων σας, ώστε τα περιουσιακά σας στοιχεία να μεταβιβαστούν ομαλά όταν έρθει η ώρα. Το να σπαταλάτε δεκάδες χιλιάδες δολάρια σε περιττούς φόρους και νομικά έξοδα δεν είναι επιλογή, όταν υπάρχει τρόπος να το αποφύγετε. Ο συγγραφέας θυμάται ένα τηλεφώνημα που διήρκεσε λιγότερο από έξι λεπτά, αλλά έσωσε τον καλούντα από έναν τεράστιο φορολογικό λογαριασμό. Αυτό το βιβλίο έχει τη δυνατότητα να σας προσφέρει το ίδιο είδος πολύτιμης διορατικότητας.

Δεν έχουν όλοι οι επαγγελματίες τις απαντήσεις στα ερωτήματα που καλύπτονται σε αυτό το βιβλίο, οπότε είναι σημαντικό να οπλιστείτε με τις γνώσεις που παρέχονται εδώ. Και αν το βρείτε χρήσιμο, μη διστάσετε να το μοιραστείτε με άλλους που μπορεί επίσης να επωφεληθούν. Να θυμάστε ότι η ανάγνωση αυτού του βιβλίου δεν συνιστά επαγγελματική συμβουλή και ότι αν χρειάζεστε νομική εκπροσώπηση ενώπιον της Δ.Ο.Υ., θα πρέπει να αναζητήσετε τις υπηρεσίες ενός εξειδικευμένου επαγγελματία.

Βυθιστείτε λοιπόν στον κόσμο των αυτοκατευθυνόμενων εξειδικευμένων λογαριασμών και στις αποχρώσεις του σχεδιασμού της περιουσίας και πάρτε τον έλεγχο του οικονομικού σας μέλλοντος. Αυτό το βιβλίο είναι ο οδηγός σας για να περιηγηθείτε στις πολυπλοκότητες και να εξασφαλίσετε μια ομαλή μεταβίβαση των περιουσιακών στοιχείων. Μη χάσετε την ευκαιρία να εξοικονομήσετε χιλιάδες ευρώ και να προετοιμάσετε το έδαφος για μια διαδικασία σχεδιασμού περιουσίας χωρίς άγχος.

# Κεφάλαιο 1: Κοινά στοιχεία του SDQA – Σχέδια, λογαριασμοί και αναγνωρισμένα κεφάλαια

Σύμφωνα με την Υπηρεσία Εσωτερικών Εσόδων (IRS), τα αναγνωρισμένα σχέδια περιλαμβάνουν:

Ατομικές ρυθμίσεις συνταξιοδότησης (IRA),

Roth IRAs,

τα προγράμματα 401(k), 403(b) και 457,

SIMPLE IRA Plans (σχέδια για την αντιστοίχιση των αποταμιεύσεων με κίνητρα για τους εργαζόμενους),

Απλοποιημένα συνταξιοδοτικά σχέδια εργαζομένων (SEP),

Απλουστευμένα συνταξιοδοτικά σχέδια μείωσης μισθού εργαζομένων (SARSEP),

IRAs με παρακράτηση μισθοδοσίας,

Προγράμματα συμμετοχής στα κέρδη,

Προγράμματα καθορισμένων παροχών,

Σχέδια αγοράς χρημάτων,

Σχέδια ιδιοκτησίας μετοχών εργαζομένων (ESOP),

Κυβερνητικά σχέδια.

Τα κεφάλαια θεωρούνται αναγνωρισμένα εάν συνεισφέρονται σε αναγνωρισμένο λογαριασμό σύμφωνα με τους κανόνες συνεισφοράς για τον συγκεκριμένο τύπο λογαριασμού. Τα πραγματοποιηθέντα κέρδη φορολογούνται από τον ιδιοκτήτη του λογαριασμού (AO) όχι κατά το έτος που αποκτώνται, αλλά κατά το έτος που ο AO λαμβάνει διανομή από τον λογαριασμό. Αυτό το βιβλίο δεν αφορά τη φορολόγηση των λογαριασμών με ειδικές προϋποθέσεις, τη σύγκριση των τύπων λογαριασμών ή τον υπολογισμό των απαιτούμενων ελάχιστων διανομών. Το βιβλίο αυτό επικεντρώνεται στην κατανόηση του τρόπου δημιουργίας ή διαχείρισης ενός σχεδίου ακινήτων που περιλαμβάνει SDQAs. Μπορείτε να ανοίξετε έναν αναγνωρισμένο λογαριασμό αυτοπροσώπως ή ηλεκτρονικά σε τράπεζες, χρηματιστήρια, εταιρείες χρηματοοικονομικών συμβούλων και απευθείας σε ορισμένους θεματοφύλακες. Η εύρεση ενός ιδρύματος που προσφέρει χαρακτηριστικά SDQA είναι πιο δύσκολη.

Αν μπαίνατε στην τράπεζα όπου εργαζόμουν και ζητούσατε να ανοίξετε έναν λογαριασμό IRA, θα σας έλεγα: "Εξαιρετικά.

Κάνουμε IRAs. Θέλετε ένα CD με διαφοροποιημένα επιτόκια, ένα μακροπρόθεσμο CD ή επιτόκια χρηματαγοράς;". Αυτό είναι όλο! Οι τράπεζες ασχολούνται με τη διανομή. Πωλούν χρηματοοικονομικά προϊόντα. Ως οργανισμός πωλήσεων, τους αρέσει να δίνουν στους ανθρώπους επιλογές. Η τράπεζά μας προσέφερε τρεις επιλογές για έναν IRA, επειδή οι τράπεζες μπορούν να προσφέρουν μόνο τραπεζικά προϊόντα. Τότε, τα επιτόκια των CDs και των λογαριασμών χρηματαγοράς ήταν τόσο υψηλά που οι άνθρωποι λάτρευαν να τοποθετούν χρήματα στις τράπεζες. Όχι τόσο πολύ σήμερα!

Ως διπλά αδειοδοτημένος τραπεζίτης και σύμβουλος κινητών αξιών, θα μπορούσα επίσης να συστήσω αμοιβαία κεφάλαια και προσόδους για τους λογαριασμούς IRA των πελατών μου. Αυτές οι επενδύσεις δεν ήταν τραπεζικά προϊόντα. Τις προσέφερα μέσω μιας χρηματιστηριακής εταιρείας που συνδεόταν με μια μητρική εταιρεία στην οποία ανήκε τόσο η τράπεζα όσο και η χρηματιστηριακή εταιρεία. Εάν κάποιος ήθελε μη τραπεζικές επενδύσεις, οι κανονισμοί απαιτούσαν να αντικαταστήσω το σήμα FDIC με σήμα SIPC, να αλλάξω πλατφόρμες υπολογιστή και επαγγελματικές κάρτες και να ενημερώσω τον πελάτη ότι προχωρούσαμε στη συζήτηση προϊόντων κινητών αξιών. Μεταγενέστερες κανονιστικές αλλαγές μου στέρησαν τη δυνατότητα να προσφέρω τίτλους στην πλατφόρμα της τράπεζας. Σήμερα, μπορείτε να μπείτε σε ορισμένες τράπεζες και να συζητήσετε για λογαριασμούς κινητών αξιών, αλλά με αδειούχους συμβούλους κινητών αξιών, όχι με τραπεζίτες, σε ξεχωριστά, ειδικά γραφεία. Δεν εργάζονται για την τράπεζα και τα προϊόντα τους δεν είναι ασφαλισμένα από την FDIC.

Ας υποθέσουμε ότι ο Ira Bancroft ανοίγει έναν λογαριασμό τον Οκτώβριο σε μια τράπεζα που προσφέρει ειδικούς λογαριασμούς. Αποφασίζει να αφήσει μακροπρόθεσμα κεφάλαια για τη συνταξιοδότησή της και επιλέγει ως επένδυση ένα CD ενός έτους. Ο λογαριασμός της στο τέλος του έτους δείχνει ένα CD αξίας 5.000 δολαρίων με μέτριους τόκους. Το όνομα του λογαριασμού CD περιλαμβάνει τη λέξη "Ira". Ο Ira επισκέπτεται έναν λογιστή τον Ιανουάριο για να ξεκινήσει τη φορολογική του δήλωση, κάτι που οι περισσότεροι λογιστές εκτιμούν γιατί πολλοί άνθρωποι φέρνουν ένα κουτί παπουτσιών γεμάτο χαρτιά στις 14 Απριλίου, ελπίζοντας σε ένα θαύμα. Ο λογιστής αναλύει το W-2 και συνοφρυώνεται καθώς υπολογίζει νοερά την ομοσπονδιακή παρακράτηση ως ποσοστό του μισθού σας. Η παρακράτηση δεν είναι αρκετή, σημειώνει ήρεμα. Θα χρειαστεί σημαντικές εκπτώσεις για να αποφύγει έναν μεγάλο φορολογικό λογαριασμό. Δεν υπάρχουν εισφορές στο πρόγραμμα του εργοδότη στο W-2 της. Ρωτάει την Ira αν έκανε οποιεσδήποτε αναγνωρισμένες εισφορές κατά τη διάρκεια του έτους. Η Ira δεν είναι σίγουρη. Παίρνει μια τραπεζική δήλωση που δείχνει έναν λογαριασμό με τη λέξη IRA. Έκανε η κυρία Bancroft οποιεσδήποτε επιλέξιμες εισφορές;

Για να χαρακτηριστεί η κατάθεσή της ως εισφορά IRA, πρέπει να έχει εισόδημα και κατάθεση σε αναγνωρισμένο λογαριασμό. Σε αυτό το παράδειγμα, βλέπουμε μια κατάθεση, έναν λογαριασμό, μια επένδυση, έναν τίτλο λογαριασμού που περιλαμβάνει τη λέξη "IRA", μια πρόθεση να αποταμιεύσει για τη συνταξιοδότηση και έναν θεματοφύλακα - όλα όσα θα περιμέναμε να δούμε αν είχε κάνει σωστά μια ειδική εισφορά. Ωστόσο, δεν είπε στην τράπεζα ότι ήθελε να κάνει εισφορά στον IRA. Το CD της δεν βρίσκεται σε λογαριασμό IRA. Οφείλει φόρο εισοδήματος για τα 5.000 δολάρια και οι τόκοι φορολογούνται κατά το έτος που αποκτώνται. Με βάση τη συζήτησή της με τον CPA, μπορεί η Ira να κάνει κάτι για να χρησιμοποιήσει τα ίδια 5.000 δολάρια ως εισφορά σε IRA το προηγούμενο έτος, να αποφύγει τον φόρο εισοδήματος για τα κεφάλαια αυτά και να επιτρέψει τη συσσώρευση του κεφαλαίου με αναστολή του φόρου;

Ναι! Οι κανόνες του IRA της επιτρέπουν να κάνει εισφορά για προηγούμενο έτος, εάν η εισφορά γίνει πριν από τις 15 Απριλίου και ενημερώσει τον θεματοφύλακα ότι η εισφορά αφορά το προηγούμενο έτος. Η Ira επιστρέφει στην τράπεζα και εξηγεί τι θέλει. Ο τραπεζίτης της λέει ότι η εξαργύρωση του CD πριν από την ημερομηνία λήξης θα έχει ως αποτέλεσμα μια μικρή ποινή επί των τόκων που έχουν αποκτηθεί. Η Ira τον κοιτάζει επίμονα. Ο ταμίας μουρμουρίζει: "Να δω τι μπορώ να κάνω γι' αυτό".

Ο Ira Bancroft φεύγει τώρα από την τράπεζα με ένα αποδεικτικό κατάθεσης σε έναν λογαριασμό με την ένδειξη IRA προς όφελος του Ira (FBO). Τα κεφάλαια επενδύονται και πάλι σε CD ενός έτους και η ποινή πρόωρης ανάληψης αίρεται. Ο Ira είναι ευχαριστημένος. Μείωσε το φορολογικό της λογαριασμό από το προηγούμενο έτος κατά 1.250 δολάρια!

Οι χαρακτηρισμοί αναγνωρισμένων λογαριασμών ποικίλλουν ανάλογα με την εταιρεία χρηματοπιστωτικών υπηρεσιών και τον τύπο του λογαριασμού. Για παράδειγμα, ο τίτλος ενός παραδοσιακού λογαριασμού IRA μπορεί να είναι "Ira Bancroft IRA" ή "Back Alley Bank, IRA, FBO Ira Bancroft". Οι επενδύσεις που πραγματοποιούνται σε έναν αναγνωρισμένο λογαριασμό μπορεί να είναι οι ίδιες με εκείνες που πραγματοποιούνται σε έναν προσωπικό λογαριασμό, αλλά τα κέρδη που πραγματοποιούνται σε έναν αναγνωρισμένο λογαριασμό αναβάλλονται φορολογικά, ενώ τα κέρδη σε έναν προσωπικό λογαριασμό φορολογούνται.

Σε ποιον ανήκει ένας ειδικός λογαριασμός; Δεν είστε ιδιοκτήτης ενός SDQA με τη νομική έννοια που είστε ιδιοκτήτης ενός τρεχούμενου λογαριασμού, ενός οχήματος ή μιας πολυκατοικίας στο Maui. Τα δικαιώματα ιδιοκτησίας περιορίζονται σε αυτά που επιτρέπονται από τους κανονισμούς για τον τύπο του λογαριασμού. Οι αναγνωρισμένοι λογαριασμοί λειτουργούν όπως τα καταπιστεύματα, με διαχειριστές και δικαιούχους. Ένας ειδικευμένος λογαριασμός σχεδίου δημιουργείται και διέπεται από κανονισμούς και έγγραφα, όπως ακριβώς δημιουργείται και διέπεται από κανονισμούς και έγγραφα ένα καταπίστευμα. Ένα καταπίστευμα είναι μια σύμβαση μεταξύ του δικαιοπάροχου και του διαχειριστή. Ένας ειδικός λογαριασμός λειτουργεί με τον ίδιο τρόπο: συνεισφέρετε κεφάλαια από το εισόδημα που αποκτάτε μέχρι το μέγιστο επιτρεπόμενο από τον τύπο του προγράμματος. Μπορείτε να επιλέξετε επενδύσεις από αυτές που προσφέρει το ίδρυμα στο οποίο ανοίγετε τον λογαριασμό για το σχέδιο. Μπορείτε να ζητήσετε διανομές από τον λογαριασμό, οι οποίες μπορεί να φορολογούνται για εσάς και να υπόκεινται σε ποινή πρόωρης διανομής (PMDP) εάν είστε κάτω των 59,5 ετών. Αναφέρομαι σε κάποιον με SDQA ως κάτοχο λογαριασμού (AO), σύμφωνα με την πρακτική του κλάδου. Εάν είστε κάτοχος λογαριασμού με προσόντα, ΕΣΕΙΣ είστε ο AO σε αυτό το βιβλίο.

Υπάρχουν έξι σημαντικοί ορισμοί που πρέπει να κατανοήσετε τώρα:

Ένα εξειδικευμένο σχέδιο προσφέρει ανάπτυξη με αναστολή φόρου και πληροί τις απαιτήσεις της IRS για τον τύπο του σχεδίου του,

Ένας ειδικευμένος λογαριασμός είναι ένας λογαριασμός που ανήκει στο εν λόγω σχέδιο. Οι λογαριασμοί αυτοί προσφέρουν πρόσβαση σε επενδυτικές επιλογές που επιτρέπονται από το ίδρυμα που προσφέρει τον λογαριασμό,

Τα αναγνωρισμένα κεφάλαια είναι κεφάλαια που ανήκουν σε αναγνωρισμένο σχέδιο σύμφωνα με τους κανόνες του σχεδίου,

Εισφορά είναι η εισφορά που γίνεται σύμφωνα με τους κανόνες για αυτόν τον τύπο λογαριασμού, η οποία μετατρέπει το εισόδημα που αποκτάται σε ειδικευμένα κεφάλαια και αναβάλλει τη φορολόγηση αυτού του εισοδήματος,

Η μετακύλιση είναι η μετακίνηση ειδικών κεφαλαίων από έναν ειδικό λογαριασμό σε άλλον,

Μια διανομή μετατρέπει τα ειδικευμένα κεφάλαια πίσω σε εισόδημα που έχει αποκτηθεί, δημιουργώντας ένα φορολογητέο γεγονός.

Πόσο σημαντικό είναι να γίνεται διάκριση μεταξύ αυτών των όρων; Για τα περισσότερα ειδικευμένα σχέδια, δεν είναι. Οι καταχωρητές και οι διαχειριστές φροντίζουν για τις λεπτομέρειες. Για τα SDQA, αυτό είναι ζωτικής σημασίας. Οι παρεξηγήσεις μπορεί να οδηγήσουν σε δαπανηρά λάθη. Αρκετοί άνθρωποι έχουν τηλεφωνήσει αφού νόμιζαν ότι μετέφεραν χρήματα από έναν εξειδικευμένο λογαριασμό σε έναν άλλο, αλλά δεν ακολούθησαν τις κατάλληλες διαδικασίες και η IRS θεώρησε τη συναλλαγή ως φορολογητέα διανομή.

Στους ειδικευμένους λογαριασμούς...

Οι εισφορές πρέπει να προέρχονται από εισόδημα από εργασία και περιορίζονται από τον τύπο του ειδικού λογαριασμού,

Δεν υπολογίζεται ομοσπονδιακός φόρος εισοδήματος επί της εισφοράς.

Το επενδυτικό εισόδημα που αποκτάται στο λογαριασμό δεν φορολογείται κατά το έτος που αποκτάται- η φορολόγηση αναβάλλεται μέχρι τη διανομή.

Το σύνολο της διανομής φορολογείται με τους συνήθεις συντελεστές εισοδήματος κατά το έτος της διανομής.

Για λογαριασμούς χωρίς προϋποθέσεις...

Οι εισφορές μπορούν να προέρχονται από οποιαδήποτε πηγή, συμπεριλαμβανομένων των κληρονομιών και των δωρεών, γενικά χωρίς όρια, αν και μπορούν να δηλωθούν.

Το εισόδημα φορολογείται με τους συνήθεις συντελεστές εισοδήματος.

Το εισόδημα που πραγματοποιείται από το λογαριασμό φορολογείται με συντελεστές κεφαλαιακών κερδών κατά το έτος που αποκτάται.

Οι αναλήψεις δεν φορολογούνται.

Ερωτήσεις τεστ: Χωρίς πίεση, χωρίς σημειώσεις, με ανοιχτό βιβλίο, και μπορείτε να δώσετε στον εαυτό σας ένα χρυσό αστέρι ή ό,τι άλλο θέλετε αν τα πάτε καλά. Αυτές οι ερωτήσεις μπορούν να σας προειδοποιήσουν για τις περιπλοκές του SDQA. Αυτό το βιβλίο θα αποσαφηνίσει τις λεπτομέρειες. Προς το παρόν, να θυμάστε ότι τα κέρδη καθίστανται αναγνωρισμένα όταν κατατίθενται σύμφωνα με τους κανόνες του τύπου του προγράμματος σε λογαριασμό που ανήκει στο εν λόγω πρόγραμμα.

Ερώτηση 1: Ο Abe αποσύρει 5.000 δολάρια από τον τραπεζικό του λογαριασμό ταμιευτηρίου. Τα πηγαίνει σε ένα χρηματοπιστωτικό ίδρυμα που προσφέρει χρηματιστηριακούς λογαριασμούς για IRA, μέσω των οποίων μπορεί να αγοράσει τις ανοδικές μετοχές που παρακολουθεί. Υπογράφει μια σύμβαση λογαριασμού IRA. Ο χρηματιστής παίρνει τα χρήματά του και εκδίδει απόδειξη. Λαμβάνει μια δήλωση που εμφανίζει ως ιδιοκτήτη του λογαριασμού "Χρηματοπιστωτικό ίδρυμα, FBO Abe, IRA". Αυτό αρκεί για να θεωρήσει η IRS τα κεφάλαια "αναγνωρισμένα";

Απάντηση στην ερώτηση 1: Εξαρτάται. Τι άλλο πρέπει να γνωρίζουμε; Πρώτον, έχει ο Abe εισόδημα για το έτος; Δεύτερον, δικαιούται να συνεισφέρει σε IRA; Εάν ναι και ναι, τότε ναι! Εάν ο Abe έχει εισόδημα και είναι επιλέξιμος να συνεισφέρει σε IRA, τα κεφάλαια αυτά είναι επιλέξιμα. Ο Abe πρέπει επίσης να συμπεριλάβει μια απόδειξη εισφοράς στη φορολογική του δήλωση.

Ερώτηση 2: Η Sophie επιθυμεί έναν αυτοκατευθυνόμενο IRA που να προσφέρει τοπικό έλεγχο, ή έλεγχο του βιβλίου επιταγών, επί των επιλέξιμων κεφαλαίων της. Επιλέγει έναν θεματοφύλακα και προσλαμβάνει έναν επαγγελματία για να προετοιμάσει τη γραφειοκρατία. Επιλέγει μια LLC μέσω της οποίας θα ασκήσει τον τοπικό της έλεγχο. Οι λογαριασμοί LLC δεν είναι αναγνωρισμένοι λογαριασμοί. Η επιχειρησιακή σύμβαση της LLC αναφέρει τον IPA της ως μέλος της LLC και την ίδια ως διαχειριστή. Η Sophie μεταφέρει τα υπάρχοντα αναγνωρισμένα κεφάλαια στον νέο λογαριασμό IRA. Ανοίγει έναν επαγγελματικό τραπεζικό λογαριασμό στο όνομα της LLC. Στη συνέχεια, ο θεματοφύλακας μεταφέρει ορθά τα κεφάλαια από τον λογαριασμό IRA στον τραπεζικό λογαριασμό της LLC. Είναι τα κεφάλαια σε αυτόν τον λογαριασμό της LLC σε κατάσταση που πληροί τις προϋποθέσεις;

Απάντηση στην ερώτηση 2: Ναι. Τα κεφάλαια στο λογαριασμό της LLC βρίσκονται σε ειδική κατάσταση, όπως αναφέρεται από τον θεματοφύλακα του IRA, όχι από την τράπεζα. Σε αυτό το παράδειγμα, ο τραπεζικός λογαριασμός δεν είναι αναγνωρισμένος λογαριασμός- είναι ένας επιχειρηματικός λογαριασμός τρεχούμενων λογαριασμών που ανήκει στην LLC. Εάν η Sophie πήγαινε στην ίδια τράπεζα και άνοιγε έναν λογαριασμό IRA για να λάβει τα κεφάλαια από τον θεματοφύλακα SDQA, θα δημιουργούσε μια μεταφορά και θα της επιτρεπόταν να επενδύσει τα κεφάλαια αυτά μόνο σε τραπεζικές προσφορές.

Ερώτηση 3: Ο Ralph επενδύει τον IRA του σε μια LLC της οποίας είναι διαχειριστής. Ο Ralph επιθυμεί να λάβει διανομή από τον IRA του. Εκδίδει μια επιταγή στον εαυτό του από τον τραπεζικό λογαριασμό της LLC. Ενημερώνει τον λογιστή του για τη διανομή του IRA. Ο λογιστής του ζητά ένα 1099-R. Ο Ραλφ είναι μπερδεμένος. Τα κεφάλαια θεωρούνται αναγνωρισμένα, οπότε η έκδοση επιταγής στον εαυτό του είναι διανομή, σωστά;

Απάντηση στην ερώτηση 3: Για μια σωστή διανομή, η LLC στέλνει τα κεφάλαια στο μέλος της, τον IRA. Στη συνέχεια, ο θεματοφύλακας διαβιβάζει τα κεφάλαια στον Ralph, όπως ορίζει η αίτηση διανομής του Ralph. Ο θεματοφύλακας ετοιμάζει τα κατάλληλα φορολογικά έντυπα. Παρόλο που και οι δύο μέθοδοι έχουν ως αποτέλεσμα τα κεφάλαια της LLC να καταλήγουν στην τσέπη του Ralph, η IRS θεωρεί τη διαδικασία του θεματοφύλακα ως ορθή διανομή, ενώ το να γράψει ο Ralph επιταγή στον εαυτό του από τον λογαριασμό της

LLC αποτελεί απαγορευμένη συναλλαγή (PT). Οι PTs δημιουργούν πρόσθετους φόρους και μπορούν να ακυρώσουν ολόκληρη την IRA.

# Κεφάλαιο 2: Τι σημαίνει "αυτοκατευθυνόμενος";

Οι επαγγελματίες της βιομηχανίας λατρεύουν να συζητούν τους εκνευρισμούς τους μετά τη δουλειά, όταν το μυαλό μας είναι κουρασμένο, αλλά θέλουμε να δείχνουμε έξυπνοι πίνοντας ένα καλό ουίσκι, κρυμμένοι σε μια σκοτεινή γωνιά όπως ο Peter Lorre και η Sydney Greenstreet στο "Γεράκι της Μάλτας". Θα αφήσω στην άκρη μη ουσιώδη αστεία όπως "Είσαι ηλίθιος" ή "Αυτό είναι το πρόβλημα αυτού του τομέα!". Ένας επενδυτικός σύμβουλος (ΙΑ), αναστατωμένος επειδή χάνει πελάτες από εταιρείες μάρκετινγκ μέσω Διαδικτύου, υποτιμά τους ειδικευμένους και αυτοκατευθυνόμενους λογαριασμούς. "Δεν υπάρχει τέτοιο πράγμα όπως ένας αυτοκατευθυνόμενος ειδικευμένος λογαριασμός. Ρίξτε μια ματιά στους κανονισμούς! Δεν υπάρχει σε αυτόν τον κατάλογο. Οι SDQA είναι μια απάτη που βάζει τους ανθρώπους σε ακατάλληλες επενδύσεις, παρακάμπτοντας τα καθήκοντα εμπιστοσύνης ενός επενδυτικού συμβούλου".

Ένας διαχειριστής διαφωνεί. "Όλοι οι ειδικοί λογαριασμοί είναι αυτοκατευθυνόμενοι σε κάποιο βαθμό. Γνωρίζετε εξίσου καλά με εμένα ότι ο πελάτης κατευθύνει τις επενδύσεις από αυτά που παρέχει ο θεματοφύλακας". Ένας τραπεζίτης διακόπτει, όπως κάνουν όλοι οι τραπεζίτες. Θα έπρεπε να το ξέρω. "Η αυτοκατεύθυνση είναι ένα εργαλείο μάρκετινγκ που εφευρέθηκε από διαφημιστές που θέλουν να βγάλουν γρήγορα λεφτά σε μια συγκεκριμένη αγορά. Η έννοια δεν αντέχει στον έλεγχο. Θα έπρεπε να χρησιμοποιούν τον όρο "αυτο-υπεύθυνη", επειδή ο πελάτης είναι υπεύθυνος για θέματα που μπορεί να μην κατανοεί". Παραμένω σιωπηλός και τους αφήνω να ξεσπάσουν, απολαμβάνοντας ένα ουίσκι 18 ετών περισσότερο από τις απόψεις τους. Ένας από αυτούς με ρωτάει: "Λοιπόν, Selden, τι γνώμη έχεις για τα SDQAs;".

Κάνω παύση για τρία δευτερόλεπτα. Πάντα διστάζω, ακόμη και όταν ξέρω τι πρόκειται να πω. Οι άνθρωποι τείνουν να πιστεύουν ότι ακούω και σκέφτομαι την κατάλληλη απάντηση. Δοκίμασε να το κάνεις αυτό κάποια στιγμή. "Συμφωνώ με όλους".

Η συμφωνία μου δεν ταιριάζει καλά με αυτή την ανταγωνιστική ομάδα όπου όλοι θέλουν να έχουν δίκιο και να αποδεικνύουν ότι όλοι οι άλλοι έχουν άδικο. Εδώ είναι ο λόγος για τον οποίο όλοι έχουν δίκιο. Ρίξτε μια ματιά στον κατάλογο της Εφορίας στο Κεφάλαιο 1. Βλέπετε τον "αυτοαπασχολούμενο" στον κατάλογο; Δεν είναι εκεί. Η IRS έχει δίκιο. Ο κλάδος των χρηματοπιστωτικών υπηρεσιών ελέγχει την πρόσβαση σε ειδικούς λογαριασμούς εδώ και δεκαετίες. Με τον όρο "ελεγχόμενη", εννοώ τόσο την πρόσβαση στη δημιουργία λογαριασμού, με την έννοια ότι μπορούσατε να δημιουργήσετε έναν τέτοιο λογαριασμό μόνο μέσω αυτών, όσο και την πρόσβαση στις επενδύσεις, από όπου βγάζουν τα χρήματά τους. Οι συνταξιοδοτικοί λογαριασμοί των ΗΠΑ αξίζουν συλλογικά τρισεκατομμύρια. Οι αμοιβές συναλλαγών, οι αμοιβές διαχείρισης περιουσιακών στοιχείων, οι αμοιβές 12b-1 και οι προμήθειες δημιουργούν τεράστια κέρδη για τη Wall Street.

Όταν κάποιος ανοίγει έναν αναγνωρισμένο λογαριασμό σε μια τράπεζα ή μια εταιρεία χρηματοπιστωτικών υπηρεσιών, συνήθως δεν πληρώνει τίποτα για να ανοίξει τον λογαριασμό και μπορεί να επιλέξει από τις επενδυτικές επιλογές που προσφέρουν τα χρηματοπιστωτικά ιδρύματα. Ο επενδυτής αποφασίζει πού θα ανοίξει τον λογαριασμό με βάση εν μέρει τις επενδυτικές επιλογές. Ο επενδυτής ελέγχει την επιλογή των επενδύσεων μεταξύ αυτών που προσφέρονται από το χρηματοπιστωτικό ίδρυμα. Υπό αυτή την έννοια, ο διαχειριστής είναι σωστός. Τι γίνεται αν κάποιος πιστεύει ότι το χρηματιστήριο δεν είναι ασφαλές για τα συνταξιοδοτικά του κεφάλαια; Ίσως να προτιμά την ακίνητη περιουσία.

Ο επενδυτής πηγαίνει στον τραπεζίτη ή στον IA και ζητά να αγοράσει ακίνητο με τα κεφάλαια του IRA του. Μπορεί να του πουν: "Αυτό δεν επιτρέπεται", και ο επενδυτής αποδέχεται αυτή την απάντηση. Τι σημαίνει αυτό; Γιατί δεν επιτρέπεται; Κανόνες της IRS για τους IRAs; Όχι! Οι τράπεζες προσφέρουν τραπεζικά προϊόντα. Οι εταιρείες επενδύσεων προσφέρουν επενδύσεις της Σειράς 6 ή της Σειράς 7 ή ενεργή διαχείριση χρημάτων. Επιτρέπονται ακίνητα για τους περισσότερους ειδικούς λογαριασμούς σύμφωνα με τους κανόνες της IRS; Ναι! Οι τράπεζες και τα αμοιβαία κεφάλαια πωλούν ακίνητα; Όχι! Οι τράπεζες και οι εταιρείες επενδύσεων λένε στους πελάτες ότι μπορούν να αγοράσουν ακίνητα με τα συνταξιοδοτικά τους κεφάλαια εάν ανοίξουν λογαριασμό σε ορισμένους θεματοφύλακες; Όχι. Αντ' αυτού, οι τράπεζες και άλλα χρηματοπιστωτικά ιδρύματα τρομάζουν τους ανθρώπους μακριά από τους SDQAs με ιστορίες τρόμου σχετικά με τις συνέπειες των λαθών που κάνουν για να παρακολουθούν τους αριθμούς των AUM τους.

Το 2004, όταν άρχισα να εργάζομαι στον τομέα των SDQA, τα κέρδη των ακινήτων είχαν ξεπεράσει το χρηματιστήριο σε σημείο που οι συναλλαγές με μετρητά κυριαρχούσαν στην αγορά. Αρκετοί θεματοφύλακες επέτρεπαν στους ειδικούς λογαριασμούς τους να κατέχουν ακίνητα. Οι θεματοφύλακες δεν κερδίζουν χρήματα από επενδύσεις με τον ίδιο τρόπο που οι εταιρείες χρηματοπιστωτικών υπηρεσιών κερδίζουν χρήματα από την πώληση επενδύσεων. Αντ' αυτού, χρεώνουν τέλη για τις υπηρεσίες λογαριασμού. Συνήθως, συνεργάζονται μόνο με επενδυτές που είναι αρκετά έμπειροι για να διαχειριστούν τις επενδύσεις τους και πρόθυμοι να πληρώσουν τα τέλη.

Εισάγετε τη διαφημιστική βιομηχανία. Δεν ξέρω ποιος εφηύρε τους όρους "αυτοκατευθυνόμενος" ή "έλεγχος του βιβλιαρίου επιταγών", αλλά πρόκειται για χρυσωρυχείο μάρκετινγκ. Οι διαφημιστές προσέγγισαν τους θεματοφύλακες και είπαν: "Θα κάνουμε το μάρκετινγκ σας, θα εκπαιδεύσουμε τους πελάτες σας και θα δημιουργήσουμε λογαριασμούς γι' αυτούς στην πλατφόρμα σας". Ορισμένοι θεματοφύλακες συμφώνησαν. Οι διοργανωτές χρέωσαν αμοιβή, ορισμένοι μέχρι και 5.000 δολάρια. Για ποιο λόγο; Για την εγγραφή μιας LLC και την παροχή εισαγωγικού εκπαιδευτικού υλικού. Μεγάλα ποσά στον κλάδο των προωθητών εκείνη την εποχή, αρκετά για να προσελκύσουν μερικές απάτες. Αλλά θα μιλήσουμε περισσότερο για τους διαφημιστές αργότερα!

Ο τραπεζίτης έχει επίσης δίκιο. Το "αυτοκατευθυνόμενο" είναι ένας όρος του μάρκετινγκ. Όταν οι promoters απείλησαν σημαντικά τα κέρδη της Wall Street, ο τομέας των χρηματοπιστωτικών υπηρεσιών αντέδρασε. Ορισμένοι άρχισαν να διαφημίζουν ότι μπορούσατε να ανοίξετε έναν αυτοκατευθυνόμενο λογαριασμό σε αυτούς. Τι σας επιτρέπουν αυτοί οι αυτοκατευθυνόμενοι λογαριασμοί να κάνετε που δεν έκαναν οι παλιοί σας λογαριασμοί; Συνήθως ένα ευρύτερο φάσμα επενδύσεων που εξακολουθούν να ανήκουν στο χαρτοφυλάκιο του ιδρύματος. Ορισμένοι θεματοφύλακες διαφημίζουν τους λογαριασμούς τους ως αυτοκατευθυνόμενους. Υπονοούν ότι οι λογαριασμοί τους σας επιτρέπουν την ελευθερία να επενδύετε σε οτιδήποτε σας επιτρέπει ο φορολογικός κώδικας.

Τι γίνεται με τις LLC όπου ο ιδιοκτήτης του λογαριασμού είναι ο διαχειριστής; Όχι. Ο IRA αγοράζει ακίνητα απευθείας, όχι μέσω μιας LLC ή ενός trust που διαχειρίζεται ο πελάτης. Δεν έχει νόημα να διαφωνήσετε μαζί τους ότι η διαφήμισή τους υποδηλώνει ότι οι πελάτες μπορούν να ελέγχουν τα κεφάλαια. Το έχω ήδη δοκιμάσει. Δεν είναι υποχρεωμένοι να προσφέρουν αυτή την επιλογή. Γι' αυτούς, SDQA σημαίνει ό,τι επιτρέπει το τμήμα συμμόρφωσής τους.

Οι διαφημιστές λένε στον κόσμο ότι ο λόγος που αυτοί οι θεματοφύλακες δεν επιτρέπουν στους πελάτες να ελέγχουν τα εξειδικευμένα κεφάλαια τους είναι ότι είναι εγωιστές και θέλουν τα έξοδα συναλλαγών που δημιουργούνται από την άμεση ιδιοκτησία IRA. Οι προωθητές δεν εξηγούν ότι ο μέσος επενδυτής δεν θα κάψει, κατά τη διάρκεια ζωής του ειδικού λογαριασμού, έξοδα συναλλαγών ίσα με αυτά που χρεώνει ο προωθητής εκ των προτέρων για να δημιουργήσει ένα πραγματικό SDQA. Ποιος είναι ο εγωιστής εδώ;

Τι σημαίνει "αυτοκατευθυνόμενος" για μένα; Είναι ένας υπερβολικά χρησιμοποιημένος όρος που σημαίνει διαφορετικά πράγματα για διαφορετικούς ανθρώπους. Το άτομο με κεφάλαια σε έναν αναγνωρισμένο λογαριασμό έχει την εξουσία να κατευθύνει τις επενδύσεις του. Η εταιρεία που παρέχει τον λογαριασμό, είτε πρόκειται για θεματοφύλακα, είτε για τράπεζα, είτε για εταιρεία επενδύσεων, έχει τη δυνατότητα και σε ορισμένες περιπτώσεις την υποχρέωση να περιορίσει τις επενδυτικές επιλογές σε αυτές που προσφέρει η εν λόγω εταιρεία. Εσείς επιλέγετε μεταξύ των προσφερόμενων επιλογών.

Η αυτοκαθοδήγηση δεν αναφέρεται μόνο στην επιλογή των επενδύσεων, αλλά και στην ευθύνη που αναλαμβάνετε για τον έλεγχο των συνταξιοδοτικών σας κεφαλαίων. Αυτή η ευθύνη, και όχι η επιλογή, είναι που δημιουργεί προβλήματα στον προγραμματισμό της περιουσίας σε άτομα που δεν κατανοούν τους κανόνες. Ναι, ένας SDQA μπορεί να προσφέρει περισσότερες επενδυτικές επιλογές από έναν τυπικό αναγνωρισμένο λογαριασμό. Αλλά ο καταναλωτής πρέπει να προσέχει, ο τοπικός έλεγχος αυξάνει την ευθύνη σας. Οι ιδιοκτήτες λογαριασμών αποκτούν υποχρεώσεις και ευθύνες που είναι συνυφασμένες με τη διαδικασία SDQA, ακόμη και αν ο φορέας προώθησης δεν τους έχει ενημερώσει. Το γεγονός ότι "δεν το ήξερα" δεν τους απαλλάσσει από φόρους και πρόστιμα για λάθη.

Σκεφτείτε αυτό το σενάριο της πραγματικής ζωής. Ένας καλούντας είπε ότι κάποιος του είχε πει ότι θα μπορούσα να τον βοηθήσω με ένα πρόβλημα SDQA. Είπα ότι θα ήμουν ευτυχής να βοηθήσω αν μπορούσα. Μου είπε ότι ο σύζυγός της είχε πεθάνει. Η SDIRA του είχε επενδυθεί σε μια LLC της οποίας ήταν ο διαχειριστής. Ένας δικηγόρος που τη βοηθούσε με την απογραφή παρατήρησε την LLC και ρώτησε σε ποιον ανήκε. Δεν μπορούσαν να βρουν αρχείο ιδιοκτησίας ή επιχειρησιακή συμφωνία. Υπέθεσαν ότι αυτός ήταν ο ιδιοκτήτης και της μεταβίβασαν την κυριότητα της LLC σύμφωνα με τη διαθήκη. Επικοινώνησε επίσης με τον θεματοφύλακα του IRA για να συζητήσει την κληρονομιά του IRA. Όταν ανακάλυψαν ότι τα περιουσιακά στοιχεία της LLC ήταν στο όνομά της, ο θεματοφύλακας της είπε ότι είχε προβεί σε απαγορευμένη συναλλαγή και ότι ολόκληρο το ποσό ήταν πλέον φορολογητέο για εκείνη. Ευτυχώς, οι αναφορές δεν είχαν υποβληθεί και συνεργαστήκαμε με τον θεματοφύλακα για να διορθώσουμε τα προβλήματα.

Ερώτηση δοκιμής: Ο όρος "αυτοκατευθυνόμενος" υπονοεί ότι ο ιδιοκτήτης του λογαριασμού ελέγχει τις επενδύσεις στις οποίες έχει συσταθεί ο λογαριασμός:

1. Όποιος προσφέρει έναν αυτοκατευθυνόμενο λογαριασμό προσφέρει αυτή τη δυνατότητα,

2. Οποιοσδήποτε αυτοκατευθυνόμενος IRA,

3. Οποιοσδήποτε αυτοκατευθυνόμενος λογαριασμός Solo,

4. Μόνο όπως επιτρέπεται από τον θεματοφύλακα ή το έγγραφο του προγράμματος.

Απάντηση: Οι θεματοφύλακες ή οι διοργανωτές των SDQAs επιτρέπουν στους πελάτες να κατευθύνουν τις επενδύσεις, αλλά, όπως είδαμε, αυτό δεν σημαίνει απαραίτητα ότι οι πελάτες μπορούν να δημιουργήσουν έναν λογαριασμό συναλλαγών που τους επιτρέπει να ελέγχουν τα κεφάλαια. Η σωστή απάντηση είναι 4 - Μόνο όπως επιτρέπεται από τον θεματοφύλακα ή το έγγραφο του προγράμματος.

# Κεφάλαιο 3: Παίκτες SDQA

Θέλετε να δημιουργήσετε ένα SDQA. Ποιον θα καλέσετε; Αν κάνετε αυτό που κάνουν οι περισσότεροι άνθρωποι στην κοινωνία της εποχής της πληροφορίας, ξεκινάτε με μια διαδικτυακή αναζήτηση. Σήμερα το πρωί χρησιμοποίησα ένα ιδιωτικό πρόγραμμα περιήγησης και μια μηχανή αναζήτησης που δεν παρακολουθείται και πληκτρολόγησα το "self-directed IRA". Τα αποτελέσματα στην πρώτη σελίδα αναζήτησης περιλαμβάνουν θεματοφύλακες, επενδυτικές εταιρείες, συμβούλους, διαφημιστές και έναν δωρεάν "απόλυτο οδηγό" (τίποτα περισσότερο από μια διαφημιστική εκστρατεία πωλήσεων, κατά τη γνώμη μου). Ποιες είναι αυτές οι εταιρείες και τι κάνουν;

Καταπιστευματοδόχοι: Σύμφωνα με τους κανονισμούς, ένας διαχειριστής έχει διακριτική εξουσία επί των κεφαλαίων του λογαριασμού, ενώ ένας θεματοφύλακας όχι. Αργότερα, θα συζητήσουμε για έναν AO που ενεργεί ως διαχειριστής για ένα καταπίστευμα grantor που χρηματοδοτείται από τον IRA του AO. Ίδιος όρος, αλλά σε αυτή την ενότητα ο όρος αναφέρεται σε οργανισμούς που έχουν εγκριθεί από την IRS για να ενεργούν ως διαχειριστές για λογαριασμούς που πληρούν τις προϋποθέσεις. Οι κανονισμοί της IRS περιορίζουν τους οργανισμούς που μπορούν να ενεργούν ως διαχειριστές ή θεματοφύλακες. Η IRS δημοσιεύει έναν κατάλογο εγκεκριμένων μη τραπεζικών θεματοφυλάκων και εμπιστευματοδόχων, ο οποίος περιλαμβάνει πιστωτικά σωματεία, ασφαλιστικές εταιρείες ζωής, εταιρείες αμοιβαίων κεφαλαίων, ενώσεις αποταμιεύσεων και δανείων και εταιρείες μεσιτείας επενδύσεων.

Θεματοφύλακες: Αυτοί είναι είτε τράπεζες είτε μη τράπεζες. Οι τραπεζικοί θεματοφύλακες ακολουθούν τις κατευθυντήριες γραμμές της Ομοσπονδιακής Τράπεζας. Οι τραπεζικοί θεματοφύλακες ρυθμίζονται από την Ομοσπονδιακή Εταιρεία Ασφάλισης Καταθέσεων (FDIC). Η Financial Industry Regulatory Association (FINRA) ρυθμίζει τους μη τραπεζικούς θεματοφύλακες. Οι ομοσπονδιακοί κανονισμοί απαιτούν και από τους δύο τύπους θεματοφυλάκων να παρέχουν ορισμένες υπηρεσίες και τους επιτρέπουν να περιορίζουν τις υπηρεσίες εντός ορισμένων παραμέτρων. Οι καταναλωτές με παραδοσιακούς ειδικούς λογαριασμούς σπάνια αλληλεπιδρούν με τον θεματοφύλακα που διαχειρίζεται τους λογαριασμούς τους. Επικοινωνούν με τους διαχειριστές ή τους προωθητές. Πολλοί κάτοχοι λογαριασμών SDQA συνεργάζονται απευθείας με έναν θεματοφύλακα και πρέπει να γνωρίζουν τι θα κάνει ή δεν θα κάνει ο εν λόγω θεματοφύλακας γι' αυτούς. Διαβάστε τα έγγραφα του λογαριασμού σας και κάντε ερωτήσεις για οτιδήποτε δεν καταλαβαίνετε.

Ο ρόλος του θεματοφύλακα: Δημιουργεί και διατηρεί συμβάσεις, έντυπα και εφαρμογές που υπόκεινται στις απαιτήσεις της IRS και του Υπουργείου Εργασίας (DOL). Πρέπει να συμμορφώνεται με τους ακόλουθους ομοσπονδιακούς κανονισμούς: Anti-Terrorist Financing (ATF), Anti-Money Laundering (AML), Bank Secrecy

Act (BSA), κατευθυντήριες γραμμές του Financial Crimes Enforcement Network ("FinCEN"), κανονισμοί του Office of Foreign Asset Control ("OFAC") και ο νόμος Uniting and Strengthening America by Providing Appropriate Tools Required to Intercept and Obstruct Terrorism Act (USA PATRIOT ct). Δέχεται, τεκμηριώνει και καταγράφει εισφορές, διανομές, μεταφορές και μετακυλίσεις- προστατεύει το απόρρητο του ΑΟ- διευκολύνει τις οδηγίες εισφορών, επενδύσεων και διανομής του ΑΟ, όπως επιτρέπεται από τους κανονισμούς και τις πολιτικές του θεματοφύλακα- διατηρεί τεκμηρίωση των περιουσιακών στοιχείων του προγράμματος, συμπεριλαμβανομένων: συμφωνιών εγγραφής, πιστοποιητικών, λειτουργικών συμφωνιών, μνημονίων προσφοράς και υποσχετικών- παρέχει αναφορές IRS και DOL στα έντυπα 1099-R, 5498 και 5500- παρέχει δηλώσεις στον ΑΟ.

Δεν θα ενεργήσει ως θεματοφύλακας (ακόμη και αν το ζητήσετε ευγενικά):

Δεν ενεργεί ως επενδυτικός, φορολογικός ή νομικός σύμβουλος,

Δεν θα συστήσει ή θα υποστηρίξει επενδύσεις ή συμβούλους,

Δεν καθορίζει την εύλογη αγοραία αξία (FMV) οποιασδήποτε επένδυσης,

Δεν θα διεξάγει τη δέουσα επιμέλεια για οποιαδήποτε επένδυση ή χορηγό επένδυσης,

Δεν θα αξιολογήσει την καταλληλότητα της επένδυσης,

Δεν θα καθορίζει εάν μια συναλλαγή είναι απαγορευμένη συναλλαγή (PT),

Ομάδα διαχείρισης: Οι διαχειριστές διεκπεραιώνουν τη γραφειοκρατία. Ένας διαχειριστής μπορεί επίσης να πωλεί επενδύσεις σε ειδικούς λογαριασμούς. Η τράπεζα με την οποία συνεργάστηκα ενήργησε ως διαχειριστής αρχείων. Όταν οι πελάτες επέλεγαν έναν λογαριασμό χρηματαγοράς ή ένα CD για τον IRA τους, οι καταστάσεις που λάμβαναν προέρχονταν από την τράπεζα. Αυτή η τράπεζα δεν ενεργούσε ως θεματοφύλακας, αν και μια τράπεζα μπορεί να είναι θεματοφύλακας. Οι πελάτες μας δεν είχαν άμεση αλληλεπίδραση με τον θεματοφύλακα. Η τράπεζά μας φρόντιζε για τη διατήρηση του λογαριασμού. Η τράπεζα έβγαζε χρήματα, ο θεματοφύλακας έβγαζε χρήματα και οι πελάτες έπαιρναν ένα μέτριο εισόδημα από τόκους που αυξανόταν με αναστολή φόρου για τη συνταξιοδότησή τους.

Χρειάζονται διαχειριστές για τα SDQA; Για τα SDIRAs, όχι, ο AO συνεργάζεται απευθείας με έναν θεματοφύλακα που φροντίζει για την υποβολή εκθέσεων. Για τα SoloKs, ίσως! Ένας διαχειριστής μπορεί να φροντίσει για την υποβολή εκθέσεων IRS για το σχέδιο, εάν ο AO δεν θέλει να αναλάβει αυτή την ευθύνη. Για τα ROBS, συνιστώ ανεπιφύλακτα έναν διαχειριστή, καθώς οι απαιτήσεις υποβολής εκθέσεων είναι πολύ πιο περίπλοκες.

Προωθητές: Οι προωθητές των προϊόντων IRA, SoloK και ROBS υπόσχονται επενδυτικές επιλογές σε συνδυασμό με προσωπικό έλεγχο. Δεν είναι θεματοφύλακες, δικηγόροι, χρηματοοικονομικοί σύμβουλοι, τράπεζες ή επενδυτικές εταιρείες. Οι προωθητές συνδέουν τους ανθρώπους με έναν θεματοφύλακα όταν είναι απαραίτητο, βοηθούν με την τεκμηρίωση του λογαριασμού, παρέχουν πληροφορίες για κρίσιμα ζητήματα και δημιουργούν τις απαραίτητες νομικές οντότητες ή έγγραφα, όπως LLCs, trusts, εταιρείες και σχέδια. Οι διοργανωτές χρεώνουν αμοιβή για τις υπηρεσίες τους. Σε γενικές γραμμές, οι υπηρεσίες τους τελειώνουν όταν χρηματοδοτηθεί ο λογαριασμός που ελέγχει ο πελάτης. Ορισμένοι προσφέρουν συνεχείς διοικητικές υπηρεσίες για SoloKs και ROBS, γενικά όχι για IRAs, εκτός εάν είναι επίσης θεματοφύλακες. Οι διοργανωτές μπορούν να λαμβάνουν αμοιβή για τη συνεργασία με τους θεματοφύλακες και δεν χρειάζεται να τη γνωστοποιούν.

Γνωρίζω δύο χρηματιστηριακές εταιρείες που ανήκουν σε δικηγόρους. Παρόλο που ένας πελάτης μπορεί να θεωρήσει τις συμβουλές τους πιο αξιόπιστες από εκείνες άλλων προωθητών, οι υπάλληλοι των οποίων δεν έχουν αυτή την εκπαίδευση, αυτοί οι προωθητές δεν δημιουργούν σχέση δικηγόρου-πελάτη. Εάν έχετε παράπονο για τις υπηρεσίες ή τις συμβουλές τους, δεν θα έχετε καμία προσφυγή στον κρατικό δικηγορικό σύλλογο ή στην ασφάλεια νομικών ατασθαλιών του δικηγόρου.

Είναι απαραίτητοι οι εισαγγελείς; Οι καταναλωτές συχνά δεν έχουν άλλη επιλογή. Οι δικηγόροι δημιουργούν έγγραφα τα οποία οι θεματοφύλακες δεν μπορούν να δημιουργήσουν βάσει κανονισμού. Η ρύθμιση αυτή βοηθά τους καταναλωτές; Ναι, διότι παρέχει αυτό που θέλουν οι πελάτες, και όχι, διότι η συμφωνία επιβάλλει ευθύνες στο κοινό, συχνά χωρίς εξηγήσεις ή βοήθεια.

Ο Basil Rothbone αποφασίζει ότι θέλει μια SDIRA που του δίνει προσωπικό έλεγχο μέσω ενός καταπιστεύματος, ώστε να αποφύγει το υπέρογκο -κατά τη γνώμη του- ετήσιο τέλος εγγραφής της LLC στην πολιτεία του. Οι εξαιρετικά εκλεπτυσμένες ερευνητικές του ικανότητες εντοπίζουν έναν θεματοφύλακα που επιτρέπει trusts που διαχειρίζεται ο πελάτης. Το τμήμα συμμόρφωσης του θεματοφύλακα θέλει ένα αντίγραφο του καταπιστεύματος για έγκριση. Όχι, δεν παρέχουν αυτό το καταπίστευμα. Ναι, έχουν κατάλογο παρόχων που μπορούν να βοηθήσουν, αλλά δεν προτείνουν κανέναν. Μετά από αρκετά τηλεφωνήματα, ο Basil αποφασίζει ότι μπορεί να μάθει το μυστικό αυτών των trusts και να αποφύγει τα τέλη που χρεώνουν αυτοί οι πάροχοι. Ο Basil βρίσκει ένα άρθρο που αναφέρει ότι τα καταπιστεύματα για IRA είναι ανακλητά καταπιστεύματα Grantor. Ο Basil δημιουργεί ένα revocable grantor trust χρησιμοποιώντας ένα διαδικτυακό αυτοματοποιημένο σύστημα δημιουργίας εγγράφων και εξοικονομεί σημαντικό χρηματικό ποσό σε σύγκριση με τη χρήση ενός grantor. Καταχωρεί το καταπίστευμα. Το τμήμα συμμόρφωσης το απορρίπτει. Ο υπεύθυνος συμμόρφωσης ρωτά με θάρρος αν ο Basil συνέταξε ο ίδιος το καταπίστευμα. "Ναι!" απαντά με υπερηφάνεια.

Ο Basil ακούει έναν αναστεναγμό. Ο υπεύθυνος συμμόρφωσης συνεχίζει. "Το καταπίστευμα είναι η επένδυση του IRA σας. Δεν μπορούμε να καθορίσουμε την καταλληλότητα της επένδυσης, να διενεργήσουμε τη δέουσα επιμέλεια για μια επένδυση, να παράσχουμε νομικές συμβουλές ή να καθορίσουμε αν ο διορισμός σας ως εμπιστευματοδόχου συνιστά απαγορευμένη συναλλαγή. Θέλουμε αυτό το ταμείο να συσταθεί από κάποιον που μπορεί να βεβαιώσει τη νομική επάρκεια του ταμείου. Έχετε έρθει σε επαφή με κάποιον από τον κατάλογο που σας στείλαμε;"

Αυτή τη φορά ο Basil αναστενάζει. Έρχεται σε επαφή με έναν διαφημιστή ο οποίος ετοιμάζει τα απαραίτητα έγγραφα. Αυτό επιτρέπει στους εποπτευόμενους εμπιστευματοδόχους να πουν στην εφορία ότι δεν έχουν παράσχει φορολογικές, νομικές ή οικονομικές συμβουλές. Οι προωθητές στον μη ρυθμιζόμενο χώρο απλώς σηκώνουν τους ώμους και λένε στην IRS ότι ενήργησαν σύμφωνα με τις οδηγίες του πελάτη. Κάτι δεν πάει καλά; Εσείς φταίτε.

Επαγγελματίες σύμβουλοι: Επενδυτικές συμβουλές - Η SEC, η FINRA και οι κρατικές αρχές ρυθμίζουν τους επενδυτικούς συμβούλους. Οι σύμβουλοι μπορούν να έχουν άδεια Series 6 (αμοιβαία κεφάλαια, μεταβλητές προσόδους και ασφάλιστρα), άδεια Series 7 (κινητές αξίες εκτός από εμπορεύματα και συμβόλαια μελλοντικής εκπλήρωσης), άδεια ασφάλισης ζωής, υγείας ή αναπηρίας ή να ενεργούν ως εγγεγραμμένοι επενδυτικοί σύμβουλοι (διαχειρίζονται περιουσιακά στοιχεία και παρέχουν χρηματοοικονομικές συμβουλές σε πελάτες). Η Μαρία, η οποία σκέφτεται να γίνει SDQA, θέλει να μάθει αν μια συγκεκριμένη επένδυση είναι κατάλληλη για τα επιλέξιμα κεφάλαιά της. Ποιον μπορεί να ρωτήσει; Οι θεματοφύλακες και οι προωθητές δεν παρέχουν επενδυτικές συμβουλές. Πηγαίνει στο τοπικό γραφείο επενδύσεων του Ignatius Casper Alistair Nevin Townsend III. Τι συμβουλεύει αυτός ο λαμπρός γιος του Townsend II; Αν η Μαρία ήθελε να επενδύσει σε κάτι που προσέφερε η εταιρεία του Ignatius, θα μπορούσε να ανοίξει λογαριασμό σε αυτήν. Αλλά όχι, θέλει ακίνητα, μη εγγεγραμμένους τίτλους, νομίσματα και κρυπτονομίσματα. Ο Ignatius δεν θα την συμβουλεύσει. Δεν μπορεί, σύμφωνα με τους κανόνες και τις απαιτήσεις αδειοδότησης της εταιρείας του. Η Mary αφήνεται στην έρευνα και την εμπειρία της, μαζί με τυχόν χρήσιμες συμβουλές που προσφέρει ο υποψήφιος πωλητής της επένδυσης και ιδέες που μοιράζονται έμπιστοι άνθρωποι που δεν είναι σύμβουλοι.

Φορολογικές συμβουλές: Οι ιδιοκτήτες SDQA συχνά βρίσκουν χρήσιμες γενικές πληροφορίες από επαγγελματίες του φορολογικού τομέα. Δεν χρειάζονται πολλές φορολογικές συμβουλές επειδή το εισόδημα που πραγματοποιείται από τα SDQAs αναβάλλεται η φορολόγηση. Οι φορολογικοί επαγγελματίες - λογιστές, λογιστές, εγγεγραμμένοι πράκτορες - μπορούν να βοηθήσουν στην προετοιμασία των ατομικών δηλώσεων για την τεκμηρίωση των εισφορών και των διανομών, υπό την προϋπόθεση ότι υποβάλλουν τα κατάλληλα έγγραφα. Οι φορολογικοί επαγγελματίες αποτελούν επίσης πολύτιμη πηγή για φορολογικά ζητήματα που προκύπτουν από την κληρονομιά ενός ειδικού λογαριασμού. Ο υπολογισμός της αξίας της κληρονομιάς για σκοπούς φορολογίας κληρονομιάς περιλαμβάνει την εύλογη αγοραία αξία του SDQA. Οι κληρονομιές είναι γενικά αφορολόγητες για τον κληρονόμο. Ωστόσο, ο θάνατος δεν αποφεύγει τους αναβαλλόμενους συνήθεις φόρους εισοδήματος που οφείλονται στους ειδικευμένους λογαριασμούς. Οι κανόνες κληρονομιάς του SDQA διαφέρουν ελαφρώς ανάλογα με τον τύπο του λογαριασμού.

Νομική συμβουλή: Η ανάγκη για νομική συμβουλή είναι μικρή για τους SoloKs, μέτρια για τα IRA trusts και τις LLCs και σημαντική για τους ROBS. Θα μιλήσω περισσότερο για καθένα από αυτά στις αντίστοιχες ενότητες. Οι νομικές συμβουλές δεν είναι απαραίτητες για τα SDQAs εάν κάποιος γνωρίζει τι κάνει. Δυστυχώς, αυτός δεν είναι ένας συνηθισμένος τομέας άσκησης και η εύρεση δικηγόρου που γνωρίζει αυτούς τους κανόνες μπορεί να είναι σαν να ψάχνεις βελόνα στα άχυρα. Μια εμβληματική υπόθεση SDQA περιλαμβάνει έναν δικηγόρο ως κατηγορούμενο. Δεν είναι όλοι οι δικηγόροι εξοικειωμένοι με αυτές τις δομές.

Η γνώση του ποιος κάνει τι στη διαδικασία μπορεί να σας βοηθήσει να ξέρετε ποιον να καλέσετε. Πάρτε την καθοδήγηση που χρειάζεστε από τους ανθρώπους που έχουν τα προσόντα να σας την παρέχουν!

# Κεφάλαιο 4: Μεταβιβάσεις SDQA και κανόνες φορολογίας περιουσίας

Για τους σκοπούς της φορολογίας κληρονομιάς, όλοι οι αναγνωρισμένοι λογαριασμοί περιλαμβάνονται στην περιουσία ενός προσώπου για τους σκοπούς του υπολογισμού της φορολογίας της εν λόγω περιουσίας. "Μου λέτε ότι όταν πεθάνω, οι κληρονόμοι μου θα πρέπει να πληρώσουν φόρους για τον SDQA μου;" Όχι ακριβώς! Η περιουσία πρέπει να πληρώσει φόρους κληρονομιάς εάν η αξία της υπερβαίνει το ομοσπονδιακό ή το πολιτειακό όριο φορολόγησης, αλλά οι κληρονόμοι δεν είναι υπεύθυνοι για τα χρέη της περιουσίας, παρόλο που οι φόροι κληρονομιάς μειώνουν την αξία της κληρονομιάς τους. Άλλοι έχουν μπερδευτεί για τον λόγο που ο υπολογισμός του φόρου κληρονομιάς περιλαμβάνει τους αναγνωρισμένους λογαριασμούς, δεδομένου ότι οι λογαριασμοί αυτοί περνούν απευθείας σε δικαιούχους εκτός της κληρονομιάς.

Ας ξεκαθαρίσουμε και τα δύο ζητήματα. Το νομικό επάγγελμα χρησιμοποιεί τη λέξη "κληρονομιά" για να ορίσει δύο πολύ διαφορετικές έννοιες. Αναφέρομαι σε αυτές τις δύο έννοιες ως "μικρή και" κληρονομιά και "μεγάλη και" κληρονομιά. Τι περιλαμβάνεται στην αξία της κληρονομιάς για σκοπούς φόρου κληρονομιάς (δεν είναι εξαντλητικό): Όλα τα ακίνητα στα οποία ο θανών είχε συμφέρον- ορισμένες μεταβιβάσεις χωρίς επαρκές αντάλλαγμα- προσόδους- το περιλαμβανόμενο τμήμα κοινών περιουσιών με δικαίωμα επιβίωσης- ορισμένα έσοδα από ασφάλειες ζωής- ακίνητα επί των οποίων ο θανών είχε γενική εξουσία διορισμού. Η μικρή περιουσία "ε", ή περιουσία σε απογραφή, περιλαμβάνει όλα τα περιουσιακά στοιχεία στα οποία ο αποβιώσας είχε συμφέρον (χωρίς να περιλαμβάνονται περιουσιακά στοιχεία που κατέχονται σε καταπίστευμα, λογαριασμοί πληρωτέοι στο θάνατο ή άλλα περιουσιακά στοιχεία επί των οποίων ο αποβιώσας είχε τον έλεγχο αλλά δεν ήταν άμεσα ιδιοκτήτης).

Όταν ο Χ πεθαίνει, το δικαστικό σύστημα της κληρονομικής διαδοχής δημιουργεί μια νομική οντότητα που ονομάζεται "Η περιουσία του Χ, αποβιώσαντος". Αυτή η περιουσία λαμβάνει αριθμό αναγνώρισης εργοδότη από την IRS. Αυτή η περιουσία περιέχει ό,τι είχε ο αποθανών ατομικά: τραπεζικούς λογαριασμούς, ακίνητα, έργα τέχνης, αντίκες, οχήματα και προσωπικά αντικείμενα, όπως δύο αποκόμματα εισιτηρίων για την επίσημη εναρκτήρια παράσταση του A Bigger Bang των Rolling Stones στο Fenway Park. Η αξία αυτής της "μικρής" περιουσίας είναι σημαντική για τους κληρονόμους της περιουσίας, αλλά όχι για την εφορία. Ο εκτελεστής ή προσωπικός αντιπρόσωπος εξουσιοδοτείται από το δικαστήριο να πληρώσει τους λογαριασμούς της κληρονομιάς και να μεταβιβάσει τα υπόλοιπα περιουσιακά στοιχεία της κληρονομιάς στους κληρονόμους. Δεν περιλαμβάνονται όλα τα περιουσιακά στοιχεία στην κληρονομιά. Τα κοινά περιουσιακά στοιχεία με δικαίωμα επιβίωσης περνούν απευθείας στους άλλους ιδιοκτήτες. Χρηματοοικονομικοί λογαριασμοί με ορισμό πληρωμής ή μεταβίβασης σε περίπτωση θανάτου περνούν απευθείας στα άτομα που έχουν οριστεί. Τα περιουσιακά στοιχεία ενός καταπιστεύματος παραμένουν στην ιδιοκτησία του καταπιστεύματος FBO των νέων δικαιούχων, το οποίο διαχειρίζεται ένας διάδοχος διαχειριστής. Οι αναγνωρισμένοι λογαριασμοί πηγαίνουν στα φυσικά ή νομικά πρόσωπα που αναγράφονται στο έντυπο καθορισμού δικαιούχου. Αυτά τα περιουσιακά στοιχεία λέγεται ότι περνούν εκτός της διαδικασίας κρατικής απογραφής, εκτός του κράτους "e".

Κατά τον υπολογισμό του κατά πόσον η περιουσία "E" του X είναι φορολογητέα, συμπεριλαμβάνονται όλα τα περιουσιακά στοιχεία που αποδίδονται στον X. Ο ομοσπονδιακός φόρος ακίνητης περιουσίας απαλλάσσει επί του παρόντος τα πρώτα 11 εκατομμύρια δολάρια. Οι κρατικοί φόροι ακίνητης περιουσίας ή κληρονομιάς ποικίλλουν σε μεγάλο βαθμό. Οι περισσότερες αμερικανικές περιουσίες δεν θα αντιμετώπιζαν προβλήματα με τον ομοσπονδιακό φόρο ακίνητης περιουσίας. Πιστεύω ακράδαντα, όπως εκφράστηκε σε μια δικαστική υπόθεση του 1866 στη Νέα Υόρκη που αφορούσε μια διαθήκη, ότι "η ζωή, η ελευθερία ή η περιουσία κανενός δεν είναι ασφαλής όσο συνεδριάζει το νομοθετικό σώμα". Ενημερωθείτε από τον δικηγόρο σας για τον προγραμματισμό της περιουσίας σας σχετικά με τα τελευταία ομοσπονδιακά και πολιτειακά όρια φόρου κληρονομιάς. Τα σχέδια ακινήτων δεν επικαιροποιούνται αυτόματα μόνο και μόνο επειδή αλλάζουν οι κανόνες. Ναι, οι αναγνωρισμένοι λογαριασμοί θα μεταφερθούν στον εκτός πολιτείας δικαιούχο που αναφέρεται στο BDF. Ναι, οι ειδικευμένοι λογαριασμοί - ακόμη και οι ROTH IRAs -

περιλαμβάνονται στην κρατική αξία "E" για τους σκοπούς του φόρου κληρονομιάς. Όχι, οι κληρονόμοι σας δεν θα είναι υπεύθυνοι για τις υποχρεώσεις της κληρονομίας.

Έντυπα καθορισμού δικαιούχου: Το άνοιγμα ενός αναγνωρισμένου λογαριασμού περιλαμβάνει τη δυνατότητα συμπλήρωσης ενός εντύπου καθορισμού δικαιούχου (BDF). Το έντυπο αυτό επιτρέπει στον AO να αναγράψει έναν κύριο δικαιούχο και ενδεχομένως έναν δευτερεύοντα ή ενδεχόμενο δικαιούχο. Τα BDF διαφέρουν από θεματοφύλακα σε θεματοφύλακα. Ενδέχεται να δείτε μια επιλογή ορισμού που παραπέμπει σε ένα μοτίβο στη σύμβαση θεματοφυλακής. Η προεπιλογή επίσης ποικίλλει. Σε ορισμένα σχέδια προεπιλογή είναι ο σύζυγος, στη συνέχεια τα παιδιά και τέλος η περιουσία. Σε άλλα σχέδια είναι προεπιλεγμένη μόνο η κληρονομιά.

Τι συμβαίνει εάν κάποιος πεθάνει και δεν βρεθεί BDF; Ο θεματοφύλακας χρησιμοποιεί το προεπιλεγμένο κείμενο δικαιούχου στη σύμβαση λογαριασμού. Πολλοί άνθρωποι δεν γνωρίζουν ποια είναι τα προεπιλεγμένα κείμενα των συμβολαίων τους. Τι γίνεται αν κάποιος δημιουργήσει έναν αναγνωρισμένο λογαριασμό, ορίσει τον σύζυγό του ως δικαιούχο, πάρει διαζύγιο, ξαναπαντρευτεί και πεθάνει; Ο πρώην σύζυγος θα μπορούσε να κληρονομήσει τον λογαριασμό.

Ορισμένοι άνθρωποι λύνουν το πρόβλημα της έλλειψης ή της απαρχαιωμένης BDF δημιουργώντας μια διαθήκη που περιγράφει τις αλλαγές των δικαιούχων λίγο πριν νομίζουν ότι πρόκειται να πεθάνουν. Πολλές πολιτείες δεν επιτρέπουν διαθήκες που να διέπουν τη διάθεση περιουσιακών στοιχείων που δεν έχουν τεθεί σε αναγκαστική διαχείριση. Ακόμη και αν η πολιτεία σας επιτρέπει να αλλάξετε τους ορισμούς δικαιούχων στη διαθήκη σας, συνιστώ να συμπληρώσετε BDF για κάθε σχετικό λογαριασμό ή επένδυση. Οι στατιστικές δείχνουν ότι περίπου το 70% των ανθρώπων πεθαίνουν χωρίς διαθήκη, ενώ οι περισσότεροι έχουν έναν αναγνωρισμένο λογαριασμό. Αν είστε σαν τους περισσότερους ανθρώπους, θα αναβάλλετε τη σύνταξη διαθήκης μέχρι να είναι πολύ αργά. Η επικαιροποίηση μιας διαθήκης είναι πιο δαπανηρή και χρονοβόρα. Τέλος, εάν υπάρχει ασυμφωνία μεταξύ της διαθήκης και του BDF, ορισμένοι διαχειριστές δεσμεύουν τα κεφάλαια και απαιτούν δικαστική απόφαση για την αποδέσμευσή τους. Συμπληρώστε ένα BDF για κάθε αναγνωρισμένο λογαριασμό, κρατήστε ένα αντίγραφο μαζί με τα αρχεία του σχεδιασμού της περιουσίας σας και επανεξετάστε τα σε τακτά χρονικά διαστήματα για αλλαγές.

Λογαριασμοί έναντι επενδύσεων: Όταν ένας τυπικός θεματοφύλακας IRA ή διαχειριστής προγράμματος διανέμει κεφάλαια σε δικαιούχο, μετατρέπει τις επενδύσεις σε μετρητά και διανέμει τα μετρητά. Οι δικαιούχοι δεν εμπλέκονται στην πώληση μετοχών, ομολόγων, αμοιβαίων κεφαλαίων, REITs, νομισμάτων, δικαιωμάτων προαίρεσης, εμπορευμάτων κ.λπ. του IRA. Για τα SDQAs όπου ο ειδικός λογαριασμός επενδύει σε μια LLC, ένα καταπίστευμα ή μια στενά ελεγχόμενη εταιρεία, ο θεματοφύλακας δεν έχει καμία εξουσία να πωλήσει τα περιουσιακά στοιχεία. Μερικές φορές, κανείς δεν το κάνει μετά τον θάνατο ενός AO.

Ένας από τους πρώτους πελάτες της ROBS πέθανε λίγο αφότου η ανάδοχος εταιρεία είχε ολοκληρώσει τη ρύθμιση της ROBS. Εκείνη την εποχή, τα έγγραφα της ανάδοχης εταιρείας ανέφεραν τον μεμονωμένο πελάτη μόνο ως εμπιστευματοδόχο του προγράμματος, μέτοχο, μέλος του διοικητικού συμβουλίου και αξιωματούχο. Η σύζυγός του τηλεφώνησε στον διοργανωτή, ο οποίος της πρότεινε να με καλέσει. Το σχέδιο είχε μετοχές της εταιρείας ως επένδυση. Ήθελε να πουλήσει την εταιρεία του επειδή δεν γνώριζε πολλά για την επιχείρηση. Δεν είχε την εξουσία να πουλήσει την εταιρεία. Δεν μπορούσε να κληρονομήσει τον λογαριασμό του προγράμματος, παρόλο που ήταν ο καθορισμένος δικαιούχος, μέχρι το πρόγραμμα να ασχοληθεί με τις μετοχές. Διορθώσαμε τα προβλήματα για να δημιουργήσουμε την εξουσία που χρειαζόταν, ένα περιττό βήμα όταν τα έντυπα της εταιρείας προώθησης ονόμαζαν σύζυγο ως εταιρικό στέλεχος.

Διπλή φορολόγηση; Ένας πελάτης υποστήριξε κάποτε ότι η συμπερίληψη της αξίας του ειδικού λογαριασμού στην κληρονομιά για σκοπούς φορολογίας κληρονομιάς και η απαίτηση φορολόγησης της διανομής είχε ως αποτέλεσμα αντισυνταγματική διπλή φορολόγηση. Διπλή φορολόγηση; Ναι! Αντισυνταγματική; Δύσκολα! Οι εισφορές σε ειδικούς λογαριασμούς προέρχονται από μισθούς. Οφείλουμε στην κυβέρνησή μας συνήθη φόρο εισοδήματος επί των μισθών. Εάν πληροίτε τις προϋποθέσεις, μπορούμε να επιλέξουμε να συνεισφέρουμε από τους μισθούς και να μην πληρώσουμε ομοσπονδιακό φόρο εισοδήματος για τη συνεισφορά αυτή. Η επένδυση δημιουργεί εισόδημα για το οποίο δεν πληρώνετε φόρους. Αντ' αυτού, καταβάλλεται συνήθης φόρος εισοδήματος για ολόκληρη τη διανομή.

Συγκρίνετε αυτό με τη μη συνεισφορά. Δημιούργησα ένα λογιστικό φύλλο που συγκρίνει την επένδυση με αναστολή φόρου μέσω ενός ειδικού λογαριασμού με την επένδυση με φόρο για το ίδιο ακαθάριστο ποσό. Όταν οι διανομές γίνονται σε πολλά χρόνια, τόσο η κυβέρνηση όσο και το άτομο λαμβάνουν περισσότερα χρήματα με τους ειδικευμένους λογαριασμούς. Η κυβέρνηση λαμβάνει σημαντικά περισσότερα ως ποσοστιαία αύξηση σε σύγκριση με τον φορολογούμενο. Πιστεύω ότι το Κογκρέσο το γνώριζε αυτό όταν δημιούργησε αυτούς τους λογαριασμούς. Όσον αφορά την άδικη διπλή φορολόγηση, ο μη αναγνωρισμένος λογαριασμός είναι επίσης σε καθεστώς "Ε". Δύο διαφορετικοί φόροι: φόρος εισοδήματος (στους μισθούς) έναντι του φόρου κληρονομιάς (σε ό,τι υπερβαίνει ένα ορισμένο επίπεδο).

Ερώτηση δοκιμής: Η αξία του ειδικευμένου λογαριασμού περιλαμβάνεται στην αξία της κληρονομίας για σκοπούς φορολογίας κληρονομίας, περνά σε δικαιούχους εκτός της κληρονομίας, όπως αναφέρονται στο ABR (εκτός εάν η κληρονομία είναι ο δικαιούχος ή το ABR απουσιάζει) και μπορεί να δημιουργήσει φόρο εισοδήματος για τον δικαιούχο. Ποια απάντηση είναι σωστή;

1. Σωστό.

2. Λάθος.

3. Δεν ξέρω.

4. Πονάει το κεφάλι μου.

Απάντηση: Κάποτε διαφωνούσα με έναν καθηγητή στη Νομική Σχολή ότι η απάντησή μου "Δεν ξέρω" ήταν αληθινή δήλωση και ότι άξιζε να χαρακτηριστεί ως σωστή. Υποστήριξε ότι αν το επιχείρημά μου ίσχυε, οι φοιτητές δεν θα μελετούσαν, δεν θα μάθαιναν τίποτα, θα απαντούσαν "Δεν ξέρω" σε κάθε ερώτηση και θα περίμεναν να περάσουν. Κέρδισε αυτό το επιχείρημα. Μπορεί να είναι αλήθεια ότι πονάει το κεφάλι σας, αλλά αυτή δεν είναι η σωστή απάντηση στην ερώτηση. Κάθε μέρος αυτής της ερώτησης είναι αληθινό, οπότε η πιο σωστή απάντηση είναι το 1.

# Κεφάλαιο 5: Ρυθμιστικά όρια

Σε μια κρουαζιέρα στην Αλάσκα, παρατήρησα ότι μια περιοχή του καταστρώματος ήταν κλειστή για τους επισκέπτες. Μέσα από ένα παράθυρο στην πόρτα, μπορούσα να δω ένα όμορφο ξύλινο κατάστρωμα, κιγκλιδώματα, ξάρτια και την πλώρη, την πιο μπροστινή σανίδα που εκτεινόταν από την πλώρη, όπου θα μπορούσα να κάνω τη δική μου σκηνή από το "King of the World" του Τιτανικού. Ρώτησα έναν υπεύθυνο για τις σχέσεις με τους επισκέπτες πώς θα αποκτούσα πρόσβαση σε αυτό το κατάστρωμα. Με ενημέρωσε ότι αυτό το κατάστρωμα ήταν ανοιχτό για τους επισκέπτες μόνο μία φορά, όταν το κρουαζιερόπλοιο διοργάνωσε ένα πάρτι για μερικές εκατοντάδες επιλεγμένους επισκέπτες. Χαμογέλασα. Με έβαλε στη λίστα των καλεσμένων. Κατά τη διάρκεια της εκδήλωσης, η εταιρεία κρουαζιέρας προσέφερε ζεστά ροφήματα, έπαιζε ζωντανή μουσική σε χαμηλή ένταση και σέρβιρε μια περιορισμένη ποικιλία αλκοολούχων ποτών χωρίς κόστος για τον επισκέπτη - η μόνη φορά κατά τη διάρκεια του ταξιδιού που ο επισκέπτης δεν χρειαζόταν να πληρώσει υπέρογκες τιμές για το αλκοόλ.

Περίπου στα μισά της δίωρης εκδήλωσης, πλησίασα τη μικρή σκάλα που οδηγούσε στην πλώρη του πλοίου. Μια μεταλλική πινακίδα που έγραφε "Απαγορεύεται η είσοδος" κουνιόταν στο αεράκι πάνω σε μια μικρή αλυσίδα κρεμασμένη ανάμεσα στα κιγκλιδώματα. Λίγο αποθαρρυμένος, πλησίασα έναν αξιωματικό του πλοίου που στεκόταν κοντά.

"Μπορώ να σταθώ στο πλώριο πρίσμα και να βγάλω μια φωτογραφία;" ρώτησα.

"Όχι, κύριε", απάντησε με ευχάριστο, επαγγελματικό τόνο και ινδική προφορά από τη Βρετανική Αυτοκρατορία.

"Ποια είναι η ποινή αν κάποιος το κάνει αυτό;" Χαμογέλασα. Δεν έπιασε.

"Δεν είναι αυτή η ερώτηση που θα έπρεπε να κάνετε, κύριε". Ο τόνος του δεν εντάθηκε, όπως συνήθως συμβαίνει όταν κάποιος αμφισβητεί την εξουσία. "Η ερώτηση που πρέπει να κάνετε στον εαυτό σας, κύριε, είναι "Μπορώ;" και η απάντηση σε αυτή την ερώτηση είναι "Όχι, δεν μπορείτε"."

Διατήρησε την άμεση οπτική επαφή με τα μάτια σε ένα "ο πρώτος που θα κοιτάξει αλλού χάνει" βλέμμα.

Έκανα μια παύση, διατήρησα την οπτική επαφή, σκέφτηκα να φύγω και αποφάσισα να προσπαθήσω ξανά. Άλλο ένα χαμόγελο, ένας τόνος αυτοπεποίθησης, αλλά χωρίς αντιπαράθεση. "Καταλαβαίνω ότι οι κανόνες λένε ότι δεν μπορώ. Απλά είμαι περίεργος. Αν κάποιος το κάνει αυτό, τι συμβαίνει;"

Τα μάτια του άνοιξαν ελαφρώς, αλλά η φωνή και η γλώσσα του σώματός του παρέμειναν στωικά σαν τη φρουρά της βασίλισσας στα ανάκτορα του Μπάκιγχαμ. "Η ερώτηση που πρέπει να κάνετε στον εαυτό σας, κύριε, είναι "Μπορώ;" και η απάντηση σε αυτή την ερώτηση είναι "Όχι, δεν μπορείτε".

Οι άνθρωποι μεταφέρουν πολλές πληροφορίες μέσω των ματιών τους, είτε σκόπιμα είτε όχι. Τα μάτια του μου έλεγαν ότι αν ρωτούσα ξανά δεν θα έπαιρνα διαφορετική απάντηση. Χαμογέλασα για τελευταία φορά, τον ευχαρίστησα και έφυγα. Κατά τη διάρκεια των υπόλοιπων εορταστικών εκδηλώσεων, μπορούσα να δω μυώδεις άνδρες με μπλε σακάκια με ημιδιαφανή ακουστικά και σγουρά καλώδια στο αριστερό τους αυτί να παρακολουθούν τις δραστηριότητές μου.

Το κεφάλαιο αυτό εξετάζει τα ρυθμιστικά όρια της επένδυσης και της αλληλεπίδρασης με τα αναγνωρισμένα κεφάλαια. Πολλές λέξεις, σε φαινομενικά αμέτρητες σελίδες. Ο ισχύων φορολογικός κώδικας έχει έκταση περίπου 2.600 σελίδες. Προσθέστε τους κανονισμούς της IRS, τις αποφάσεις εσόδων και τη σχολιασμένη νομολογία και έχετε έναν βάλτο εβδομήντα χιλιάδων σελίδων που δεν είναι πλήρως κατανοητός από τους πολιτικούς, τους πράκτορες της IRS, τους δικαστές ή τους φορολογικούς δικηγόρους. Σε αντίθεση με τον αξιωματικό στην κρουαζιέρα μου στην Αλάσκα, η συζήτησή μας περιλαμβάνει τις κυρώσεις. Θα ελέγξουμε την αλυσίδα, θα σκαλίσουμε την πινακίδα, ίσως και να την κουνήσουμε, αλλά δεν θα αφήσουμε την αλυσίδα και δεν θα ανέβουμε τις σκάλες, όσο δελεαστικό κι αν είναι να αποδείξουμε ότι είμαστε ιδιοκτήτες του πλοίου μας, βασιλιάδες και βασίλισσες των συνταξιοδοτικών μας κεφαλαίων.

Μερικοί πελάτες αντιστέκονται στην αρχή. "Το αυτοκατευθυνόμενο πρέπει να σημαίνει ότι μπορώ να κάνω ό,τι θέλω!"

"Κατά κάποιον τρόπο, ναι. Οι κανόνες αντιμετωπίζουν ορισμένες συναλλαγές ως διανομές, ένα φορολογητέο γεγονός. Αυτό είναι που θέλετε;"

"Όχι", απαντάτε με μια παύση που ακούγεται σχεδόν σαν παραινετικός αναστεναγμός. "Θέλω να συζητήσω τις ιδέες μου μαζί σας και να μου πείτε εσείς αν οι κανόνες το απαγορεύουν". Καλή απάντηση!

Ποινές για απαγορευμένες συναλλαγές: Εάν η IRS διαπιστώσει ότι έχει πραγματοποιηθεί απαγορευμένη συναλλαγή, η πρώτη ποινή είναι ότι η αξία της συναλλαγής ή ολόκληρος ο λογαριασμός θεωρείται ότι διανέμεται στην εύλογη αγοραία αξία την 1η Ιανουαρίου του έτους κατά το οποίο πραγματοποιήθηκε η απαγορευμένη συναλλαγή. Η δήλωση φορολογίας εισοδήματος για το εν λόγω έτος ουσιαστικά επανυπολογίζεται με το προστιθέμενο εισόδημα και τυχόν πρόσθετοι φόροι οφείλονται για το εν λόγω φορολογικό έτος. Μπορεί να ισχύει ποινή πρόωρης διανομής 10% εάν ο κάτοχος του λογαριασμού είναι κάτω των 59½ ετών. Ο IRC 4975(α) και (β) επιβάλλει έναν μη εκπιπτόμενο φόρο κατανάλωσης δύο επιπέδων σε κάθε απαγορευμένη συναλλαγή. Το πρώτο επίπεδο είναι ένας φόρος 15% επί του σχετικού ποσού για κάθε έτος που δεν διορθώνεται η ΠΤ. Το δεύτερο επίπεδο είναι ένας ειδικός φόρος κατανάλωσης 100% επί του σχετικού ποσού εάν η απαγορευμένη συναλλαγή δεν διορθωθεί σε μια συγκεκριμένη φορολογική περίοδο. Εάν αυτό δεν είναι αρκετά αποτρεπτικό, ο IRC 6662(β)(2) προσθέτει ένα πρόσθετο πρόστιμο 20% που σχετίζεται με την ακρίβεια, εάν η αρχική δήλωση που υποβλήθηκε για το έτος της απαγορευμένης συναλλαγής υποεκτιμά τον επανυπολογισμένο φόρο κατά 5.000 δολάρια ή 10%.

Κάποιος πραγματοποιεί μια ΠΤ ύψους 100.000 δολαρίων:

25% φόρος και δεν ισχύει καμία έκπτωση = 25.000 δολάρια φόρος εισοδήματος,

10% Μ.Μ.Δ. = 10.000 ΔΟΛΆΡΙΑ,

15% φόρος κατανάλωσης = 15.000 δολάρια ΗΠΑ,

20% ποινή ακρίβειας = 20.000 δολάρια.

Αυτό ισοδυναμεί με 70.000 δολάρια σε φόρους και πρόστιμα για το Δημόσιο, υποθέτοντας ότι το άτομο διόρθωσε το πρόβλημα εγκαίρως. Διαφορετικά, η ΔΟΥ θα μπορούσε να χρεώσει επιπλέον 100.000 δολάρια σε ειδικούς φόρους κατανάλωσης.

Η σύστασή μου είναι να μη χάνετε χρόνο σκεπτόμενοι τα υπέρ και τα κατά των απαγορευμένων συναλλαγών. Απλώς μην τις κάνετε.

Απαγορευμένες επενδύσεις και συναλλαγές: Εκτός εάν ισχύει συγκεκριμένη εξαίρεση, ο Κώδικας Εσωτερικών Εσόδων απαγορεύει στα αναγνωρισμένα κεφάλαια να επενδύουν σε,...

α) Συμβόλαια ασφάλισης ζωής - IRC §408(α)(3),

β) συλλεκτικά αντικείμενα - IRC §408(m)(2). Ένα "συλλεκτικό αντικείμενο" περιλαμβάνει έργα τέχνης, χαλιά, αντίκες, μέταλλα, πολύτιμους λίθους, γραμματόσημα, αλκοολούχα ποτά και, με ορισμένες εξαιρέσεις, νομίσματα,

γ) Μετοχές εταιρειών S - IRC §§1361(β)(1)(Β) και (γ)(6). Οι εταιρικές μετοχές δεν απαγορεύονται, αλλά ένας ειδικός λογαριασμός δεν είναι επιλέξιμος ιδιοκτήτης για μια εταιρεία για να διατηρήσει το καθεστώς pass-through φορολογίας. Οποιαδήποτε εταιρεία S που δέχεται έναν αναγνωρισμένο λογαριασμό ως μέτοχο χάνει το φορολογικό της καθεστώς pass-through με κανονισμό.

Ακόμα και αν η ίδια η επένδυση επιτρέπεται, το άρθρο 4975(c)(1) του IRC απαγορεύει τις ακόλουθες άμεσες ή έμμεσες συναλλαγές μεταξύ ειδικών περιουσιακών στοιχείων και αποκλεισμένου προσώπου:

(α) Πώληση, ανταλλαγή ή μίσθωση ακινήτων,

β) Δανεισμός χρημάτων ή επέκταση πίστωσης,

γ) Παροχή αγαθών, υπηρεσιών ή διευκολύνσεων,

δ) Μεταβίβαση σε, ή χρήση ή όφελος από αποκλεισμένο πρόσωπο οποιουδήποτε εισοδήματος ή περιουσιακών στοιχείων του προγράμματος,

ε) Ένα αποκλεισμένο πρόσωπο που συναλλάσσεται με το εισόδημα ή τα περιουσιακά στοιχεία του προγράμματος για δικό του συμφέρον ή για δικό του λογαριασμό,

στ) Λήψη από ένα αποκλεισμένο πρόσωπο οποιουδήποτε ανταλλάγματος από οποιοδήποτε μέρος που συναλλάσσεται με το σχέδιο σε σχέση με οποιαδήποτε συναλλαγή που αφορά το εισόδημα ή τα περιουσιακά στοιχεία του σχεδίου.

Ποιος είναι αποκλεισμένο πρόσωπο; Όπως μπορείτε να δείτε από τον κατάλογο των απαγορευμένων συναλλαγών, όλες οι ΠΤ περιλαμβάνουν ένα αποκλεισμένο πρόσωπο. Εάν μια συναλλαγή δεν εμπλέκει άμεσα ή έμμεσα ένα αποκλεισμένο πρόσωπο, δεν αποτελεί απαγορευμένη συναλλαγή. Τα πρόσωπα που αποκλείονται ορίζονται στο άρθρο 4975 (ε)(2) του Κώδικα Εσωτερικών Εσόδων.

Ο κατάλογος αυτός περιλαμβάνει τον/την σύζυγο, τον πρόγονο, τον κατιόντα σε ευθεία γραμμή και τον/την σύζυγο ενός προγόνου ή κατιόντα σε ευθεία γραμμή του κατόχου του λογαριασμού, καθώς και μια εταιρεία, συνεταιρισμό, καταπίστευμα ή περιουσία που ανήκει κατά 50% ή περισσότερο, άμεσα ή έμμεσα, σε αποκλεισθέντα πρόσωπα.

Για να δείτε πώς λειτουργούν αυτές οι δύο έννοιες μαζί, σκεφτείτε ένα τηλεφώνημα που έλαβα από κάποιον που ρωτούσε αν ο ειδικός λογαριασμός του θα μπορούσε να αγοράσει μια πολυκατοικία κοντά σε ένα πανεπιστήμιο για εισόδημα από ενοίκια. Είπα ναι, διότι ένα διαμέρισμα δεν είναι απαγορευμένη επένδυση. Στη συνέχεια ρώτησα για τους πιθανούς ενοικιαστές της. Μου απάντησε ότι η κόρη της είχε γίνει δεκτή στο εν λόγω πανεπιστήμιο και ότι ήθελε να της δώσει μια εναλλακτική λύση αντί να ζει σε φοιτητική εστία. Η επένδυση; Ναι, ενοίκιο για την κόρη της; Όχι! Το αν η κόρη της πληρώνει ή όχι ενοίκιο FMV είναι εκτός θέματος. Η κόρη σας είναι πρόσωπο που δεν έχει δικαίωμα συμμετοχής και η συναλλαγή αυτή δεν επιτρέπεται. Καθώς η παρούσα επιστολή επικεντρώνεται στην κληρονομιά αυτοκατευθυνόμενων λογαριασμών και όχι στη διαχείρισή τους, δεν θα υπεισέλθουμε σε λεπτομέρειες εδώ. Συμβουλευτείτε έναν επαγγελματία που ειδικεύεται σε αυτά τα θέματα ή συμβουλευτείτε το εγχειρίδιο της IRS.

Φορολογητέο εισόδημα από μη συνδεδεμένες επιχειρήσεις: Το γεγονός ότι ένας αναγνωρισμένος λογαριασμός μπορεί να έχει φόρο εισοδήματος είναι ίσως η πιο συγκεχυμένη έννοια για τους πελάτες μου. Γιατί ένας λογαριασμός με αναβαλλόμενη φορολογία, ή ειδικά ένας λογαριασμός ROTH με αφορολόγητη ανάπτυξη, θα πρέπει να πληρώνει φόρο εισοδήματος για τις επενδύσεις του; Εκτός από το γεγονός ότι το Κογκρέσο το είπε, δεν μπορώ να εξηγήσω πλήρως το γιατί, αλλά μπορώ να εξηγήσω πώς λειτουργεί. Το 1947, πλούσιοι απόφοιτοι δώρισαν την εταιρεία C.F. Mueller Company, μια εταιρεία παραγωγής ζυμαρικών, στη Νομική Σχολή του Πανεπιστημίου της Νέας Υόρκης με την πρόθεση ότι τα κέρδη της εταιρείας θα χρηματοδοτούσαν τις εκπαιδευτικές δραστηριότητες της Νομικής Σχολής. Η Νομική Σχολή δεν πλήρωσε φόρο εισοδήματος για τα έσοδα της εταιρείας C.F. Mueller. Η IRS αμφισβήτησε το γεγονός αυτό και έχασε, διότι, εκείνη την εποχή, οι απαλλασσόμενοι από τον φόρο οργανισμοί δεν υπέκειντο σε φόρο εισοδήματος για το εισόδημά τους από οποιαδήποτε πηγή, εφόσον το εισόδημα χρησιμοποιούνταν για τον απαλλασσόμενο σκοπό του οργανισμού.

Το 1950, το Κογκρέσο τροποποίησε τον φορολογικό κώδικα για να δημιουργήσει τον φόρο εισοδήματος μη συνδεδεμένων επιχειρήσεων. Το Κογκρέσο θέσπισε επίσημα τον νόμο λόγω ανησυχιών ότι οι μη κερδοσκοπικοί οργανισμοί είχαν αθέμιτο πλεονέκτημα όταν ανταγωνίζονταν στις ίδιες δραστηριότητες με τους κερδοσκοπικούς οργανισμούς. Μπορώ να φανταστώ μια παρασκηνιακή ιστορία όπου το Κογκρέσο μπορούσε να δει τα γραπτά στον τοίχο της νομικής σχολής - ιδιοκτήτες επιχειρήσεων σε όλη τη χώρα μετέφεραν επιχειρήσεις σε αφορολόγητους οργανισμούς, στεγνώνοντας τα ομοσπονδιακά ταμεία.

Οι κανόνες για το φορολογητέο εισόδημα μη συνδεδεμένων επιχειρήσεων (UBTI) διαχειρίζονται το αφορολόγητο καθεστώς με βάση την πηγή του εισοδήματος και όχι τη χρήση του. Οι κανόνες αυτοί ισχύουν επίσης για τους ειδικούς λογαριασμούς. Η έννοια αποκαλείται από ορισμένους ως φόρος εισοδήματος μη συνδεδεμένων επιχειρήσεων (UBIT). Δεν χρησιμοποιώ αυτά τα ακρωνύμια εναλλακτικά- το UBTI αναφέρεται συγκεκριμένα στο ίδιο το εισόδημα, ενώ το UBIT δίνει έμφαση στον οφειλόμενο φόρο επί του εισοδήματος. Εάν ένας αναγνωρισμένος λογαριασμός είναι ο φορολογούμενος που είναι υπεύθυνος για το εισόδημα της επιχείρησης, ο εν λόγω αναγνωρισμένος λογαριασμός πρέπει να καταβάλει φόρο εισοδήματος στην ομοσπονδιακή κυβέρνηση. Για περισσότερες πληροφορίες, ανατρέξτε στη δημοσίευση της IRS Tax on Unrelated Business Income of Exempt Organisations (Φόρος στο μη σχετιζόμενο επιχειρηματικό εισόδημα των απαλλασσόμενων οργανισμών). Για παράδειγμα, ας υποθέσουμε ότι ένας ειδικευμένος λογαριασμός επενδύει σε ένα εστιατόριο. Ο κάτοχος του λογαριασμού μπορεί να σκεφτεί: "Μπορώ να ξεπεράσω τον ανταγωνισμό μου σε αυτή την επιχείρηση χαμηλού περιθωρίου κέρδους χωρίς να χρειάζεται να πληρώσω ομοσπονδιακό φόρο εισοδήματος!" Αλλά το συμπέρασμα αυτού του κατόχου λογαριασμού είναι λανθασμένο. Τι θα συνέβαινε αν, αντί να κατέχει ένα εστιατόριο, ο ειδικευμένος λογαριασμός επένδυε σε μια εταιρεία για να αποκτήσει μετοχές και η εταιρεία αυτή, εγγεγραμμένη στην IRS ως εταιρεία "C" για ομοσπονδιακούς σκοπούς, πλήρωνε ομοσπονδιακό φόρο εισοδήματος για το εισόδημα από την επιχείρηση; Ο UBIT δεν οφείλεται στον αναγνωρισμένο λογαριασμό επειδή το εισόδημα είναι καθαρά παθητικό. Η κληρονομιά ενός ειδικευμένου λογαριασμού είναι μια καλή στιγμή για να αναλυθεί η δραστηριότητα του λογαριασμού για φορολογητέο εισόδημα. Δεν απαγορεύεται ένας ειδικευμένος λογαριασμός να παράγει UBTI. Απλώς υποβάλλετε την κατάλληλη δήλωση και πληρώστε τον φόρο. Οι φοροαπαλλασσόμενες οντότητες καταβάλλουν τον UBIT με την υποβολή του εντύπου 990-T. Ενδέχεται να απαιτούνται και άλλα φορολογικά έντυπα, ανάλογα με την οντότητα.

Ο UBIT εφαρμόζεται σε κάθε SDIRA ή SoloK που είναι ο υπεύθυνος φορολογούμενος για μια επένδυση που αποδίδει επιχειρηματικό εισόδημα στον αναγνωρισμένο λογαριασμό. Απλό, αλλά όχι πάντα εύκολο! Ο Reginald χρησιμοποίησε μια IRA-LLC για να αγοράσει μια πολυκατοικία κοντά σε μια πανεπιστημιούπολη. Είχε σκοπό να νοικιάσει το διαμέρισμα σε φοιτητές κατά τη διάρκεια του σχολικού έτους και να το χρησιμοποιήσει ως εβδομαδιαία εξοχική κατοικία κατά τη διάρκεια του καλοκαιριού. Δύο κανόνες UBTI μπορεί να ισχύουν για την ιδέα του για το condo: Ο βαθμός στον οποίο το εισόδημα από την ενοικίαση προέρχεται από ακίνητα ή προσωπικά αντικείμενα και η διάρκεια της περιόδου ενοικίασης (μία εβδομάδα, τριάντα ημέρες κ.λπ.).

Το εισόδημα από ενοίκια ακινήτων εξαιρείται από την εξέταση του UBTI. Τα ενοίκια προσωπικών ακινήτων περιλαμβάνονται, όπως και τα ενοίκια ή οι μισθώσεις επίπλων. Οι ενοικιάσεις ή μισθώσεις με τιμές που περιλαμβάνουν και τα δύο απαιτούν πρόσθετη ανάλυση. Το εισόδημα από ενοίκια εξαιρείται από το UBTI εάν το μίσθωμα προσωπικών ακινήτων είναι μικρότερο από το 10 % του συνολικού ενοικίου. Εάν τα μισθώματα που αποδίδονται σε προσωπικά ακίνητα είναι πάνω από το 10 τοις εκατό, αλλά όχι πάνω από το 50 τοις εκατό, περιλαμβάνονται μόνο τα μισθώματα που αποδίδονται σε προσωπικά ακίνητα. Εάν τα ενοίκια που αποδίδονται σε προσωπικά ακίνητα υπερβαίνουν το 50 τοις εκατό, το UBTI εφαρμόζεται σε όλα τα εισοδήματα από ενοίκια. Οι εκπτώσεις είναι διαθέσιμες για το ενοίκιο που περιλαμβάνεται. Ο Reginald αποφάσισε να τιμολογήσει και να επιπλώσει το διαμέρισμά του έτσι ώστε το εισόδημα από τα ενοίκια να εξαιρεθεί από το UBTI.

Κάποτε έκανα κράτηση σε ένα ξενοδοχείο μακράς διαρκείας μετά από ένα σημαντικό γεγονός που άλλαξε τη ζωή μου. Ο υπάλληλος με ρώτησε πόσο καιρό σκόπευα να μείνω. Δεν ήξερα και ρώτησα αν αυτό είχε κάποια διαφορά. Μου εξήγησε το σύστημα τιμολόγησης για μηνιαίες ενοικιάσεις σε σύγκριση με τις εβδομαδιαίες ή ημερήσιες ενοικιάσεις. Η σημαντική εξοικονόμηση που προσφέρεται στους επισκέπτες που νοικιάζουν έναν χώρο σε μηνιαία βάση οφείλεται κυρίως στους αυξημένους φόρους επιχειρήσεων που σχετίζονται με τις ημερήσιες και εβδομαδιαίες ενοικιάσεις. Αυτή η έννοια ισχύει επίσης για τους ιδιοκτήτες ακινήτων με έναν αναγνωρισμένο λογαριασμό.

Τα ξενοδοχεία, τα μοτέλ, τα πανδοχεία και οι εξοχικές κατοικίες είναι επιχειρήσεις. Η UBTI εφαρμόζεται όταν το εισόδημα από αυτό το είδος επιχείρησης αποδίδεται σε έναν αναγνωρισμένο λογαριασμό ως υπεύθυνος φορολογούμενος. Το γεγονός ότι ο λογαριασμός λαμβάνει εισόδημα λόγω της ιδιοκτησιακής δομής των περιουσιακών στοιχείων δεν αποτελεί πρόβλημα. Ορισμένοι άνθρωποι στο γραφείο μου έχουν επενδύσει σε μια επένδυση σε ακίνητα όπου το φορολογητέο εισόδημα αποδίδεται στον λογαριασμό τους, δεν απελευθερώνονται κεφάλαια από την επένδυση (συνήθως μια pass-through LLC με πολλά μέλη) και ο ειδικευμένος λογαριασμός δεν περιέχει κεφάλαια για την πληρωμή των φόρων.

Ο ειδικευμένος λογαριασμός του Reginald δεν έπρεπε να πληρώσει UBIT για μηνιαίες ενοικιάσεις κατά τη διάρκεια του σχολικού έτους, αλλά για εβδομαδιαίες ενοικιάσεις καλοκαιρινών διακοπών. Όπως και το ξενοδοχείο παρατεταμένης διαμονής στο οποίο έμεινα, χρέωσε αναλόγως και διατήρησε επαρκή ταμειακά αποθέματα για να πληρώσει τους φόρους.

Η UBTI δεν εφαρμόζεται σε μια ρύθμιση ROBS, επειδή η εταιρεία, και όχι το σχέδιο, είναι ο υπεύθυνος φορολογούμενος. Όποιος κατέχει ή κληρονομεί ένα SDIRA ή SoloK πρέπει να κατανοήσει αυτό το ζήτημα, ή τουλάχιστον να έχει επαγγελματίες που το γνωρίζουν. Οι περισσότεροι ιδιοκτήτες SDIRA και SoloK δεν ενεργοποιούν την UBIT και θέλουν να μείνουν όσο το δυνατόν πιο μακριά από αυτή την έννοια. Αναλύστε την καθαρή απόδοση της επένδυσης, συμπεριλαμβανομένων των οφειλόμενων φόρων και των εξόδων της φορολογικής δήλωσης, και αποφασίστε μόνοι σας.

Μη συνδεδεμένο εισόδημα που χρηματοδοτείται από χρέος: Το UDFI ισχύει για τις SDIRAs, αλλά όχι για τις SoloKs ή τις ρυθμίσεις ROBS. Αυτό είναι ένα σαφές πλεονέκτημα για τις SoloKs έναντι των SDIRAs και είναι ένας από τους κύριους λόγους για τους οποίους πολλοί άνθρωποι επιλέγουν μια SoloK έναντι μιας SDIRA, εάν πληρούν τις προϋποθέσεις και για τις δύο. Η UDFI χρονολογείται από τον νόμο περί εσόδων του 1950 και επηρεάζει όλες τις αφορολόγητες οντότητες. Η IRS και τα δικαστήρια βελτίωσαν τους κανόνες με την πάροδο των ετών, καθώς οι έξυπνοι φορολογούμενοι τους χρησιμοποιούσαν για να μετατρέψουν το συνηθισμένο εισόδημα σε κεφαλαιακά κέρδη. Σήμερα, όπως εφαρμόζονται στους IRA, οι κανόνες αυτοί δηλώνουν απλώς ότι εάν ένας ειδικός λογαριασμός δανείζεται κεφάλαια για την αγορά ή τη βελτίωση ενός περιουσιακού στοιχείου, το ποσοστό του εισοδήματος που αναλογεί στα δανεισμένα κεφάλαια φορολογείται στον IRA.

Η Samantha τηλεφώνησε για να συζητήσει την αγορά ενός ακινήτου με τον SDIRA της. Η SDIRA της έλεγχε περίπου 300.000 δολάρια, ποσό υπεραρκετό στην περιοχή της για να αγοράσει ένα αξιοπρεπές ενοικιαζόμενο ακίνητο που θα απέφερε εισόδημα.

Ωστόσο, ήθελε να αγοράσει δύο γειτονικά ακίνητα που ήταν επί του παρόντος προς πώληση. Ήθελε επίσης κάθε ακίνητο να ανήκει σε διαφορετική LLC με μοναδικό μέλος την IRA της. Έβγαζαν νόημα οι αριθμοί; Πρώτα συζητήσαμε τους κανόνες περί απαγορευμένων συναλλαγών που την εμπόδιζαν να εγγυηθεί προσωπικά το δάνειο. Οι κανόνες PT αφήνουν σε έναν IRA λίγες επιλογές εκτός από ένα επενδυτικό δάνειο χωρίς δικαίωμα αναγωγής, το οποίο κοστίζει μερικές ποσοστιαίες μονάδες περισσότερο από τα παραδοσιακά προσωπικά δάνεια. Οι κανόνες UDFI επιτρέπουν στον IRA κάποιες εκπτώσεις από το φορολογητέο εισόδημα. Στη συνέχεια, αναλύουμε ορισμένους αριθμούς. Οι αριθμοί που χρησιμοποιούνται εδώ είναι για λόγους απλότητας. Ένα ακίνητο αξίας 250.000 δολαρίων παρήγαγε ακαθάριστο εισόδημα 25.000 δολαρίων ετησίως, χωρίς οφειλόμενο φόρο εισοδήματος, χωρίς εξυπηρέτηση χρέους και μη εκπιπτόμενες δαπάνες για φόρους και συντήρηση του ακινήτου. Αν η επένδυση απέφερε κατά μέσο όρο 20.000 δολάρια ετησίως, θα είχε ετήσια απόδοση 8 τοις εκατό. Ένα δεύτερο ακίνητο θα διπλασίαζε το εισόδημά της από την IRA, αλλά θα πρόσθετε μια μηνιαία πληρωμή δανείου 750 δολαρίων για κάθε δάνειο χωρίς δικαίωμα αναγωγής ύψους 125.000 δολαρίων για τριάντα χρόνια. Ο τύπος UDFI αναλύει το ανεξόφλητο υπόλοιπο του δανείου έναντι της εύλογης αγοραίας αξίας (FMV) του ακινήτου.

Κατά το πρώτο έτος, η αναλογία σας είναι 50%. Το ΙΔΙΧ σας οφείλει φόρους για 25.000 δολάρια και μπορεί να εκπέσει το ίδιο ποσοστό ορισμένων δαπανών που σχετίζονται με την επένδυση. Εάν τα στοιχεία σας οδηγούν σε φορολογικό συντελεστή 30% για 20.000 δολάρια, ο IRA σας θα οφείλει φόρους ύψους 6.000 δολαρίων.

Έτος 1:

50.000 δολάρια ΗΠΑ

Φόροι και συντήρηση ακινήτου - 10.000 δολάρια

Εξυπηρέτηση χρέους - 18.000 δολάρια ΗΠΑ

Φόρος εισοδήματος - 6.000 δολάρια ΗΠΑ

Καθαρό εισόδημα - 16.000 δολάρια

Η ετήσια απόδοση πέφτει στο 6,4%! Ποιος θα το έκανε αυτό; Οι άνθρωποι που σκέφτονται μακροπρόθεσμα! Ας κάνουμε μια πρόβλεψη μέχρι το έτος 30 χρησιμοποιώντας στοιχεία μέσου πληθωρισμού.

Έτος 30 (για ένα ακίνητο):

60.000 δολάρια ΗΠΑ.

Φόροι και συντήρηση ακινήτου - 12.000 δολάρια ΗΠΑ

Εξυπηρέτηση χρέους - 0 δολάρια ΗΠΑ

Φόρος εισοδήματος - US$ 0

Καθαρό εισόδημα - 48.000 δολάρια ΗΠΑ

Αξία ακινήτου - 500.000 δολάρια ΗΠΑ

Αξία σε μετρητά - 900.000 δολάρια ΗΠΑ

Έτος 30 (για δύο ακίνητα)

Ακαθάριστο εισόδημα - 120.000 δολάρια ΗΠΑ

Φόροι ακίνητης περιουσίας και συντήρηση - 24.000 δολάρια ΗΠΑ

Εξυπηρέτηση χρέους - US$ 0

Φόρος εισοδήματος - US$ 0

Καθαρό εισόδημα - 96.000 US$

Αξία ακινήτου - US$ 1.000.000

Αξία σε μετρητά - 2.000.000 δολάρια ΗΠΑ

Δεν προσπαθώ να πείσω κανέναν ότι η χρήση μόχλευσης για την αγορά περισσότερων ακινήτων αξίζει πάντα το ρίσκο μακροπρόθεσμα. Κάντε τους δικούς σας υπολογισμούς με έναν επαγγελματία φοροτεχνικό που εμπιστεύεστε. Σας προτείνω να ξεκινήσετε με τον δικό σας λογιστή.

Το UDFI ισχύει επίσης για τα κεφαλαιακά κέρδη εάν το ακίνητο πωληθεί κατά τη διάρκεια του δανείου ή εντός δώδεκα μηνών από την εξόφληση του χρέους. Εάν είστε ιδιοκτήτης ή κληρονόμος ενός SDIRA που χρησιμοποίησε χρηματοδότηση για την αγορά ή τη βελτίωση ενός ακινήτου, υποβάλλετε την κατάλληλη δήλωση φόρου εισοδήματος και πληρώστε τους φόρους που οφείλονται. Εάν κληρονομήσετε μια IPA, ιδίως εάν δεν γνωρίζατε για το δάνειο (τα δάνεια), και η σκέψη και μόνο της υποβολής φορολογικής δήλωσης για την IPA σας αφήνει πιο απογοητευμένους από έναν οπαδό των Vancouver Canucks μετά το έβδομο παιχνίδι των πλέι οφ του Stanley Cup του 1994, σκεφτείτε ότι ο κληρονόμος σας μπορεί να ανέλυσε κάποιους αριθμούς και να έλαβε μια απόφαση που φάνηκε καλή ιδέα εκείνη τη στιγμή.

Εντοπισμός ζητημάτων εύλογης αγοραίας αξίας: Οι άνθρωποι καλούν στο γραφείο μου συχνότερα λόγω ζητημάτων FMV παρά λόγω ανησυχιών για το PT. Ο στόχος μου εδώ είναι να επισημάνω το ζήτημα ώστε να μπορείτε να επιλύσετε προβλήματα FMV ή να γνωρίζετε αρκετά ώστε να μιλήσετε με έναν εμπειρογνώμονα εάν ανακαλύψετε πρόβλημα FMV. Συναλλαγές στις οποίες ο ειδικός λογαριασμός λαμβάνει λιγότερο από την εύλογη αγοραία αξία (FMV) μπορεί να αποκλείσει τον λογαριασμό. Οι IRA και τα προγράμματα 401(k) που επενδύουν σε δημόσια διαπραγματεύσιμες κινητές αξίες στην αγοραία αξία δεν δημιουργούν αυτό το πρόβλημα, επειδή η τιμή της δευτερογενούς αγοράς είναι η FMV. Οι περισσότεροι άνθρωποι δημιουργούν αναγνωρισμένους αυτοκατευθυνόμενους λογαριασμούς επειδή δεν θέλουν να επενδύσουν σε τίτλους που διαπραγματεύονται στο χρηματιστήριο. Η FMV είναι ιδιαίτερα σημαντική για τις συναλλαγές ROBS και τις μη χρηματικές διανομές από SDIRAs και SoloKs. Οποιαδήποτε συναλλαγή κατά την οποία ο λογαριασμός ή το εξειδικευμένο σχέδιο λαμβάνει λιγότερο από την FMV εγείρει ζητήματα εμπιστευτικότητας ή φορολογητέας διανομής. Το IRS Pub. 561 ορίζει την FMV ως "την τιμή στην οποία θα πωλούνταν το ακίνητο στην ελεύθερη αγορά. Είναι η τιμή που θα συμφωνούνταν μεταξύ ενός πρόθυμου αγοραστή και ενός πρόθυμου πωλητή, χωρίς καμία υποχρέωση για δράση και αμφότεροι με εύλογη γνώση των σχετικών γεγονότων".

Το 1988, το Υπουργείο Εργασίας (DOL) πρότεινε έναν ορισμό της FMV ως "η τιμή στην οποία ένα περιουσιακό στοιχείο θα άλλαζε χέρια μεταξύ ενός πρόθυμου αγοραστή και ενός πρόθυμου πωλητή, όταν ο πρώτος δεν έχει καμία υποχρέωση να αγοράσει και ο δεύτερος δεν έχει καμία υποχρέωση να πωλήσει, και τα δύο μέρη είναι ικανά και πρόθυμα να ενεργήσουν και τα δύο είναι καλά πληροφορημένα σχετικά με το περιουσιακό στοιχείο και την αγορά για το εν λόγω περιουσιακό στοιχείο". Παρόλο που ο προτεινόμενος κανονισμός αναφέρεται σε διάφορες δικαστικές υποθέσεις, δεν έχει κωδικοποιηθεί στον CFR.

Σενάρια FMV: Ο Alfred αγόρασε ένα επενδυτικό ακίνητο για 250.000 δολάρια με την SDIRA του. Ο IPA του νοίκιασε το ακίνητο σε μη αναγνωρισμένα άτομα, εισέπραξε το ενοίκιο, πλήρωσε τους λογαριασμούς και συντήρησε το ακίνητο. Όταν ο Alfred συνταξιοδοτήθηκε, αποφάσισε να ζήσει στο ακίνητο. Με τη συμβουλή του θεματοφύλακά του, σχεδίαζε να διανείμει το ακίνητο στον εαυτό του ως φορολογητέα διανομή. Στο παρελθόν, όταν ο θεματοφύλακάς του ζητούσε την αξία του ακινήτου, παρείχε μια δήλωση φορολογικής αξίας (Tax Assessed Value - TAV). Ο θεματοφύλακας δεν αποδέχθηκε την TAV για σκοπούς διανομής και του ζήτησε να λάβει εκτίμηση. Μια συγκριτική ανάλυση της αγοράς που ελήφθη από το Διαδίκτυο έδειξε μια τιμή λίγο πάνω από 500.000 δολάρια. Ο Alfred δεν ήθελε να πληρώσει φόρο για 500.000 δολάρια. Ζήτησε από έναν φίλο του εκτιμητή να ετοιμάσει μια εκτίμηση που να τεκμηριώνει τη χαμηλότερη δυνατή αξία σύμφωνα με τους κανόνες. Η εκτίμηση που υποβλήθηκε ανέφερε την FMV σε περίπου 400.000 δολάρια, η οποία ήταν σχεδόν ίση με την TAV, εξοικονομώντας στον Alfred περισσότερους από 30.000 δολάρια σε φόρους εισοδήματος σε σύγκριση με την ανάλυση του Διαδικτύου.

Η Beverly χρησιμοποίησε το SoloK της για να αγοράσει μερίδιο στην εταιρεία ανάπτυξης ακινήτων LLC ενός φίλου της. Ανέφερε την τιμή της μετοχής κάθε χρόνο στον διαχειριστή της. Ο φίλος της της είπε ότι η LLC επρόκειτο να πωληθεί σε έναν εργολάβο με μεγάλους πόρους. Οι επενδυτές θα έπαιρναν σημαντική απόδοση της επένδυσής τους. Του ζήτησε να τεκμηριώσει την τρέχουσα αξία των συμμετοχών του στην LLC. Της παρέδωσε την τεκμηρίωση. Στη συνέχεια πούλησε την LLC. Η Beverly ζήτησε δύο επιταγές: μία πληρωτέα στη SoloK για το τεκμηριωμένο τίμημα και μία πληρωτέα σε αυτήν. Η Beverly ήθελε να δηλώσει το υπόλοιπο ως προσωπικό κεφαλαιακό κέρδος. Η εταιρεία μεσεγγύησης επέμεινε να εκδώσει μόνο μία επιταγή στη SoloK ως μέλος της LLC. Η Beverly κατέθεσε την επιταγή στον τραπεζικό λογαριασμό της SoloK και σκέφτηκε τι να κάνει στη συνέχεια.

Ο Τσάρλι ήταν ιδιοκτήτης μιας εταιρείας που χρηματοδοτούνταν με τα περιουσιακά στοιχεία του προγράμματος 401(k) του. Το πρόγραμμα κατείχε το 95% της εταιρείας και ο ίδιος το 5%. Ο Τσάρλι, ο μοναδικός εργαζόμενος, εκτελεστικό μέλος και διευθυντής, πέθανε. Η σύζυγός του, Doris, η οποία δεν συμμετείχε στην επιχείρηση του Charlie, θεώρησε ότι η εταιρεία ήταν άχρηστη χωρίς τον Charlie. Ο καλύτερος φίλος του Τσάρλι, ο Έντμοντ, διαπραγματεύτηκε με τη Ντόρις μια δίκαιη τιμή για την εταιρεία. Η Ντόρις πλήρωσε τους λογαριασμούς της εταιρείας και κράτησε τα υπόλοιπα 200.000 δολάρια ως κληρονομιά της. Ο Έντμοντ συνέχισε τις επαφές και τα συμβόλαια, μετατρέποντας το θάνατο και τη φήμη του Τσάρλι σε μια κερδοφόρα επιχείρηση. Όταν ο διαχειριστής του προγράμματος ζήτησε την τελική αξία των μετοχών της εταιρείας, η Ντόρις απάντησε ότι η εταιρεία δεν υπήρχε πλέον. Το τελικό 5500 ανέφερε ως τιμή κλεισίματος των μετοχών 0 δολάρια.

Πόροι για την εύλογη αγοραία αξία: Ο πολυτιμότερος πόρος σας για την FMV είναι ένας λογιστής, ένας φορολογικός δικηγόρος ή ένας εγγεγραμμένος πράκτορας, προσθέτοντας έναν εκτιμητή επενδύσεων ή βιομηχανίας ανάλογα με τις ανάγκες. Ορισμένες αποτιμήσεις είναι τόσο απλές που η δαπάνη χρημάτων για τον προσδιορισμό της FMV φαίνεται αδικαιολόγητη. Εάν ενεργείτε καλόπιστα, αποσυνδέεστε από το αποτέλεσμα ως ανεξάρτητο μέρος, τεκμηριώνετε την προσέγγισή σας και ακολουθείτε τις βασικές αρχές αποτίμησης, δεν θα υπάρξουν προβλήματα. Η απόφαση 59-60 του Revenue Ruling εξετάζει μεθόδους και παράγοντες για την αποτίμηση του μετοχικού κεφαλαίου στενά ελεγχόμενων εταιρειών για σκοπούς φορολογίας κληρονομιών και δωρεών. Οι γνωμοδοτήσεις των φορολογικών δικαστηρίων και τα έγγραφα της IRS αναφέρονται στην απόφαση αυτή ως σημείο εκκίνησης για την αποτίμηση του μετοχικού κεφαλαίου στενής ιδιοκτησίας σε διάφορα σενάρια, όχι μόνο σε ζητήματα φόρου κληρονομιάς και δωρεάς. Οι παράγοντες που συζητούνται περιλαμβάνουν:

Η φύση της επιχείρησης και η ιστορία της εταιρείας από τη δημιουργία της,

Οι οικονομικές προοπτικές γενικά και οι προοπτικές του συγκεκριμένου κλάδου ειδικότερα,

Η λογιστική αξία των μετοχών και η οικονομική κατάσταση της εταιρείας,

Η κερδοφόρα δύναμη της εταιρείας,

Η ικανότητα καταβολής μερισμάτων,

Εάν η εταιρεία διαθέτει υπεραξία ή άλλα άυλα περιουσιακά στοιχεία,

Προηγούμενες τιμές πώλησης μετοχών και το μέγεθος του πακέτου της τρέχουσας πώλησης,

Η τιμή αγοράς για εταιρείες σε παρόμοιο κλάδο δραστηριότητας,

Το IRS Publication 561 βοηθά τους δωρητές και τους εκτιμητές να προσδιορίσουν την αξία των ακινήτων για δωρεές σε οργανισμούς που πληρούν τις προϋποθέσεις και εξηγεί τα δικαιολογητικά στοιχεία που απαιτούνται για τη διεκδίκηση της έκπτωσης. Η δημοσίευση αυτή καλύπτει μεθόδους αποτίμησης για ένα ευρύ φάσμα περιουσιακών στοιχείων, συμπεριλαμβανομένων αποθεμάτων, διπλωμάτων ευρεσιτεχνίας, μετοχών, ακινήτων και επιχειρηματικών συμφερόντων. Ενώ οι αρχές για τα περιουσιακά στοιχεία μπορούν να εφαρμοστούν σε λογαριασμούς που πληρούν τις προϋποθέσεις, οι κυρώσεις που συζητούνται ισχύουν ειδικά για τις δωρεές. Οι παράγοντες αποτίμησης που συζητούνται περιλαμβάνουν το κόστος ή την τιμή πώλησης του περιουσιακού στοιχείου, τις πωλήσεις συγκρίσιμων περιουσιακών στοιχείων, το κόστος αντικατάστασης και τις εκτιμήσεις.

Η ενότητα 4.72.8 του Εγχειριδίου Εσωτερικών Εσόδων (IRM) περιγράφει την αποτίμηση των περιουσιακών στοιχείων σε προγράμματα καθορισμένων εισφορών (DCPs). Στα DCPs περιλαμβάνονται τα SoloKs και τα 401(k)s. Πρόκειται για μια εξαιρετική πηγή για την κατανόηση του τρόπου με τον οποίο η IRS εξετάζει τις αξίες των περιουσιακών στοιχείων. Το εγχειρίδιο συσχετίζει επίσης την αξία FMV με άλλα θέματα αναγνωρισμένων κεφαλαίων:

Απαγορευμένες συναλλαγές - IRC 4975,

Παραβάσεις αποκλειστικών παροχών - IRC 401(a),

Παραβάσεις περιορισμού εισφορών - IRC 415(c),

Υπερβολικές εκπτώσεις - IRC 404,

Παραβάσεις των απαιτήσεων ελάχιστης χρηματοδότησης - IRC 412,

Παραβάσεις διακρίσεων - IRC 401(α)(4).

Η ενότητα 4.48.6 του IRM παρέχει κατευθυντήριες γραμμές για την αποτίμηση της ακίνητης περιουσίας. Διαβάστε αυτόν τον οδηγό εάν αποτιμάτε ένα ακίνητο για τον αυτοκατευθυνόμενο λογαριασμό σας ή εάν θέλετε να κατανοήσετε τον τρόπο αποτίμησης ενός ακινήτου. Στους παράγοντες που εξετάζονται περιλαμβάνονται η ημερομηνία έναρξης ισχύος της αποτίμησης, ο σκοπός της αποτίμησης, η χρήση της αποτίμησης, τα εφαρμοζόμενα πρότυπα, οι παραδοχές που έγιναν, οι περιορισμοί, οι περιορισμοί του πεδίου εφαρμογής, οι πηγές πληροφοριών και τα θέματα ελέγχου.

Ερώτηση δοκιμής: Ο Τζέρεμι, ένας επιτυχημένος σύμβουλος διαχείρισης, άνοιξε ένα SoloK στην αρχή της καριέρας του και το χρηματοδότησε στο μέγιστο επιτρεπόμενο όριο κάθε χρόνο. Διαχειρίστηκε ο ίδιος τις επενδύσεις, ξεκινώντας με ένα διαφοροποιημένο χαρτοφυλάκιο μετοχών. Αργότερα, πούλησε το χαρτοφυλάκιο μετοχών του για να αγοράσει εμπορικά ακίνητα μέσω μιας LLC. Η SoloK LLC χρειαζόταν ένα δάνειο, το οποίο υπέγραψε η αρραβωνιαστικιά του, η Angela, για να εξοικονομήσει μερικές ποσοστιαίες μονάδες επιτοκίου σε σχέση με ένα δάνειο χωρίς αναγωγή. Ο Jeremy πίστευε ότι θα μπορούσε να παραμείνει στο δάνειο μετά τον γάμο τους, επειδή δεν ήταν αποκλεισμένο πρόσωπο όταν υπέγραψε την εγγύηση. Πίστευε επίσης ότι η SoloK του δεν θα έπρεπε να πληρώσει UDFI ή UBTI για αυτή την επένδυση, η οποία θα έδινε στο συνταξιοδοτικό του πρόγραμμα μια καλύτερη και λιγότερο ευμετάβλητη απόδοση απ' ό,τι θα μπορούσε να πάρει στο χρηματιστήριο. Σε ένα επαγγελματικό ταξίδι εκτός πόλης, ο Jeremy πέρασε μια οικεία βραδιά με έναν σύμβουλο που γνώριζε εδώ και χρόνια. Το είδε ως μια τελευταία αθώα περιπέτεια πριν από έναν σοβαρό γάμο. Η Άντζελα έμαθε για τη συνάντησή τους και διαφώνησε με την εκτίμησή του, αποκαλώντας τον Τζέρεμι και τη συμπεριφορά του λέξεις που συνήθως δεν ακούγονται σε ευγενική παρέα. Ακύρωσε τον γάμο, κράτησε το απίστευτα ακριβό δαχτυλίδι αρραβώνων, ήθελε να αφαιρεθεί το όνομά της από το δάνειο και απαίτησε μια πληρωμή σε μετρητά που αντιστοιχούσε στα χρήματα που είχε εξοικονομήσει σε τόκους από την εγγύησή της. Ο Jeremy έλαβε ένα δάνειο χωρίς δικαίωμα αναγωγής για να αποπληρώσει το δάνειο με την εγγύηση της Angela. Ο δανειστής του παρείχε το ιστορικό του επιτόκιο χωρίς δικαίωμα αναγωγής για την ημερομηνία του αρχικού δανείου και τον βοήθησε να υπολογίσει το ποσό των τόκων που θα πλήρωνε αν είχε ξεκινήσει με δάνειο χωρίς δικαίωμα αναγωγής. Στη συνέχεια, ο Jeremy πλήρωσε την Angela με τα περιουσιακά στοιχεία της SoloK. Κατέθεσε εγκαίρως το έντυπο 5500-SF και συμπεριέλαβε την πληρωμή προς την Angela στη γραμμή "λοιπές εκταμιεύσεις".

Ο υπολογιστής της IRS σημείωσε το έντυπο 5500-SF για εξέταση. Ένας πράκτορας έστειλε στον Jeremy επιστολή ζητώντας περισσότερες πληροφορίες σχετικά με τον μεγάλο αριθμό στοιχείων που αναγράφονταν ως "λοιπές δαπάνες". Η απάντηση του Jeremy περιέγραφε το ιστορικό (χωρίς να αναφέρει τι προκάλεσε την ανάκτηση χρέωσης), υποστήριζε ότι το σχέδιο δεν ήταν χειρότερο από ό,τι αν είχε λάβει εξαρχής ένα δάνειο χωρίς αναγωγή, και κατέληγε στο συμπέρασμα ότι η πληρωμή θα πρέπει να θεωρηθεί ως τόκος, όπως θα ήταν αν είχε λάβει ένα δάνειο χωρίς αναγωγή. Ποια είναι η πιο πιθανή απάντηση από την IRS;

1. Η IRS θα συμφωνήσει με την εκτίμησή σας. Δεν υπάρχει απαγορευμένη συναλλαγή, δεν οφείλεται φόρος, το υπόλοιπο στο τέλος του έτους είναι το σωστό ποσό.

2. Η IRS θα αντιμετωπίσει την πληρωμή προς την Angela ως φορολογητέα διανομή προς τον Jeremy, αλλά όχι ως απαγορευμένη συναλλαγή.

3. Η IRS αντιμετωπίζει την πληρωμή προς την Άντζελα ως απαγορευμένη συναλλαγή.

4. Οι πράκτορες περνούν τη γραπτή απάντηση του Jeremy στο γραφείο για να δώσουν στους εαυτούς τους κάτι για να γελάσουν, αλλά κατά τα άλλα στέλνουν μια επιστολή συμφωνίας.

Νομίζω ότι η πιο πιθανή απάντηση είναι η 2. Πιστεύω επίσης ότι η IRS μοιράζει τις επιστολές των φορολογουμένων στο γραφείο για πλάκα, όπως κάποιοι μοιράζουν ένα κόμικ της ημέρας. Ποιο είναι το κέρδος για την Άντζελα; Τόκος; Όχι, ούτε καν αναμφισβήτητα. Το ποσό της πληρωμής είναι αυτό που θα πλήρωνε το σχέδιο σε τόκους αν είχε λάβει δάνειο χωρίς δικαίωμα αναγωγής, αλλά αυτό δεν καθιστά την πληρωμή αυτή "τόκο". Τότε τι είναι; Μια πληρωμή για μια συμφωνία μεταξύ της Άντζελα και του Τζέρεμι! Πρόκειται για ένα προσωπικό χρέος που οφείλει ο Jeremy, μια παραβίαση του IRC § 4975(γ)(1)(δ) "για τη χρήση από ή προς όφελος ενός αποκλεισμένου προσώπου εισοδήματος ή περιουσίας του προγράμματος". Η IRS θα αντιμετωπίσει την πληρωμή προς την Angela ως φορολογητέα διανομή προς τον Jeremy αναδρομικά από την 1η Ιανουαρίου του έτους κατά το οποίο πραγματοποίησε την πληρωμή. Ο Jeremy θα πρέπει να καταβάλει ποινή πρόωρης διανομής εάν δεν έχει ακόμη συμπληρώσει την ηλικία των 59½ ετών. Εάν στην αρχική δήλωση που υποβλήθηκε για το εν λόγω έτος δεν καταβλήθηκαν επανυπολογισμένοι φόροι ύψους 5.000 δολαρίων ή 10%, όποιο από τα δύο είναι μεγαλύτερο, ο Jeremy θα μπορούσε να αντιμετωπίσει πρόσθετο πρόστιμο 20% που σχετίζεται με την ακρίβεια.

Θα μπορούσε η IRS να διαπιστώσει επίσης μια απαγορευμένη συναλλαγή; Ναι, γεγονός που θα οδηγούσε σε πρόστιμο απαγορευμένης συναλλαγής ύψους 15% έως 20% και θα μπορούσε να αποκλείσει το σχέδιο. Η IRS δεν εφαρμόζει πάντα τους κανόνες περί απαγορευμένων συναλλαγών όταν μπορεί. Κατά τη γνώμη μου, φαίνεται να επιφυλάσσουν αυτόν τον προσδιορισμό για μη συνεργάσιμους ανθρώπους, εκείνους που σκοπεύουν να παραβιάσουν τους κανόνες και είναι πιθανό να το πράξουν και πάλι, εάν παραμείνει ο ειδικός λογαριασμός. Μια δαπανηρή υπόθεση, αλλά δεν είναι όλες;

# Κεφάλαιο 6: Κληρονόμηση ενός αυτοκατευθυνόμενου IRA - Τρεις έννοιες SDIRA

Σε αυτή την ενότητα, θα συζητήσουμε τρεις έννοιες που ονομάζονται αυτοκατευθυνόμενες IRA (SDIRAs):

1. Θεματοφύλακες που επιτρέπουν σε έναν IRA να επενδύει σε οποιαδήποτε επένδυση επιτρέπεται για IRA, αλλά όχι σε επένδυση που ελέγχει ο ΑΟ,

2. Ο IRA επενδύεται ως μέλος μιας LLC της οποίας ο ΑΟ είναι ο διαχειριστής,

3. Ο IRA είναι ο δικαιοπάροχος του καταπιστεύματος, με τον ΑΟ ως διαχειριστή.

Οι έννοιες LLC και trust δεν προσθέτουν επενδυτικές επιλογές που δεν είναι διαθέσιμες στους ΑΟ στον πρώτο τύπο. Προσθέτουν τη δυνατότητα του ΑΟ να υπογράψει λογαριασμό που περιέχει τα κεφάλαια του ΙΡΑ. Αυξάνουν επίσης την ευθύνη της γνώσης του τρόπου αποφυγής απαγορευμένων συναλλαγών, της δήλωσης φορολογητέου εισοδήματος για έναν IRA, της ορθής αποτίμησης των περιουσιακών στοιχείων και της τήρησης επαρκών οικονομικών αρχείων που να αντέχουν στον έλεγχο της IRS.

Οι περισσότεροι θεματοφύλακες επιτρέπουν μόνο την επιλογή 1. Ορισμένοι υποστηρικτές της SDIRA λένε στους ανθρώπους ότι ο λόγος που οι θεματοφύλακες δεν επιτρέπουν στους ανθρώπους να υπογράψουν για τα δικά τους συνταξιοδοτικά κεφάλαια είναι επειδή βγάζουν περισσότερα χρήματα από τα τέλη συναλλαγών. Αν και αυτό είναι αλήθεια, η διαφορά στο εισόδημα για τον θεματοφύλακα είναι αμελητέα. Οι προωθητές, με τη σειρά τους, κερδίζουν περισσότερα χρήματα από την πώληση των εννοιών SDIRA από ό,τι θα ξόδευαν οι καταναλωτές για τα τέλη θεματοφυλακής. Μην αγοράσετε ένα IRA trust ή μια IRA LLC γιά να εξοικονομήσετε χρήματα.

Η σύσταση μιας IRA LLC ή ενός IRA trust ακολουθεί την ίδια διαδικασία:

1. Συμπληρώστε τα χαρτιά του λογαριασμού με έναν θεματοφύλακα που επιτρέπει επενδύσεις σε μια οντότητα που διαχειρίζεται ΑΟ,

2. Συμπληρώστε ένα έντυπο αίτησης μεταφοράς για την υπογραφή του πελάτη, δίνοντας εντολή στον υφιστάμενο θεματοφύλακα να μεταφέρει τα κεφάλαια που πληρούν τις προϋποθέσεις σε αυτόν τον νέο λογαριασμό,

3. Ιδρύστε την LLC ή το καταπίστευμα, αναφέροντας τον πελάτη ως διαχειριστή/καταπιστευματοδόχο,

4. Δώστε εντολή στον πελάτη να ανοίξει τραπεζικό λογαριασμό στο όνομα της οντότητας,

5. Συμπληρώστε ένα έντυπο επενδυτικής κατεύθυνσης για την υπογραφή του πελάτη, εξουσιοδοτώντας τον θεματοφύλακα να επενδύσει τα επιλέξιμα κεφάλαια στην LLC.

Αυτό είναι όλο, ο πελάτης ελέγχει πλέον τα αναγνωρισμένα κεφάλαια!

Η εκκαθάριση μιας SDIRA περιλαμβάνει ελαφρώς διαφορετικά βήματα για κάθε έννοια. Τα βήματα μπορεί επίσης να είναι ελαφρώς διαφορετικά μεταξύ ενός φορολογητέου ή παραδοσιακού IRA και ενός Roth IRA. Θα ξεκινήσουμε με τις διαφορές μεταξύ της κληρονομιάς ενός φορολογητέου λογαριασμού και ενός αφορολόγητου λογαριασμού και στη συνέχεια θα προχωρήσουμε στις διαδικασίες για την επιλογή του δικαιούχου που θα κληρονομήσει τον λογαριασμό.

Δεν υπάρχει ερώτηση για το τεστ σε αυτό το σύντομο κεφάλαιο. Η ερώτηση στο επόμενο κεφάλαιο είναι διπλάσια δύσκολη! Ή μήπως είναι διπλάσια δύσκολη; Αλλά μην ανησυχείτε γι' αυτό τώρα!

# Κεφάλαιο 7: Κληρονομιά από φορολογητέο IRA

Το κεφάλαιο αυτό καλύπτει τις επιπτώσεις της κληρονομιάς ενός φορολογητέου IRA στη φορολογία εισοδήματος. Η κατανόηση των επιλογών που είναι διαθέσιμες για τις διάφορες κατηγορίες δικαιούχων βοηθά τους ιδιοκτήτες SDQA να συμπληρώσουν το BDF για να υποστηρίξουν το συνολικό σχέδιο περιουσίας τους. Ως δικαιούχος, η κατανόηση αυτών των κανόνων είναι το κλειδί για την αποφυγή ανεπιθύμητων φορολογικών γεγονότων. Με αυτόν τον τρόπο, δεν θα χρειαστείτε κρυστάλλινη σφαίρα ή ανάγνωση ταρώ για να ελπίζετε για το καλύτερο. Η ΔΑΕ μπορεί να ορίσει ένα φυσικό πρόσωπο, ένα νομικό πρόσωπο - συνήθως ένα φιλανθρωπικό ίδρυμα - ή την περιουσία σας ως δικαιούχο της ΔΑΕ σας. Η κληρονομιά του IRA μεταβιβάζεται εκτός της διαδικασίας διαθήκης, εκτός εάν η κληρονομιά είναι ο δικαιούχος εξ ορισμού ή με διαθήκη. Οι δικαιούχοι πρέπει να συμπεριλάβουν τυχόν φορολογητέες διανομές που λαμβάνουν στο ακαθάριστο εισόδημά τους για το φορολογικό έτος κατά το οποίο τις λαμβάνουν. Οι δικαιούχοι έχουν επιλογές διανομής με βάση τη σχέση τους με τον ΑΟ (σύζυγος, μη σύζυγος και μη φυσικό πρόσωπο) και το αν ο ΑΟ πέθανε πριν ή μετά τη συμπλήρωση της απαιτούμενης ημερομηνίας έναρξης (RBD).

Κληρονομήθηκε από σύζυγο: Ο θεματοφύλακας ή ο σύμβουλος λογαριασμού πρέπει να παρουσιάσει στον επιζώντα δικαιούχο σύζυγο τις ακόλουθες τρεις επιλογές:

1. να αντιμετωπίσει τον λογαριασμό ως δικό του IRA, ορίζοντας τον εαυτό του ως ΑΟ. Η επιλογή αυτή μπορεί να είναι διαθέσιμη μόνο εάν ο σύζυγος είναι ο μοναδικός δικαιούχος.

2. Να αντιμετωπίσετε τον λογαριασμό ως δικό σας, μεταφέροντάς τον σε παραδοσιακό IRA ή αναγνωρισμένο πρόγραμμα.

3. Αντιμετωπίστε τον εαυτό σας ως δικαιούχο αντί να αντιμετωπίσετε τον IRA ως δικό σας.

Εάν ο επιζών σύζυγος λάβει διανομή από τον IRA του θανόντος συζύγου, μπορεί να τη μεταφέρει σε IRA εντός εξήντα ημερολογιακών ημερών για να αποφύγει φορολογητέο γεγονός (εάν η διανομή δεν είναι υποχρεωτική διανομή), ακόμη και εάν ο επιζών σύζυγος δεν είναι ο μοναδικός δικαιούχος.

Κληρονομείται από φυσικό πρόσωπο από κάποιον άλλον εκτός του συζύγου του: Εάν ο κληρονομημένος παραδοσιακός IRA προέρχεται από κάποιον άλλον εκτός του αποθανόντος συζύγου του, ο δικαιούχος δεν μπορεί να τον θεωρήσει ως δικό του. Αυτό σημαίνει ότι ο δικαιούχος δεν μπορεί να κάνει εισφορές στον IRA. Ο δικαιούχος μπορεί να προβεί σε μεταφορά από διαχειριστή σε διαχειριστή, εάν ο IRA στον οποίο μεταφέρονται τα ποσά έχει συσταθεί και διατηρείται στο όνομα του αποβιώσαντος ιδιοκτήτη του IRA. Σε γενικές γραμμές, ο δικαιούχος δεν πρέπει να πληρώνει φόρους επί των περιουσιακών στοιχείων του IRA μέχρι να λάβει διανομή. Οι διανομές σε μη σύζυγο από κληρονομημένο IRA εξαρτώνται επίσης από το αν ο θανών πέθανε πριν ή μετά τη συμπλήρωση του RBD:

- Εάν είναι μετά, χρησιμοποιήστε την ηλικία του δικαιούχου ή την ηλικία του ιδιοκτήτη, όποια από τις δύο είναι χαμηλότερη. Για πολλούς δικαιούχους στον ίδιο λογαριασμό, χρησιμοποιήστε την ηλικία του μεγαλύτερου δικαιούχου. Να θυμάστε ότι ένας δικαιούχος μπορεί να μεταφέρει τα κεφάλαια σε λογαριασμό που τον αναφέρει ως μοναδικό δικαιούχο.

- Εάν είναι νωρίτερα, αποσύρετε ολόκληρο το υπόλοιπο μέχρι το πέμπτο έτος μετά το θάνατο ή διανείμετε χρησιμοποιώντας την ηλικία του (μεγαλύτερου) δικαιούχου στο τέλος του επόμενου έτους.

Κληρονόμος από μη πρόσωπο: Εάν ο ιδιοκτήτης του IRA πεθάνει μετά την RBD, το πρόσωπο που δεν είναι κληρονόμος μπορεί να συνεχίσει τις RMDs χρησιμοποιώντας την ηλικία του ιδιοκτήτη ή να προβεί σε εφάπαξ διανομή. Εάν είναι νωρίτερα, μπορεί να κάνει εφάπαξ διανομή ή να αποσύρει ολόκληρο το υπόλοιπο μέχρι το πέμπτο έτος μετά τον θάνατο. Οι κυριότεροι λόγοι για τους οποίους κάποιος μπορεί να θέλει να ορίσει έναν μη κάτοικο ως δικαιούχο περιλαμβάνουν

- Φιλανθρωπία: Η Ουάσινγκτον, η σημερινή πολιτεία καταγωγής μου, επιβάλλει επί του παρόντος φόρο κληρονομιάς που ξεκινά από 10% σε περιουσίες άνω των 2 εκατομμυρίων δολαρίων. Ο ομοσπονδιακός φόρος ακίνητης περιουσίας στις ΗΠΑ ξεκινά από 18% για περιουσίες άνω του ορίου των 11 εκατομμυρίων δολαρίων. Ένα άτομο με φορολογητέα περιουσία επικοινώνησε μαζί μου για να μου ζητήσει ιδέες για το σχεδιασμό της περιουσίας. Συζητήσαμε για τον σχεδιασμό φιλανθρωπικών δράσεων. Ο προηγούμενος δικηγόρος του είχε συντάξει μια διαθήκη που περιλάμβανε μια μικρή φιλανθρωπική δωρεά από την περιουσία. Τον ρώτησα σχετικά με τους IRAs. Ανέφερε αρκετούς, όλοι με δικαιούχους μέλη της οικογένειας. Σκεφτόταν να αυξήσει τη φιλανθρωπική δωρεά στη διαθήκη του σε σημείο που η περιουσία του να μην χρειάζεται πλέον να πληρώσει φόρους κληρονομιάς στην Πολιτεία της Ουάσινγκτον. Του είπα ότι αφήνοντας έναν αναγνωρισμένο λογαριασμό σε φιλανθρωπικό ίδρυμα, το ίδρυμα δεν θα πλήρωνε φόρο για τη διανομή, η περιουσία θα εξακολουθούσε να λαμβάνει έκπτωση για τη συνεισφορά και οι κληρονόμοι του δεν θα χρειαζόταν να πληρώσουν ομοσπονδιακό φόρο εισοδήματος για τον IPA του. Αλλάζοντας τον δικαιούχο του IRA σε φιλανθρωπικό ίδρυμα και αφήνοντας τα περιουσιακά στοιχεία στους κληρονόμους, εξοικονομήσαμε περισσότερα από 100.000 δολάρια σε φόρο εισοδήματος στο μέλλον, αυξάνοντας τον φορολογικό συντελεστή με το πρόσθετο εισόδημα και την ανάγκη παρακολούθησης των διανομών κάθε χρόνο.

- Καταπίστευμα: Το να κάνουμε ένα καταπίστευμα δικαιούχο του IRA αναγκάζει τις διανομές σε ένα μη πρόσωπο, εξαλείφοντας την ανάγκη επιλογής RMDs από τον δικαιούχο με βάση την ηλικία του. Οι πελάτες μπορεί να θέλουν να αφήσουν τα κεφάλαια του IRA σε ένα καταπίστευμα για τόσους λόγους όσοι και ο καθένας αφήνει τα κεφάλαια μη-IRA σε ένα καταπίστευμα, αντί να τα αφήσει στα ίδια τα άτομα. Εάν το καταπίστευμα πληροί τις προϋποθέσεις ενός look-through ή see-through καταπιστεύματος, τα RMDs μπορούν να βασίζονται στην ηλικία του μεγαλύτερου δικαιούχου. Για να πληροί τις προϋποθέσεις, πρέπει να ισχύουν τα ακόλουθα για το καταπίστευμα:

(α) Το καταπίστευμα είναι έγκυρο καταπίστευμα σύμφωνα με την κρατική νομοθεσία.

β) Το καταπίστευμα είναι αμετάκλητο ή καθίσταται αμετάκλητο με τον θάνατο του ιδιοκτήτη.

γ) Το έγγραφο του καταπιστεύματος προσδιορίζει τους δικαιούχους.

δ) Ο καταπιστευματοδόχος παρέχει τεκμηρίωση στον θεματοφύλακα του IRA και στην IRS.

Κληρονομιά: Ορισμένες φορές η κληρονομιά είναι ο προεπιλεγμένος δικαιούχος όταν ένα BDF είναι ελλιπές ή λείπει. Αυτό είναι συνήθως μια φορολογική καταστροφή, καθώς οι περισσότεροι εκτελεστές αισθάνονται υποχρεωμένοι να αποδεχθούν ένα άμεσο φορολογητέο γεγονός με μη προσωπικούς φορολογικούς συντελεστές. Να θυμάστε ότι η κληρονομιά πρέπει να καταβάλει φόρο εισοδήματος για τις διανομές, ακόμη και αν η κληρονομιά δεν φορολογείται βάσει των κανόνων για τη φορολογία κληρονομιάς. Εάν ο ιδιοκτήτης πεθάνει μετά την RBD, η κληρονομιά μπορεί να συνεχίσει να χρησιμοποιεί το χρονοδιάγραμμα RMD του ιδιοκτήτη. Στη συνέχεια, η κληρονομιά μπορεί να δημιουργήσει μετακυλίσεις IRA για κάθε δικαιούχο. Ένα πιθανό μειονέκτημα είναι ότι τα κεφάλαια του IRA μπορεί να είναι εύκολα διαθέσιμα στους πιστωτές της περιουσίας.

Ορισμένοι ιστότοποι ισχυρίζονται ότι η παραχώρηση ενός IRA στην περιουσία δεν δημιουργεί φορολογητέο γεγονός εάν ολόκληρη η περιουσία αφήνεται σε φιλανθρωπικό ίδρυμα. Συμφωνώ, υπό την προϋπόθεση ότι ο εκτελεστής γνωρίζει να επιλέξει μια επιλογή διανομής για την περιουσία αντί της άμεσης ρευστοποίησης, και στη συνέχεια ρυθμίζει τις μεταβιβάσεις στα διάφορα φιλανθρωπικά ιδρύματα. Νομίζω ότι αυτό αποτελεί περιττή επιβάρυνση για τον εκτελεστή, η οποία μπορεί εύκολα να αποφευχθεί με την αναγραφή των φιλανθρωπικών ιδρυμάτων ως δικαιούχων στο BDF.

Έχω δει δύο περιπτώσεις στις οποίες μπορεί να έχει νόημα να αφεθεί ένας IRA στην κληρονομιά:

1. Ο Karl διαθέτει μια προσωπική κατοικία και έναν IRA ως τα μόνα σημαντικά περιουσιακά του στοιχεία. Ο Karl θέλει η κληρονομιά να εξοφλήσει την υποθήκη και να παραδώσει το σπίτι χωρίς βάρη σε ένα μέλος της οικογένειας. Ο Karl θα μπορούσε απλώς να λάβει πρόσθετες διανομές και να εξοφλήσει το ενυπόθηκο δάνειο νωρίτερα, αν και αυτό μπορεί να δημιουργήσει άλλα προβλήματα εάν βασίζεται σε ένα πρόγραμμα δικαιωμάτων με βάση το εισόδημα για να συντηρηθεί. Μια υποθήκη δεν είναι κατάλληλος δικαιούχος ενός IRA. Ο Karl θα μπορούσε να αφήσει τον IRA στο ίδιο πρόσωπο με το σπίτι, αν και αυτό είναι διαφορετικό αποτέλεσμα από το να αφήσει το σπίτι στο εν λόγω πρόσωπο χωρίς βάρη. Αφήνοντας τον IRA στην περιουσία μαζί με μια διαθήκη που κατευθύνει τα περιουσιακά στοιχεία της περιουσίας για την αποπληρωμή της υποθήκης πριν από τη μεταβίβαση επιτυγχάνεται αυτός ο στόχος.

2. Η Nancy ήθελε να κάνει δωρεές σε μικρά ποσά σε διάφορους ανθρώπους και μη ανθρώπους, με τον IRA της να είναι το μόνο περιουσιακό στοιχείο αρκετά μεγάλο για να επιτύχει τους στόχους της. Ο θεματοφύλακας δεν αποδέχθηκε τον περίπλοκο σχεδιασμό διανομής της αντί του BDF της με τις συνοπτικές γραμμές των κύριων και ενδεχόμενων δικαιούχων. Συνέταξε μια διαθήκη που ανέφερε τα κληροδοτήματα ως ποσοστά της περιουσίας της και όρισε την

περιουσία της ως δικαιούχο του IRA της. Αυτό είναι σπάνιο, αλλά μπορεί να έχει νόημα για ορισμένους ανθρώπους.

Εκτός από τη λήψη απόφασης σχετικά με τη διανομή, εξετάστε τις ακόλουθες ερωτήσεις:

(α) Χρειάζεστε τα χρήματα τώρα; Εάν ναι, εξετάστε το ενδεχόμενο μερικής διανομής. Εάν ο θανών ήταν υποχρεωμένος να λάβει RMD φέτος και δεν το έκανε, οι δικαιούχοι είναι υπεύθυνοι για τη λήψη της RMD. Εάν αυτό δεν είναι αρκετό, ή εάν δεν έχει ληφθεί RMD, ο δικαιούχος μπορεί να λάβει φορολογητέα διανομή από τον κληρονομηθέντα IRA και να αποφύγει την ποινή πρόωρης διανομής 10% (EDP), ακόμη και εάν είναι κάτω από την ηλικία των 59 1/2 ετών. Εάν ένας σύζυγος επιλέξει να "αντιμετωπίσει ως δικό του", εφαρμόζεται PMD εάν ο σύζυγος είναι κάτω από την ηλικία των 59½ ετών.

β) Ποιες επενδύσεις θέλετε να έχετε στον λογαριασμό σας; Συχνά, ο επιζών σύζυγος δεν αισθάνεται τόσο άνετα με τις εξειδικευμένες επενδύσεις στον δικό του λογαριασμό ή δεν επιθυμεί την πολυπλοκότητα ενός SDQA. Εάν ο επιζών σύζυγος επιθυμεί μόνο τυπικές επενδύσεις, θα συζητήσουμε την επιλογή ενός τυπικού παρόχου ειδικευμένου λογαριασμού, όπως μια τράπεζα, μια επενδυτική εταιρεία ή μια εταιρεία χρηματοοικονομικών συμβούλων. Εάν ο επιζών σύζυγος θέλει να διατηρήσει τις ίδιες επενδύσεις, τότε παραμείνετε με τον υπάρχοντα θεματοφύλακα.

Η συμπλήρωση του BDF τώρα για να προγραμματίσετε ένα γεγονός που μπορεί να μην συμβεί για δεκαετίες μοιάζει λίγο σαν να προσπαθείτε να προβλέψετε το μέλλον. Τα καλά νέα είναι ότι μπορείτε να αλλάξετε το BDF κατά τη διάρκεια της ζωής σας, καθώς η ζωή αλλάζει.

Σύζυγος (εάν διανέμεται):

Αντιμετωπίστε τον ως δικό σας IRA,

Ενιαίο προσδόκιμο ζωής με βάση την ηλικία του αποβιώσαντος συζύγου (βλ. σημειώσεις 1 και 2),

Ενιαίο προσδόκιμο ζωής με βάση την ηλικία του επιζώντος (βλέπε σημείωση 3).

Σύζυγος (εάν δεν διανέμεται):

Αντιμετωπίζεται ως δικός σας IRA,

Ενιαίο προσδόκιμο ζωής με βάση την ηλικία του θανόντος συζύγου (βλέπε σημειώσεις 1 και 2),

Ενιαίο προσδόκιμο ζωής με βάση την ηλικία του επιζώντος (βλέπε σημείωση 3),

Πληρωμή 5 ετών.

Μη σύζυγος (εάν διανέμεται):

Ενιαίο προσδόκιμο ζωής με βάση την ηλικία του θανόντος (βλέπε σημειώσεις 1 και 2),

Ενιαίο προσδόκιμο ζωής με βάση την ηλικία του δικαιούχου (βλέπε σημείωση 4).

Μη σύζυγος (εάν δεν διανέμεται):

Ενιαίο προσδόκιμο ζωής με βάση την ηλικία του θανόντος (βλέπε σημειώσεις 1 και 2),

Ενιαίο προσδόκιμο ζωής με βάση την ηλικία του δικαιούχου (βλέπε σημείωση 4),

Πληρωμή 5 ετών.

Μη πρόσωπο (εάν διανέμεται):

Ενιαίο προσδόκιμο ζωής με βάση την ηλικία του θανόντος (βλ. σημείωση 2).

Μη πρόσωπο (εάν δεν διανέμεται):

Πληρωμή 5 ετών.

Παρατηρήσεις:

1. Εάν ο θανών βρισκόταν σε διανομή κατά τη στιγμή του θανάτου και ήταν νεότερος από τον δικαιούχο, η επιλογή αυτή απαιτείται εάν έχει επιλεγεί η επιλογή καταβολής ενιαίου προσδόκιμου ζωής.

2. Ξεκινά έως τις 31 Δεκεμβρίου του έτους που έπεται του θανάτου του δικαιούχου.

3. Ξεκίνησε έως τις 31 Δεκεμβρίου του έτους που έπεται του θανάτου του δικαιοπάροχου ή έως το έτος κατά το οποίο ο δικαιοπάροχος θα είχε συμπληρώσει το 70½ έτος της ηλικίας του, όποιο από τα δύο είναι μεταγενέστερο.

4. Θεωρείται ότι ισχύει η χωριστή λογιστική- διαφορετικά, χρησιμοποιήστε την ηλικία του μεγαλύτερου σε ηλικία δικαιούχου.

Ερώτηση δοκιμής: Ο J.P., ένας επιτυχημένος επιχειρηματίας με μεγάλη SDIRA, απεβίωσε. Στο ΔΔΑΔ αναφερόταν η σύζυγός του, Rose, ως δικαιούχος. Η IPA ήταν ιδιοκτήτρια μιας LLC που κατείχε διάφορα εμπορικά κτίρια. Η Rose δεν είχε δικό της IPA. Ήθελε να κληρονομήσει τον IPA με τρόπο που θα της επέτρεπε να διατηρήσει το ακίνητο σε καθεστώς αναβαλλόμενης φορολόγησης. Η επιχειρησιακή σύμβαση της LLC την ανέφερε ως διαχειριστή. Η διαθήκη της την όριζε ως εκτελεστή της περιουσίας της. Τι πρέπει να κάνει η Ρόουζ;

1. Να χρησιμοποιήσει τις εξουσίες της ως εκτελεστής για να μεταβιβάσει το μερίδιο της LLC στον εαυτό της και στη συνέχεια σε έναν νέο IRA σύμφωνα με τους κανόνες μετακύλισης εξήντα ημερών.

2. Ανατρέξτε στο επόμενο κεφάλαιο σχετικά με το τι πρέπει να κάνετε εάν κληρονομήσετε μια IRA-LLC. Κοινοποιήστε την απόφασή σας στον θεματοφύλακα.

3. Χρησιμοποιήστε τις εξουσίες σας ως διαχειριστής της LLC για να μεταβιβάσετε το ακίνητο στον εαυτό σας και στη συνέχεια στον νέο σας IRA σύμφωνα με τους κανόνες μετακύλισης εξήντα ημερών.

4. Κληρονομήστε τα εμπορικά κτίρια μέσω της περιουσίας της για να επιτύχετε αύξηση της βάσης.

Απάντηση: Οι αριθμοί 1, 3 και 4 δεν οδηγούν στην κυριότητα του ακινήτου σε καθεστώς αναβαλλόμενης φορολόγησης. Οι αριθμοί 1 και 3 αποτελούν απαγορευμένες συναλλαγές που αποκλείουν τον IRA. Το 4 απαιτεί πρώτα μια φορολογητέα διανομή στην περιουσία. Νομίζω ότι το 2 είναι η καλύτερη απάντηση. Επικοινωνήστε με τον θεματοφύλακά σας προτού προβείτε σε οποιαδήποτε αλλαγή. Κάντε το σωστά με την πρώτη φορά, καθώς σπάνια υπάρχει δεύτερη ευκαιρία μετά την πραγματοποίηση μιας απαγορευμένης συναλλαγής.

# Κεφάλαιο 8: Κληρονομικότητα ενός Roth IRA

Ο Roth IRA δημιουργήθηκε με το Taxpayer Relief Act του 1997 και πήρε το όνομά του από τον κύριο υποστηρικτή του, τον γερουσιαστή William Roth από το Delaware. Όπως όλοι οι IRA, ο Roth IRA απαιτεί εισόδημα από εργασία. Οι εισφορές Roth διαφέρουν από τους άλλους IRAs με δύο τρόπους: Η εισφορά γίνεται σε μεταφορολογική βάση, αντί να εκπίπτει από τον φόρο, και τα άτομα με εισόδημα πάνω από ορισμένα επίπεδα δεν είναι επιλέξιμα να συνεισφέρουν σε έναν Roth IRA. Τα πραγματοποιηθέντα κέρδη σε έναν Roth IRA δεν φορολογούνται κατά το έτος που αποκτώνται. Μια έκπτωση για τις πραγματοποιηθείσες ζημίες μπορεί να είναι διαθέσιμη μετά την εξάντληση του Roth και οι ζημίες εξακολουθούν να υπερβαίνουν τα κέρδη. Ορισμένοι άνθρωποι, συμπεριλαμβανομένου του συντάκτη σας, θεωρούν τον Roth IRA ως τον καλύτερο τρόπο για να αυξάνονται τα χρήματα για όσους πληρούν τις προϋποθέσεις.

Μια διανομή από έναν Roth IRA είναι αφορολόγητη εάν πληροί δύο κριτήρια: Πραγματοποιείται μετά την πενταετή περίοδο που αρχίζει από το πρώτο φορολογικό έτος για το οποίο έγινε εισφορά σε έναν Roth IRA που ιδρύθηκε προς όφελός σας, και η πληρωμή ή η διανομή είναι...

α) Πραγματοποιείται κατά ή μετά την ημερομηνία που συμπληρώνετε την ηλικία των 59½ ετών,

β) Γίνεται επειδή είστε ανάπηρος,

γ) Έγινε σε δικαιούχο ή στην περιουσία σας μετά τον θάνατό σας,

δ) Πληρούνται οι προϋποθέσεις απαλλαγής για τους αγοραστές πρώτης κατοικίας.

Ο ιδιοκτήτης ενός Roth IRA δεν υπόκειται σε RMDs. Όταν ο ιδιοκτήτης ενός IPA Roth πεθάνει, οι κανόνες για την απαιτούμενη ελάχιστη διανομή που ισχύουν για τους παραδοσιακούς IPA, εάν ο ιδιοκτήτης του IPA πεθάνει πριν από την RBD, ισχύουν για τον λογαριασμό Roth. Ο επιζών σύζυγος μπορεί να αναβάλει τις διανομές έως ότου ο θανών συμπληρώσει την ηλικία των 70½ ετών ή να αντιμετωπίσει τον IPA Roth ως δικό του.

Γενικά, ο Roth IRA πρέπει να διανεμηθεί έως το τέλος του πέμπτου ημερολογιακού έτους μετά το θάνατο του ιδιοκτήτη, εκτός εάν ο λογαριασμός είναι πληρωτέος κατά τη διάρκεια της ζωής ενός καθορισμένου δικαιούχου. Εάν οι διανομές από έναν κληρονομούμενο Roth IRA είναι μικρότερες από την απαιτούμενη ελάχιστη διανομή για το έτος, επιβάλλεται φόρος κατανάλωσης 50% επί του μη διανεμηθέντος ποσού, όπως απαιτείται.

Ένας δικαιούχος μπορεί να συνδυάσει έναν κληρονομημένο Roth IRA με έναν άλλο Roth IRA που κατέχει ο δικαιούχος μόνο εάν ο δικαιούχος κληρονόμησε τον άλλο Roth IRA από τον ίδιο θανόντα ή είναι σύζυγος του θανόντος και μοναδικός δικαιούχος του Roth IRA και επιλέγει να τον αντιμετωπίσει ως δικό του Roth IRA. Εάν μια διανομή σε δικαιούχο δεν είναι διανομή με προϋποθέσεις, γενικά περιλαμβάνεται στο ακαθάριστο εισόδημα του δικαιούχου με τον ίδιο τρόπο που θα περιλαμβανόταν στο εισόδημα του ιδιοκτήτη εάν είχε διανεμηθεί κατά τη διάρκεια της ζωής του ιδιοκτήτη.

Εάν οι διανομές δεν φορολογούνται, γιατί οι κανόνες για τη λήψη τους είναι τόσο αυστηροί; Επειδή οι διανομές μετατρέπουν την αφορολόγητη ανάπτυξη σε φορολογητέα ανάπτυξη. Η αφορολόγητη ανάπτυξη πρέπει να τελειώσει σε κάποιο σημείο. Δεν θα βοηθούσε στην επίλυση των προβλημάτων του ομοσπονδιακού μας προϋπολογισμού αν οι κανόνες επέτρεπαν στους ανθρώπους να αποφεύγουν μόνιμα τους φόρους υπεραξίας ακόμη και για μικρές εισφορές.

Η παραχώρηση ενός Roth IRA σε φιλανθρωπικό ίδρυμα επιτρέπεται, αλλά δεν έχει τόσο πολύ φορολογικό νόημα όσο ένας παραδοσιακός IRA, επειδή η διανομή δεν αποφεύγει ένα φορολογητέο γεγονός εισοδήματος. Για τους πελάτες με φιλανθρωπικές προθέσεις που διαθέτουν έναν παραδοσιακό IRA και έναν Roth IRA, συνιστώ να αναγράφεται το φιλανθρωπικό ίδρυμα ως δικαιούχος στο BDF του παραδοσιακού IRA.

Δοκιμαστική ερώτηση: Ο γερουσιαστής Tawdry αποφασίζει ότι θέλει να φωτογραφηθεί ως το πρώτο άτομο που θα ανοίξει έναν Roth IRA μετά την ψήφιση της νομοθεσίας. Η ομάδα δημοσίων σχέσεών του δημιουργεί ένα βίντεο στο οποίο μπαίνει στο γραφείο μιας χρηματιστηριακής εταιρείας (ενός δωρητή) και συζητά για την αφορολόγητη ανάπτυξη που είναι πλέον δυνατή με τη νέα αυτή νομοθεσία, την οποία ο γερουσιαστής ισχυρίζεται ότι έχει συνυπογράψει. Οι γερουσιαστές και οι αντιπρόσωποι μερικές φορές (ή συχνά) υπογράφουν νομοθεσία που δεν έγραψαν ή δεν διάβασαν για διάφορους λόγους, συμπεριλαμβανομένης της δυνατότητας να ισχυριστούν στους ψηφοφόρους τους ότι τη "συνυπογράφουν". Φυσικά, αν η νομοθεσία γίνει αντιδημοφιλής, θα αποστασιοποιηθούν από αυτήν, υποστηρίζοντας ότι η υπογραφή τους ήταν απλώς "ρουτίνα" ή "επαγγελματική ευγένεια προς τον υποστηρικτή".

Το βίντεο δεν περιλαμβάνει καμία συζήτηση για τα προσόντα του νομοσχεδίου, όπως τα όρια του τροποποιημένου προσαρμοσμένου ακαθάριστου εισοδήματος (MAGI) που υπερβαίνει ο γερουσιαστής Tawdry. Η τεκμηρίωση του νομοσχεδίου είναι προσυμπληρωμένη για να μην σπαταληθεί ο χρόνος του γερουσιαστή και αναφέρει την κόρη του ως δικαιούχο. Ο γερουσιαστής Tawdry υπογράφει τα έντυπα με υπερβολική διάθεση για την κάμερα και εκδίδει επιταγή για τη συνεισφορά. Το νομοσχέδιο ξεχνιέται αμέσως μετά την ανακοίνωση της επανεκλογής του Tawdry, η οποία μεταμφιέζεται ως εκπαιδευτική στιγμή για τον λαό, και αποσύρεται από τον αέρα. Αφού ο γερουσιαστής πεθαίνει απροσδόκητα σε ηλικία 68 ετών, περισσότερα από πέντε χρόνια μετά το άνοιγμα του λογαριασμού, η κόρη του μαθαίνει έκπληκτη ότι κληρονόμησε τον ανειδίκευτο Ροθ. Ποιες είναι οι επιλογές της;

1. Μπορεί να διανείμει τον λογαριασμό σε πέντε χρόνια.

2. Μπορεί να καθυστερήσει τις διανομές μέχρι ο γερουσιαστής να συμπληρώσει το 70½ έτος της ηλικίας του.

3. Πρέπει να δηλώσει το εισόδημα ως φορολογητέο επειδή ο λογαριασμός δεν είναι αναγνωρισμένος.

4. Μπορεί να απαλλάξει τον εαυτό της από τον λογαριασμό και να αναγκάσει την κληρονομιά να ασχοληθεί με αυτόν.

Απάντηση: Η καλύτερη επιλογή σας είναι η 3 ή η 4. Πολλοί άνθρωποι δεν συνειδητοποιούν ότι η επιλογή 4 είναι βιώσιμη. Το γεγονός ότι ένας θεματοφύλακας αποδέχεται έναν λογαριασμό δεν καθιστά τον λογαριασμό κατάλληλο. Ο γερουσιαστής Tawdry δεν πληρούσε τις προϋποθέσεις για τη δημιουργία λογαριασμού Roth επειδή το εισόδημά του υπερέβαινε τα όρια MAGI. Η επιλογή 2 είναι διαθέσιμη μόνο για σύζυγο.

# Κεφάλαιο 9: Κληρονομικότητα ενός ελεγχόμενου από θεματοφύλακα SDIRA

Ένας ελεγχόμενος από τον θεματοφύλακα λογαριασμός που επιτρέπει όλες τις επενδυτικές επιλογές που είναι διαθέσιμες στους IRA μπορεί να αποκαλείται αυτοκατευθυνόμενος από το τμήμα μάρκετινγκ του θεματοφύλακα, αλλά δεν επιτρέπει στον κάτοχο του λογαριασμού να επεξεργάζεται άμεσα τις επενδυτικές επιλογές. Ο AO κατευθύνει τις επενδύσεις, μια δήλωση που ισχύει για κάθε λογαριασμό IRA. Αυτοί οι SDQAs είναι ευκολότερο να διαλυθούν μετά τον θάνατο του AO από ό,τι μια IRA LLC ή ένα IRA Trust, επειδή οι θεματοφύλακες φροντίζουν για τις περισσότερες λεπτομέρειες. Ο AO δεν είναι υπογράφων σε κανέναν λογαριασμό ή περιουσιακό στοιχείο, οπότε ο δικαιούχος δεν χρειάζεται εξουσιοδότηση για την εκτέλεση συναλλαγών, παρά μόνο για τη συμπλήρωση και υπογραφή εντύπων. Οι εκπρόσωποι εξυπηρέτησης πελατών των θεματοφυλάκων συχνά δεν εξηγούν πλήρως τις επιλογές που είναι διαθέσιμες στους δικαιούχους. Η τεκμηρίωση που αποστέλλουν συνήθως εξηγεί, αν και συχνά είναι γραμμένη σε νομική γλώσσα που κάποιοι δεν κατανοούν. Η ομάδα δεν είναι εξουσιοδοτημένη να παρέχει νομικές ή επενδυτικές συμβουλές. Ενημερώνουν τους δικαιούχους για τα έντυπα που πρέπει να συμπληρώσουν για την επίτευξη των στόχων τους.

Ο ΑΟ εντοπίζει ένα προς πώληση ενοικιαζόμενο ακίνητο με καλό ιστορικό ενοικιαστών και καλή συνολική απόδοση. Ο ΑΟ δίνει εντολή στον θεματοφύλακα να αγοράσει το ακίνητο. Ο ενοικιαστής πληρώνει το ενοίκιο απευθείας στον ΑΟ, στέλνοντάς το στον θεματοφύλακα, ο οποίος το καταθέτει στον λογαριασμό του ΑΟ στην πλατφόρμα του. Εάν το σπίτι χρειάζεται επισκευές, ο ΑΟ μπορεί να επιλέξει έναν εργολάβο (απαγορεύεται να εκτελεί τις επισκευές, είτε έναντι αμοιβής είτε όχι). Ο θεματοφύλακας πληρώνει τον εργολάβο από αυτόν τον λογαριασμό. Όταν ένας ΑΟ πεθαίνει, ο θεματοφύλακας ενημερώνει τον δικαιούχο για τα περιουσιακά στοιχεία που κατέχει ο IRA. Ο θεματοφύλακας πρέπει να γνωρίζει ποια είναι η επιλογή του δικαιούχου μεταξύ των διαθέσιμων επιλογών.

Οι δικαιούχοι θα πρέπει να εξετάσουν τις επενδύσεις που επιθυμούν σε συνδυασμό με τις διαθέσιμες επιλογές διανομής. Η διατήρηση των ίδιων επενδύσεων μπορεί να απαιτεί τη διατήρηση λογαριασμού στον τρέχοντα θεματοφύλακα. Οι περισσότεροι θεματοφύλακες δεν μεταφέρουν μη χρηματικά περιουσιακά στοιχεία. Εάν ο δικαιούχος επιθυμεί ένα SDQA αλλά όχι τις συγκεκριμένες επενδύσεις στον κληρονομηθέντα IRA, μπορεί να ζητήσει από τον θεματοφύλακα να πωλήσει τα περιουσιακά στοιχεία και θα είναι ελεύθερος να δημιουργήσει ένα SDQA με οποιονδήποτε θεματοφύλακα που επιτρέπει τις επιθυμητές επενδύσεις. Με μια SDIRA που ελέγχεται από έναν θεματοφύλακα, οι δικαιούχοι απλώς επιλέγουν μια επιλογή διανομής, επιλέγουν έναν θεματοφύλακα (τον ίδιο που χρησιμοποιούσε ο θανών ή άλλον), επιλέγουν τις επενδύσεις τους και συμπληρώνουν τα κατάλληλα έντυπα.

Ερώτηση δοκιμής: Ο Thomas ήταν ένας επιτυχημένος δικηγόρος που αφιερώθηκε στη γεωργία όταν πέθανε η σύζυγός του. Αγαπητός πατέρας, συμβούλευσε τα τρία παιδιά του να αναζητούν τη συντροφιά και τις συμβουλές νηφάλιων, καλών και ενάρετων ανθρώπων. Το BDF του ανέφερε τα τρία παιδιά του ως ισότιμους δικαιούχους. Τα RMDs δεν είχαν ξεκινήσει ακόμη. Ο IRA του περιείχε νόμιμο χρήμα και κρατικά ομόλογα. Τα παιδιά ακολούθησαν τη συμβουλή του πατέρα τους και προσέλαβαν έναν επαγγελματία που κατανοούσε απόλυτα τη δυσχερή τους θέση. Μεταξύ των επιλογών διανομής που είχαν στη διάθεσή τους ήταν

1. μπορούσαν να αντιμετωπίσουν τον λογαριασμό ως δικό τους, δεδομένου ότι η μητέρα τους είχε πεθάνει πριν από τον πατέρα τους.

2. Θα μπορούσαν να περιμένουν να κάνουν διανομή μέχρι να αρχίσουν οι RMDs για τον πατέρα τους.

3. Ο θεματοφύλακας να πληρώνει για τις νομικές συμβουλές τους σχετικά με τον IRA με τα περιουσιακά στοιχεία του IRA.

4. Οι ελάχιστες διανομές αρχίζουν στην ηλικία του μεγαλύτερου παιδιού.

Απάντηση: Μόνο ο ένας σύζυγος μπορεί να αντιμετωπίσει τον λογαριασμό ως ιδιοκτήτης (1) ή να αναβάλει τις διανομές χρησιμοποιώντας το προσδόκιμο ζωής του θανόντος (2). Οι περισσότεροι θεματοφύλακες δεν επιτρέπουν στον IRA να πληρώσει τα νομικά έξοδα του AO (3). Αφού συζητήσετε διεξοδικά τις επιλογές, αποφασίζετε να επιτρέψετε στον IRA να συνεχίσει τις τρέχουσες επενδύσεις του με τον υφιστάμενο θεματοφύλακα. Σημειώστε ότι οι επιλογές διανομής αποτελούν ξεχωριστή συζήτηση από τις επενδυτικές επιλογές. Ορισμένες φορές οι διαθέσιμες επιλογές διανομής απαιτούν αλλαγή των επενδύσεων.

# Κεφάλαιο 10: Κληρονομικότητα μιας SDIRA LLC

Σε μια σωστά δομημένη συμφωνία IRA-LLC, ο IRA είναι το μέλος της LLC, ο AO είναι ο διαχειριστής της LLC και η LLC είναι ιδιοκτήτης των επενδύσεων. Απαγορεύεται στον AO να χρησιμοποιεί τα περιουσιακά στοιχεία της LLC για τη διενέργεια συναλλαγών με αποκλεισθέντα πρόσωπα. Η LLC μπορεί να αγοράσει οτιδήποτε μπορεί να αγοράσει απευθείας ο IRA, συμπεριλαμβανομένων των ακινήτων, των πολύτιμων μετάλλων και των επιτρεπόμενων νομισμάτων, των αλόγων κούρσας, των σκαφών, των βαρών και των δανείων. Ο θεματοφύλακας αναφέρει την LLC ως επένδυση IRA στο έντυπο 5498 που υποβάλλει στην IRS κάθε χρόνο- κατηγορία "C" στο πεδίο 15b. Ο AO όχι μόνο κατευθύνει τις επενδύσεις, αλλά είναι επίσης υπεύθυνος για τη διαχείρισή τους. Ο AO αναφέρει την αξία της LLC στον θεματοφύλακα, ο οποίος αναφέρει την αξία του IRA στο πεδίο 15α. Όταν ένας AO πεθαίνει και ο δικαιούχος επικοινωνεί μαζί μου, η πρώτη ερώτηση που κάνω είναι αν ο δικαιούχος αναφέρεται επίσης ως διαχειριστής στη λειτουργική σύμβαση της LLC. Τις περισσότερες φορές, όχι, πράγμα που σημαίνει πρόσθετα βήματα.

Μια συναρπαστική ιστορία IRA LLC: O Randy Bets, ένας συνταξιούχος αναβάτης, έμαθε ότι είχε κληρονομήσει έναν IRA από το πρώην αφεντικό του, τον Amadeus Dayjour. O Randy έκανε τον Amadeus πλούσιο και θεώρησε ότι αυτό το κληροδότημα ήταν το τελευταίο ευχαριστώ του αφεντικού του. O IRA ήταν ένα μικρό μέρος της περιουσίας του Αμαντέους, αλλά για τον Ράντι ήταν όλα τα χρήματα του κόσμου. Ο Ράντι επικοινώνησε με τον θεματοφύλακα του IRA. O Randy ανακάλυψε ότι ο IRA ανήκε στην Hi Ho Silver LLC, η οποία ανέφερε τον Amadeus ως διαχειριστή και μόνιμο αντιπρόσωπό της. Τι είχε στην κατοχή της η LLC; Ο θεματοφύλακας δεν ήξερε. Ευτυχώς για τον Randy, ο φάκελος του IRA περιείχε μια ετήσια αποτίμηση υπογεγραμμένη από την Penny Taxis, έναν γνωστό δημόσιο λογιστή, ο οποίος είχε ενημερώσει τον θεματοφύλακα όταν πέθανε η Amadeus. Η πιο πρόσφατη ετήσια αποτίμηση έδειξε ότι οι μετοχές της LLC άξιζαν λίγο πάνω από 1 εκατομμύριο δολάρια.

"Θεέ μου...!" αναφώνησε δυνατά ο Ράντι, σε μια ένταση που τον ξάφνιασε. Στη συνέχεια κοίταξε τον ουρανό και ζήτησε γρήγορα συγγνώμη, αν και περισσότερο από συνήθεια παρά από τύψεις. Οδήγησε προς το γραφείο της Πένι. Η Πένι ανέφερε ότι η LLC κατείχε μια φάρμα αλόγων που ονομαζόταν Thunder Range, ένα άλογο κούρσας που ονομαζόταν Glue Stick, χρυσά και ασημένια νομίσματα αποδεκτά από τον IPA και έναν τρεχούμενο λογαριασμό. O Glue Stick διέμενε στο Thunder Range, απολαμβάνοντας τη συνταξιοδότησή του μετά τις ιπποδρομίες και την ιδιότητά του ως ο πιο διάσημος κάτοικος της φάρμας και ο πιο ακριβός επιβήτορας. Ο έμπορος νομισμάτων του Αμαντέους παρείχε ένα χρηματοκιβώτιο για τα νομίσματα. Η Πένι προσέφερε τις συνεχείς υπηρεσίες της εταιρείας της, ενώ παρέδωσε στον Ράντι ένα φύλλο χαρτί με τις χειρόγραφες διευθύνσεις της φάρμας και του εμπόρου νομισμάτων.

Ο Ράντι επισκέφθηκε τον έμπορο νομισμάτων. Όχι, ούτε επιβεβαίωσαν ούτε διέψευσαν αν ένα φυσικό πρόσωπο ή μια LLC διατηρούσε λογαριασμό σε αυτούς. Ο Ράντι τηλεφώνησε στον θεματοφύλακα. Ναι, θα είχε δικαίωμα υπογραφής αν γινόταν διαχειριστής της LLC. Όχι, δεν θα ξαναγράψουν τη σύμβαση λειτουργίας της LLC. Τηλεφώνησε στην Penny, η οποία του συνέστησε έναν δικηγόρο για να τον βοηθήσει με τη λειτουργική συμφωνία. Ο δικηγόρος διαβεβαίωσε τον Randy ότι θα μπορούσε να συντάξει μια επιχειρησιακή σύμβαση LLC αποδεκτή από τον θεματοφύλακα, ο οποίος θα διόριζε τον Randy ως διαχειριστή. Ρώτησε αν η Amadeus είχε φτάσει στο RBD για τις διανομές. Ο Randy δεν γνώριζε. Άλλο ένα τηλεφώνημα στον θεματοφύλακα, ο οποίος επιβεβαίωσε ότι η Amadeus είχε ήδη αρχίσει να κάνει RMDs. Ο δικηγόρος εξήγησε στη συνέχεια τις δύο επιλογές διανομής του Randy: συνέχιση των διανομών με βάση την ηλικία της Amadeus ή την ηλικία του Randy. Ο Randy επέλεξε να συνεχίσει τις RMDs σύμφωνα με το τρέχον χρονοδιάγραμμα.

Εν τω μεταξύ, ο Amadeus Charles Jr, ο μοναδικός κληρονόμος της περιουσίας του αείμνηστου Amadeus Charles, υπέθεσε ότι κληρονόμησε το Thunder Range και το Glue Stick επειδή η διαθήκη του αγαπητού πατέρα έδινε εντολή στον εκτελεστή να "διανείμει το υπόλειμμά μου στον γιο μου". Ο παλιός καλός μπαμπάς, σκέφτηκε ο Τζούνιορ, ο οποίος απολάμβανε έναν εύκολο και ευημερούντα τρόπο ζωής με άλογα κούρσας χάρη στη δουλειά του πατέρα του. Ο Τζούνιορ δεν γνώριζε τίποτα για τη συλλογή νομισμάτων ή τον IRA.

Δεν του πέρασε από το μυαλό ότι ορισμένα περιουσιακά στοιχεία μπορεί να μην περιλαμβάνονται σε μια "υπολειμματική περιουσία". Ο Τζούνιορ είχε το δικό του στάβλο, το Bling Inn. Μετέφερε εκεί το Glue Stick και επικοινώνησε με έναν κτηματομεσίτη για την πώληση του Thunder Range. Ο πράκτορας έκανε έρευνα τίτλου και βρήκε την Hi Ho Silver LLC ως ιδιοκτήτη. Μια γρήγορη αναζήτηση στην ιστοσελίδα αποκάλυψε ότι ο Amadeus ήταν ο διαχειριστής και ο εγγεγραμμένος πράκτορας. Τα κρατικά δημόσια αρχεία δεν αποκάλυψαν κανέναν ιδιοκτήτη της LLC. Ο κτηματομεσίτης ρώτησε τον Junior ποιος μπορούσε να υπογράψει νόμιμα για την LLC. Ο Junior δεν ήταν σίγουρος, αλλά υποσχέθηκε στον μεσίτη ότι ήλεγχε τα περιουσιακά στοιχεία του πατέρα του και θα υπέγραφε μια συμφωνία αγοράς. Ο Τζούνιορ επικοινώνησε με τον δικηγόρο του πατέρα του, τον Dewey Cheetum, ο οποίος υποσχέθηκε να εξετάσει το θέμα και προσέφερε στον Τζούνιορ τα συλλυπητήριά του και την ωριαία αμοιβή του πατέρα του σε τόνο που έκανε τον Τζούνιορ να θεωρήσει τον Dewey τον νέο του καλύτερο φίλο.

Ο Randy άνοιξε έναν κληρονομικό λογαριασμό IRA με τον θεματοφύλακα της Amadeus. Ο θεματοφύλακας αποδέχθηκε τη λειτουργική σύμβαση της LLC, μετέφερε το μερίδιο της LLC στον νέο λογαριασμό και ενημέρωσε την IRS χρησιμοποιώντας την πιο πρόσφατη εκτίμηση ως εύλογη αγοραία αξία. Ο δικηγόρος συνέστησε στον Randy να χρησιμοποιήσει τις υπηρεσίες ενός επαγγελματία εγγεγραμμένου πράκτορα αντί να εκτελέσει ο ίδιος αυτό το έργο. Ο Randy συμφώνησε. Ο δικηγόρος ενθάρρυνε επίσης τον Randy να επικοινωνήσει με την πολιτεία για να την ενημερώσει για τον νέο διαχειριστή και τον καταχωρισμένο αντιπρόσωπο. Ο Randy ζήτησε από τον δικό του δικηγόρο, τον Lou Pohl, να αναλάβει αυτή την εγγραφή. Ευτυχώς για τον Randy, ο Dewey σκέφτηκε την ερευνητική του αποστολή (μια διαδικασία που μπορεί να χρεωθεί στην εταιρεία σας) πριν στείλει ένα μήνυμα ηλεκτρονικού ταχυδρομείου στην επαφή του στο κρατικό γραφείο μητρώου αργότερα εκείνη την εβδομάδα. Ο φίλος του Dewey επέστρεψε ένα συνημμένο αρχείο που έδειχνε τις πρόσφατες αλλαγές. Ο Dewey τηλεφώνησε στον Lou και απείλησε με μια αγωγή τόσο εντυπωσιακή που ο Lou θα έπρεπε να εγκαταλείψει τη χώρα για να απομακρυνθεί αρκετά από το σκάνδαλο. Ο Λου απάντησε ψύχραιμα ότι ο πελάτης του είχε αλεξίσφαιρη εξουσιοδότηση για τις αλλαγές.

Ο Lou έστειλε με email στον Dewey το BDF του IRA και το ιστορικό ιδιοκτησίας της LLC- ο Dewey αναδιπλώθηκε. Δεν ήξερε ότι ένας IRA μπορούσε να είναι ιδιοκτήτης μιας LLC. Ούτε ο Lou το ήξερε, αλλά το κράτησε για τον εαυτό του. Ο Dewey ενημέρωσε τον Junior και ρώτησε αν ο Junior ήθελε να ερευνήσει μια νομική αμφισβήτηση των αλλαγών. Ο Τζούνιορ του ζήτησε να μην το κάνει. Ο Dewey έστειλε στον Junior ένα τιμολόγιο για 6.000 δολάρια. Ο Randy συνέχισε να εντοπίζει τα περιουσιακά στοιχεία της LLC. Ο έμπορος νομισμάτων του έδωσε πρόσβαση στο θησαυροφυλάκιο της LLC και τον πρόσθεσε ως υπογράφοντα στον εμπορικό λογαριασμό της LLC. Ο Ράντι δεν γνώριζε τίποτα για επενδύσεις σε νομίσματα. Πήγε στο Thunder Range. Η πινακίδα "Πωλείται" τον εξέπληξε. Τηλεφώνησε στον κτηματομεσίτη που αναγραφόταν στην πινακίδα, ο οποίος είπε ότι εκπροσωπούσε τον Τζούνιορ. Τότε ο Randy παρατήρησε ότι έλειπε το Glue Stick και κάλεσε αμέσως έναν δικηγόρο που ειδικεύεται σε θέματα IRA. Ο δικηγόρος τον διαβεβαίωσε ότι ο IRA κατείχε νόμιμα το Thunder Range και το Glue Stick. Ο δικηγόρος συνέστησε στον Ράντι να καλέσει τον Λου. Ο Λου τηλεφώνησε στον Ντιούι. Έτσι λειτουργεί το νομικό μας σύστημα - οι άνθρωποι πληρώνουν δικηγόρους για να μιλούν μεταξύ τους.

"Όπως το βλέπω εγώ, ο πελάτης σας έκλεψε ένα άλογο και έκανε ψευδείς δηλώσεις σε ένα συμβόλαιο".

"Τότε γιατί δεν κάνετε μήνυση; Ή μήπως επειδή δεν μπορείτε να το αποδείξετε; Όπως το βλέπω εγώ, ο πελάτης μου έχει εξίσου μεγάλο δικαίωμα στο Πεδίο του Κεραυνού και στο Stick της Κόλλας όπως και ο πελάτης σας".

"Θέλεις να μου εξηγήσεις πώς;"

"Ο Τζούνιορ κληρονόμησε ολόκληρη την περιουσία του πατέρα του! Αυτό είναι το πώς!"

"Ο Τζούνιορ κληρονόμησε την περιουσία, αλλά δεν κληρονόμησε την IRA. Ο Ράντι τον κληρονόμησε. Στον IRA ανήκουν η Thunder Range και η Glue Stick. Μπορούμε να αποδείξουμε αυτούς τους ισχυρισμούς. Τι αποδείξεις έχετε υπέρ σας;"

Σιωπή.

"Θα σας πω κάτι. Ο Ράντι και ο Τζούνιορ γνωρίζονται μεταξύ τους εδώ και πολύ καιρό. Ο Ράντι δεν θέλει να υποβάλει μήνυση. Ο Τζούνιορ παίρνει το Glue Stick πίσω στο Thunder Range, ακυρώνει το συμβόλαιο πώλησης... ούτε γάτα, ούτε ζημιά. Τι νομίζεις;"

"Αφήστε με να μιλήσω με τον πελάτη μου και θα σας ξαναπάρω".

Την επόμενη μέρα, ο Glue Stick επέστρεψε στο σπίτι του. Ο μεσίτης προσπαθούσε να εκφοβίσει τον Τζούνιορ με μια αγωγή για παραβίαση του συμβολαίου. Ο Ντούι τηλεφώνησε στον μεσίτη και απείλησε με μια αγωγή τόσο τρομερή που ο μεσίτης θα έπρεπε να φύγει από τη χώρα για να μην εγκρίνει ένα παράνομο συμβόλαιο. Ο μεσίτης ακύρωσε το συμβόλαιο. Ο Randy πούλησε τα νομίσματα, καταθέτοντας το ποσό στον τραπεζικό λογαριασμό της LLC, όπως απαιτούνταν. Χρησιμοποίησε τα χρήματα για να χρηματοδοτήσει τα RMDs. Όταν τελείωσαν τα χρήματα, ο Randy διένειμε το Thunder Range και το Glue Stick ως φορολογητέες διανομές σε είδος. Αρνήθηκε να πουλήσει κανένα από αυτά. Ο Randy μετέτρεψε το Thunder Range σε καταφύγιο αλόγων. Ο Glue Stick αποσύρθηκε από την υπηρεσία επιβήτορα. Τόσο ο Randy όσο και ο Glue Stick έζησαν τις μέρες τους ειρηνικά και ευτυχισμένα. Ο Τζούνιορ ήταν πλουσιότερος από την περιουσία του πατέρα του, αλλά το ίδιο δυσαρεστημένος όπως και πριν, χωρίς ποτέ να μάθει το μάθημα ότι "τίποτα δεν είναι αρκετό για τον άνθρωπο για τον οποίο το αρκετό είναι πολύ λίγο".

Διαχείριση μιας κληρονομιάς IRA-LLC: Οι άνθρωποι που δεν κατανοούν την πολυπλοκότητα των IRA-LLC μπορεί να νομίζουν ότι αυτή η ιστορία είναι ένα υπερβολικό χειρότερο σενάριο. Αλλά δεν είναι. Όλα τα προβλήματα αυτής της ιστορίας συμβαίνουν: ένας δικαιούχος IRA που δεν γνωρίζει για την κληρονομιά, κληρονόμοι που δεν γνωρίζουν ότι τα περιουσιακά στοιχεία ανήκουν στον IRA, περιουσιακά στοιχεία που είναι δύσκολο να εντοπιστούν, έλλειψη νομικής εξουσιοδότησης για τον χειρισμό των περιουσιακών στοιχείων της LLC, διαφωνίες, μη γνώση του πού να βρει κανείς τις σωστές απαντήσεις και πληρωμή δικηγόρων για να μιλήσουν με δικηγόρους.

Το χειρότερο σενάριο; Η διανομή περιουσιακών στοιχείων IRA στους κληρονόμους θεωρώντας ότι τα περιουσιακά στοιχεία αποτελούν μέρος της κληρονομιάς και στη συνέχεια η διαπίστωση ότι η διανομή

IRA φορολογείται ως απλό εισόδημα και όχι ως αφορολόγητη κληρονομιά, όπως περιμένουν οι άνθρωποι από μια κληρονομιά. Ή να δηλώσετε ένα περιουσιακό στοιχείο ως εξαντλημένο και άχρηστο (όπως ένα δάνειο που δεν έχει πληρωθεί), να μην ικανοποιήσετε τις απαιτήσεις τεκμηρίωσης του θεματοφύλακα και να λάβετε ένα 1099-R που να εμφανίζει το ποσό του δανείου ως φορολογητέα πρόωρη διανομή, εκτός από την απώλεια της χρηματικής αξίας. Πολύ δύσκολο! Αυτή η ιστορία απεικονίζει τα κρίσιμα ζητήματα για τον ορθό χειρισμό μιας κληρονομιάς IRA-LLC:

1. Να τηρείτε πλήρη λογιστική καταγραφή όλων των περιουσιακών στοιχείων, των συναλλαγών και των αποτιμήσεων της LLC,

2. Διατηρήστε τα αρχεία της LLC σε μέρος όπου μπορούν να βρεθούν σε περίπτωση θανάτου του ΑΟ,

3. Προσθέστε έναν διαχειριστή στην LLC κατά τη διάρκεια της ζωής του ΑΟ, εάν ο ΑΟ είναι ο μοναδικός διαχειριστής,

4. Καταγράφει την ετήσια αποτίμηση της LLC, ακόμη και αν ο διαχειριστής δεν το απαιτεί,

5. Καταθέστε ένα ενημερωμένο BDF μαζί με τα έγγραφα της LLC,

6. Διατηρήστε επαρκή ρευστότητα στην LLC για τη διαχείριση των RMDs.

Η κληρονομιά μιας SDIRA LLC εγείρει το ζήτημα της συνέχισης της IRA LLC ως οχήματος για τη διαχείριση των επενδύσεων ή της διάλυσης της LLC. Μια τρίτη επιλογή, η διανομή της LLC στο σύνολό της, είναι ένα εργαλείο που συνδέεται συχνότερα με τα σχέδια SoloK.

Μεταφορά της LLC σε νέα IRA: Εάν επιλέξετε να συνεχίσετε ως αυτοδιαχειριζόμενη IRA, πρέπει να ανοίξετε έναν νέο λογαριασμό κληρονομημένης IRA με τον ίδιο θεματοφύλακα, να τροποποιήσετε την υφιστάμενη επιχειρησιακή σύμβαση LLC, εάν είναι δυνατόν, ή να δημιουργήσετε μια νέα, και να στείλετε συμπληρωμένη αίτηση μετακύλισης στον θεματοφύλακα. Ο θεματοφύλακας θα χρειαστεί πρώτα απόδειξη ότι ο ιδιοκτήτης του IRA έχει αποβιώσει. Αρκεί ένα επίσημο πιστοποιητικό θανάτου. Αποθαρρύνω έντονα την υποβολή αυτοσχέδιων πιστοποιητικών θανάτου για την κληρονομιά ενός IRA πριν από τη μετάβαση IRA-AO.

Οι ομοσπονδιακοί νόμοι για την καταπολέμηση του ξεπλύματος χρήματος και της τρομοκρατίας απαιτούν από τους θεματοφύλακες να λαμβάνουν και να επαληθεύουν το όνομά σας, τον αριθμό κοινωνικής ασφάλισης, την ημερομηνία γέννησης, τη διεύθυνση και έναν αριθμό ταυτότητας που έχει εκδοθεί από την κυβέρνηση πριν από το άνοιγμα του λογαριασμού σας. Ο θεματοφύλακας μπορεί επίσης να λαμβάνει και να επαληθεύει παρόμοιες πληροφορίες από οποιονδήποτε έχει εξουσιοδοτηθεί να πραγματοποιεί συναλλαγές σε έναν λογαριασμό.

Η διεύθυνσή σας είναι η διεύθυνση της φορολογικής σας δήλωσης, όχι ταχυδρομική θυρίδα, γραμματοκιβώτιο ή C/O. Ο θεματοφύλακας απαιτεί μια κυβερνητική ταυτότητα με φωτογραφία (άδεια οδήγησης, διαβατήριο κ.λπ.), η οποία μπορεί να μεταφορτωθεί, να σαρωθεί ή να αποσταλεί με φαξ. Το έντυπο του νέου λογαριασμού ζητά τον τύπο του λογαριασμού. Σημειώστε την ένδειξη "Κληρονομικός IPA". Πολλοί θεματοφύλακες απαιτούν ένα πρόσθετο έντυπο για τον προσδιορισμό της κληρονομιάς σας. Αυτό περιλαμβάνει:

1. Το όνομα του θανόντος, την ημερομηνία γέννησης και την ημερομηνία θανάτου,

2. Εάν ο θανών άρχισε να λαμβάνει RMDs,

3. Την κατηγορία δικαιούχων (σύζυγος, μη σύζυγος ή μη πρόσωπο),

4. Το είδος της επιλογής τους.

Άλλοι τρόποι που πρέπει να εξετάσετε περιλαμβάνουν:

1. Ένα BDF για να ορίσετε τους δικαιούχους σας,

2. Ένα έντυπο πρόσβασης στο Διαδίκτυο για να έχετε πρόσβαση στον λογαριασμό σας στην πύλη τους,

3. Ένα έντυπο εξουσιοδότησης αντιπροσώπου, σε περίπτωση που θέλετε να ορίσετε αντιπρόσωπο για τον λογαριασμό σας,

4. Ένα πληρεξούσιο, εάν θέλετε κάποιος να πραγματοποιεί συναλλαγές στον λογαριασμό IRA σας. Αυτό διαφέρει από το να επιτρέπετε σε κάποιον να πραγματοποιεί συναλλαγές για την LLC, το οποίο απαιτεί εξουσιοδότηση διαχειριστή.

Μόλις ο λογαριασμός δημιουργηθεί σωστά, χρηματοδοτήστε τον νέο λογαριασμό. Αναζητήστε μια "μεταφορά σε είδος". Μια μεταβίβαση σε είδος μεταφέρει τα συμφέροντα της LLC χωρίς ρευστοποίηση και επαναγορά των περιουσιακών στοιχείων. Για κάθε μεταβίβαση σε είδος ενδέχεται να ισχύει τέλος επανεγγραφής. Το έντυπο μεταβίβασης μπορεί να σας ρωτήσει αν θέλετε μερική ή πλήρη μεταβίβαση, μόνο μετρητά ή μόνο ορισμένα περιουσιακά στοιχεία. Δεδομένου ότι ο IRA του θανόντος πρέπει να κλείσει, ζητήστε να μεταφερθούν όλα τα περιουσιακά στοιχεία σε είδος, συμπεριλαμβανομένων των μετρητών.

Ο θεματοφύλακας μπορεί να σας κάνει ερωτήσεις σχετικά με απαγορευμένες συναλλαγές στην επένδυση του IRA του δικαιούχου σας στην LLC, όπως...

Κατέχετε εσείς ή κάποιο μέλος της οικογένειάς σας προσωπικά μονάδες ή μετοχές;

Είστε εσείς ή οποιοδήποτε μέλος της οικογένειας υπεύθυνος για τη λήψη αποφάσεων ή κύριος ιδιοκτήτης (αυτό περιλαμβάνει τον ρόλο σας ως διαχειριστή της LLC);

Είστε εσείς ή οποιοδήποτε μέλος της οικογένειας υπάλληλος της εταιρείας;

Έχετε εσείς ή οποιοδήποτε μέλος της οικογένειάς σας λάβει προσωπικά οφέλη ως αποτέλεσμα της επένδυσης της IPA σας στην εταιρεία;

Ο θεματοφύλακας μπορεί επίσης να ρωτήσει εάν η LLC βρίσκεται σε διαδικασία πτώχευσης ή εκκρεμεί πτώχευση, εάν δεν λειτουργεί πλέον ή εάν ερευνάται από κρατική υπηρεσία όπως η SEC, το FBI ή η IRS. Σε μια μεταβίβαση σε είδος, είναι απίθανο να απαιτείται έντυπο επενδυτικής συμβουλής. Ο νέος σας IRA κατέχει το μερίδιο της LLC μέσω της μεταβίβασης, όχι μέσω επένδυσης. Ωστόσο, η LLC έχει ένα νέο μέλος και ίσως έναν νέο διαχειριστή. Αυτό ενδέχεται να απαιτεί νέα επιχειρησιακή συμφωνία.

Οι θεματοφύλακες με τους οποίους συνεργάζομαι δεν δέχονται γενικές επιχειρησιακές συμφωνίες LLC, όπως αυτές που αγοράζονται από μια διαδικτυακή υπηρεσία νομικών εντύπων. Επίσης, δεν παρέχουν λειτουργικές συμφωνίες. Εάν έχετε την υπάρχουσα συμφωνία, ο θεματοφύλακας μπορεί να σας επιτρέψει να την επικαιροποιήσετε χωρίς να χρησιμοποιήσετε νομικές υπηρεσίες. Δυστυχώς, πολλοί ιδιοκτήτες SDQA δεν έχουν σκεφτεί αυτό το βήμα και οι διοργανωτές σπάνια το αντιμετωπίζουν. Γιατί να χάσετε μια πιθανή πώληση κάνοντας ερωτήσεις σχετικά με τον θάνατο του πελάτη; Ο νέος κληρονομούμενος λογαριασμός IRA κατέχει τα συμφέροντα της LLC- εσείς είστε ο διαχειριστής της LLC και η LLC συνεχίζει να κατέχει τα ίδια περιουσιακά στοιχεία.

Μεταφορά χρημάτων σε νέο IRA: Η επιλογή να κλείσετε έναν κληρονομημένο IRA-LLC και να μεταφέρετε τα περιουσιακά στοιχεία σε έναν πιο τυπικό IRA τράπεζας, χρηματοδοτικής εταιρείας ή επενδυτικού συμβούλου περιλαμβάνει τα ακόλουθα βήματα:

1. Ανοίξτε έναν λογαριασμό κληρονομικού IRA με τον πάροχο της επιλογής σας. Τα βήματα για το άνοιγμα λογαριασμού είναι τα ίδια με αυτά που περιγράφονται παραπάνω. Θυμηθείτε να επιλέξετε ως τύπο λογαριασμού τον κληρονομημένο IRA. Ορισμένοι θεματοφύλακες μεταφέρουν κεφάλαια μόνο μεταξύ των ίδιων τύπων λογαριασμών. Αυτοί οι θεματοφύλακες ενδέχεται να σας ζητήσουν να ανοίξετε έναν κληρονομούμενο IRA σε αυτούς, να μεταφέρετε τα περιουσιακά στοιχεία του αποθανόντος στον λογαριασμό κληρονομούμενου IRA και στη συνέχεια να πραγματοποιήσετε τη μεταφορά,

2. Εάν είναι απαραίτητο, τροποποιήστε τη σύμβαση λειτουργίας της LLC ώστε να αναφέρεστε εσείς ως διαχειριστής,

3. Μετατρέψτε όλα τα περιουσιακά στοιχεία της LLC σε μετρητά. Η μετατροπή των περιουσιακών στοιχείων της LLC σε μετρητά ποικίλλει ανάλογα με τον τύπο του περιουσιακού στοιχείου. Τα μη εξασφαλισμένα δάνεια, η χρηματοδότηση υποδομών, οι ιδιωτικές τοποθετήσεις και τα δάνεια ακινήτων ενδέχεται να έχουν συμβατικούς

όρους που απαγορεύουν την πώληση της σύμβασης ή αναγκάζουν το άλλο μέρος να την εκπληρώσει πλήρως. Επικοινωνήστε με τον θεματοφύλακά σας εάν η LLC περιέχει τέτοια περιουσιακά στοιχεία. Συγκεντρώστε τα χρήματα σε έναν λογαριασμό της LLC, όπως είναι ένας λογαριασμός τρεχούμενων λογαριασμών της επιχείρησης,

4. Μεταφέρετε τα χρήματα από την LLC στον λογαριασμό IRA στον θεματοφύλακα, ακολουθώντας τις οδηγίες του θεματοφύλακα,

5. Αποστολή συμπληρωμένου εντύπου μεταφοράς ή άμεσης μετακύλισης στον θεματοφύλακα. Ορισμένοι θέλουν έντυπο μεταφοράς από τον πάροχο του νέου λογαριασμού- άλλοι έχουν ένα έντυπο που θέλουν να υπογράψετε και το οποίο τους δίνει οδηγίες για το πού να στείλουν τα χρήματα και σας ζητούν να υποβάλετε έντυπο αίτησης μεταφοράς ή άμεσης μετακύλισης, όχι αίτηση διανομής. Έχω δεχτεί τηλεφωνήματα από ανθρώπους που ήθελαν να μάθουν πώς να αντιστρέψουν μια διανομή αφού έστειλαν λάθος έντυπο ή τσεκάρισαν λάθος κουτάκι.

Το αποτέλεσμα είναι χρήματα σε έναν κληρονομημένο λογαριασμό IRA σε έναν πάροχο της επιλογής σας, έτοιμα να επενδυθούν σε τυπικές επενδύσεις IRA, όπως μετοχές που διαπραγματεύονται στο χρηματιστήριο, ομόλογα και αμοιβαία κεφάλαια.

Διάλυση της LLC: Διαλύστε την LLC στο γραφείο του Υπουργού Εξωτερικών της πολιτείας σας. Εάν χρειάζεστε βοήθεια για αυτό το βήμα, επικοινωνήστε με το εν λόγω γραφείο. Η διαδικασία διαφέρει σημαντικά από πολιτεία σε πολιτεία. Η LLC μπορεί να έχει EIN. Οι IRA LLC δεν υποβάλλουν δήλωση φορολογίας εισοδήματος, εκτός εάν η LLC παράγει μη συνδεδεμένο φορολογητέο εισόδημα από επιχειρήσεις ή μη συνδεδεμένο εισόδημα που χρηματοδοτείται από δάνεια. Όταν η IRS εκχωρεί έναν EIN σε μια οντότητα, γίνεται ο μόνιμος ομοσπονδιακός αριθμός αναγνώρισης για την εν λόγω οντότητα. Η IRS δεν ακυρώνει, επαναχρησιμοποιεί ή εκχωρεί εκ νέου τον EIN σε άλλη επιχειρηματική οντότητα. Η IRS απλώς καταχωρίζει το κλείσιμο ενός EIN. Για να κλείσετε τον EIN σας, στείλτε στην IRS μια επιστολή που περιλαμβάνει την πλήρη νομική επωνυμία της οντότητας, τον EIN, τη διεύθυνση της επιχείρησης και τον λόγο για τον οποίο θέλετε να κλείσετε τον λογαριασμό σας (π.χ. "διάλυση LLC"). Συμπεριλάβετε την ειδοποίηση εκχώρησης EIN, εάν μπορείτε να τη βρείτε. Η τρέχουσα ταχυδρομική διεύθυνση της IRS για αυτές τις ειδοποιήσεις είναι Internal Revenue Service, Cincinnati, Ohio 45999.

Ερώτηση δοκιμής: Ο Josh κληρονομεί έναν IRA από τη μητέρα του, Grace. Ο IRA της Grace ανήκε σε μια LLC που κατείχε ένα triplex που παρήγαγε αξιόπιστο εισόδημα. Η LLC διέθετε επίσης τραπεζικό λογαριασμό για τις συναλλαγές της LLC, όπως οι φόροι ακινήτων και οι επισκευές, και χρηματιστηριακό λογαριασμό για τα πλεονάζοντα μετρητά, όπου επένδυε τα κεφάλαιά της σε μετοχές μικρής κεφαλαιοποίησης, τις οποίες της άρεσε να παρακολουθεί. Ο Josh θέλει να κρατήσει την LLC, το triplex και τον τραπεζικό λογαριασμό, αλλά να ρευστοποιήσει τις μετοχές και να μεταφέρει τα χρήματα σε έναν κληρονομημένο IRA που σκοπεύει να ανοίξει με έναν ιδιωτικό διαχειριστή κεφαλαίων. Ο Josh αναφέρεται ως διαχειριστής της LLC. Μπορεί ο Josh να διχοτομήσει τα περιουσιακά στοιχεία του IRA της μητέρας του με αυτόν τον τρόπο, και αν ναι, πώς;

1. Όχι, οι κληρονομημένοι IRA είναι ένα σενάριο "όλα ή τίποτα". Πρέπει είτε να διατηρήσει τον IRA ως αυτοκατευθυνόμενο IRA με

τον εν λόγω θεματοφύλακα είτε να πουλήσει τα πάντα και να τον μεταφέρει σε άλλον θεματοφύλακα.

2. Ναι, να πουλήσει τις μετοχές, να μεταφέρει τα κεφάλαια από τον λογαριασμό μεσιτείας της LLC στον λογαριασμό IRA στον θεματοφύλακα και να ζητήσει μεταφορά στον νεοσύστατο λογαριασμό κληρονομικού IRA.

3. Ναι, πουλήστε τις μετοχές, μεταφέρετε τα κεφάλαια από τον χρηματιστηριακό λογαριασμό της LLC στον τραπεζικό λογαριασμό της LLC και γράψτε μια επιταγή από τον λογαριασμό αυτό στον νεοσύστατο λογαριασμό κληρονομημένου IRA.

4. Ναι, πουλήστε τις μετοχές, βάλτε τη χρηματιστηριακή εταιρεία να μεταφέρει τα κεφάλαια από τον χρηματιστηριακό λογαριασμό της LLC στον νεοσύστατο λογαριασμό κληροδοτούμενου IRA.

Απάντηση: Τα καλά νέα για τον Josh είναι ότι μπορεί να διχοτομήσει τα αναγνωρισμένα περιουσιακά στοιχεία με αυτόν τον τρόπο. Ο αριθμός 1 είναι εσφαλμένος. Η σωστή απάντηση είναι η #2, όπου τα κεφάλαια μεταφέρονται από τον λογαριασμό LLC στον λογαριασμό IRA στον θεματοφύλακα SDIRA. Στη συνέχεια, ο θεματοφύλακας μεταφέρει τα κεφάλαια στον θεματοφύλακα του νέου λογαριασμού. Το κλειδί για την αποφυγή προβλημάτων με την IRS είναι η διαδικασία. Οι απαντήσεις 3 και 4 δεν θα προκαλούσαν την υποβολή της έκθεσης από τον θεματοφύλακα αποστολής. Θα έπρεπε επίσης να προκαλέσουν στον παραλήπτη θεματοφύλακα να αμφισβητήσει τη μεταφορά, δεδομένου ότι δεν προέρχεται από άλλον θεματοφύλακα IRA. Όλες οι συναλλαγές IRA (εισφορές, διανομές, μετακυλίσεις) θα πρέπει να προέρχονται από τον λογαριασμό IRA, όχι από IRA LLCs ή IRA trusts.

# Κεφάλαιο 11: Κληρονομικότητα ενός καταπιστεύματος SDIRA

Τώρα ας μιλήσουμε για κάτι λίγο διαφορετικό: ένα καταπίστευμα SDIRA. Σε ένα καταπίστευμα SDIRA, ο IRA είναι ο δικαιοπάροχος και δικαιούχος του καταπιστεύματος και η ΑΟ είναι ο διαχειριστής. Ένα καταπίστευμα SDIRA λειτουργεί με τον ίδιο τρόπο όπως ένα καταπίστευμα SDIRA LLC, απλώς αντικαταστήστε την LLC με το καταπίστευμα και τον διαχειριστή με τον διαχειριστή.

Έχω δει σύγχυση σχετικά με την έννοια του καταπιστεύματος SDIRA μεταξύ πελατών, χρηματοοικονομικών επαγγελματιών και ακόμη και θεματοφυλάκων. Η σύγχυση κυμαίνεται από το "Δεν ήξερα ότι μπορείτε να το κάνετε αυτό" έως το "Δεν μπορείτε να βάλετε τον IRA σας σε καταπίστευμα όσο είστε εν ζωή". Ακόμη και ορισμένοι θεματοφύλακες που επιτρέπουν την επένδυση των IRA σε μια LLC που διαχειρίζεται ο ιδιοκτήτης του IRA δεν επιτρέπουν ένα καταπίστευμα SDIRA. Γιατί η ασυμφωνία μεταξύ της κοινά κατανοητής έννοιας μιας IRA LLC και ενός SDIRA trust;

Ένα καταπίστευμα ως έγκυρη επένδυση IRA: Κατ' αρχάς, ας διευκρινίσουμε αν ένας IRA μπορεί να επενδύσει σε ένα καταπίστευμα. Ο νόμος δεν επιτρέπει την επένδυση κεφαλαίων IRA σε ασφάλειες ζωής ή συλλεκτικά αντικείμενα. Ένα καταπίστευμα δεν είναι ασφαλιστήριο συμβόλαιο ζωής ή συλλεκτικό αντικείμενο. Ναι, ένας IRA μπορεί να επενδύσει τα περιουσιακά του στοιχεία σε ένα καταπίστευμα. Ωστόσο, η παράγραφος 4975 του κώδικα 26 U.S. επιβάλλει φόρο απαγορευμένων συναλλαγών. Αποτελεί απαγορευμένη συναλλαγή η επένδυση περιουσιακών στοιχείων του IRA σε καταπίστευμα του οποίου ο ιδιοκτήτης του IRA είναι ο διαχειριστής; Όχι περισσότερο από την επένδυση περιουσιακών στοιχείων IRA σε LLC που διαχειρίζεται ο AO.

Εξακολουθείτε να είστε επιφυλακτικοί; Ρίξτε μια ματιά στο έντυπο 5498 της IRS, "IRA Contribution Information". Το πεδίο 15α σας ενημερώνει για την αξία του ενεργητικού ορισμένων περιουσιακών στοιχείων. Το πλαίσιο 15β σας λέει την κατηγορία περιουσιακών στοιχείων με έναν κωδικό γράμματος. Το γράμμα Ε υποδηλώνει συμμετοχή σε εταιρεία, καταπίστευμα ή παρόμοια οντότητα.

Ο Rich και η Belle επισκέφθηκαν έναν δικηγόρο για το σχεδιασμό της περιουσίας. Ο δικηγόρος συνέστησε ένα RLT (Revocable Living Trust) για όλους τους λόγους για τους οποίους οι δικηγόροι συνιστούν τα καταπιστεύματα: τα περιουσιακά στοιχεία του καταπιστεύματος αποφεύγουν τη διαθήκη, οι πελάτες ελέγχουν τα περιουσιακά στοιχεία πέρα από τον τάφο, τα καταπιστεύματα παρέχουν προστασία της ιδιωτικής ζωής και τα καταπιστεύματα μπορούν να προσφέρουν προστασία από τους πιστωτές για τους δικαιούχους. Στη συνέχεια, ο δικηγόρος έδωσε τη γενική συμβουλή: "Μεταφέρετε όλα τα περιουσιακά στοιχεία στο καταπίστευμα". Ο Rich και η Belle ακολούθησαν τη συμβουλή του δικηγόρου, νομίζοντας ότι το "όλα" σήμαινε τα πάντα. Μετέφεραν τα περιουσιακά στοιχεία τους SDIRA στο καταπίστευμα, το οποίο ο θεματοφύλακας IRA ανέφερε στην IRS ως διανομή. Καθόλου καλό αποτέλεσμα!

Η τήρηση της επαγγελματικής καθοδήγησης αποτελεί υπεράσπιση έναντι μιας κραυγαλέας ποινής εξαγοράς, αλλά είναι μικρή παρηγοριά έναντι των φόρων που οφείλονται σε μια συνολική διανομή.

Η μεταφορά περιουσιακών στοιχείων από έναν IRA σε ένα καταπίστευμα του οποίου ο IRA είναι ο δικαιοπάροχος... δεν αποτελεί διανομή.

Η μεταβίβαση περιουσιακών στοιχείων από έναν IRA σε ένα καταπίστευμα στο οποίο ο AO είναι ο δικαιοπάροχος ... αποτελεί διανομή.

Δύο σημαντικές διαφορές.

(1) Σε ένα καταπίστευμα SDIRA, ο IPA είναι ο παραχωρησιούχος, ο ιδιοκτήτης του IPA είναι ο διαχειριστής (τα καθήκοντα περιορίζονται σε εκείνα που επιτρέπονται για τους διαχειριστές αναγνωρισμένων καταπιστευμάτων) και ο IPA είναι ο δικαιούχος. Σε ένα τυπικό RLT, όπως αυτό που δημιουργήθηκε για τον Rich και την Belle, ο πελάτης είναι ο δικαιοπάροχος, ο διαχειριστής και ο δικαιούχος.

2. Η μεταφορά κεφαλαίων από το SDIRA στο καταπίστευμα αποτελεί επένδυση, τα κεφάλαια εξακολουθούν να ανήκουν στον

IRA και υπόκεινται στους κανόνες του IRA. Όταν ο Rich και η Belle μετέφεραν τα κεφάλαια από τον IRA στο RLT, αφαίρεσαν τα κεφάλαια από τον έλεγχο του IRA και τα τοποθέτησαν σε λογαριασμό του οποίου ήταν ο παραχωρησιούχος και ο δικαιούχος.

Αν δεν έχετε συνειδητοποιήσει ακόμη τη διαφορά, σκεφτείτε τη δομή της IRA LLC. Ένας IRA μπορεί να επενδύσει σε μια κενή LLC στην οποία ο πελάτης ενεργεί ως διαχειριστής. Εάν κάποιος επενδύσει κεφάλαια από τον IRA του σε μια LLC που αναφέρει τον ίδιο ως μέλος αντί του IRA, αυτό αποτελεί διανομή. Έχω δει να συμβαίνει αυτό, συμπεριλαμβανομένου ενός δικηγόρου που δημιουργεί μια LLC για ειδική προστασία περιουσιακών στοιχείων, αλλά αναγράφει τον πελάτη ως μέλος.

Τρεις διαφορετικές έννοιες για το IRA Trust: Νομικοί, φορολογικοί και χρηματοοικονομικοί επαγγελματίες χρησιμοποιούν τον όρο IRA Trust για να προσδιορίσουν τρεις διαφορετικές έννοιες:

1. Ένα καταπίστευμα που λαμβάνει κεφάλαια IRA ως επένδυση. 2. Ένα ανακλητό καταπίστευμα με εκχωρητή, στο οποίο ο IRA είναι τόσο ο εκχωρητής όσο και ο δικαιούχος και ο ιδιοκτήτης του IRA είναι ο διαχειριστής. Το παρόν βιβλίο αναφέρεται σε αυτή την έννοια ως καταπίστευμα SDIRA.

2. Ένα καταπίστευμα που δημιουργήθηκε ειδικά για να χρησιμεύσει ως δικαιούχος του IRA αντί να κατονομάσει απευθείας μεμονωμένους δικαιούχους. Αυτά τα καταπιστεύματα δεν χρηματοδοτούνται μέχρι τον θάνατο του ιδιοκτήτη του IRA, πράγμα που σημαίνει επίσης ότι ο ιδιοκτήτης του IRA δεν μπορεί να ενεργήσει ως διαχειριστής. Παρόλο που έχω δει ορισμένους επαγγελματίες να υποστηρίζουν αυτά τα καταπιστεύματα χωρίς να λαμβάνουν υπόψη την αξία του IRA, το

κόστος της σύστασης, της συντήρησης και της φορολογικής αναφοράς υποδεικνύει μια αξία-στόχο 500.000 δολάρια πριν εξετάσετε το ενδεχόμενο ενός τέτοιου καταπιστεύματος για τον IRA σας. Ο IRA είναι ο δικαιοπάροχος, ένα μέλος της οικογένειας ή ένας επαγγελματίας διαχειριστής ορίζεται ως διαχειριστής και οι δικαιούχοι είναι όποιος θέλει να καταγράψει ο ιδιοκτήτης του IRA. Αναφέρομαι σε αυτά τα καταπιστεύματα ως IRA Beneficiary Trusts.

3. Ένα καταπίστευμα που κατέχει κεφάλαια IRA από πολλούς ιδιοκτήτες IRA. Αυτά τα καταπιστεύματα διαχειρίζονται από ρυθμιζόμενους επαγγελματίες διαχειριστές που διαφέρουν από τους θεματοφύλακες IRA. Αναφέρομαι σε αυτά τα καταπιστεύματα ως καταπιστευματικά IRA. Ένας επαγγελματίας του χρηματοπιστωτικού τομέα μου είπε ότι τα καταπιστεύματα SDIRA δεν επιτρέπονται επειδή οι κανονισμοί αναφέρουν σαφώς ότι ένα άτομο δεν μπορεί να ενεργεί ως διαχειριστής IRA. Αυτό είναι αλήθεια. Ωστόσο, οι εν λόγω κανονισμοί αναφέρονται σε καταπιστευματοδόχους IRA, όχι σε καταπιστεύματα SDIRA. Ακόμη και οι επαγγελματίες του χρηματοπιστωτικού τομέα (και οι δικηγόροι) συγχέουν αυτές τις έννοιες.

Μια ιστορία σχετικά με το SDIRA Trust και το IRA Beneficiary Trust: Ο Raymond Panagos απεβίωσε. Η κόρη του, Mahalia, κατέληξε να επικοινωνήσει με τον θεματοφύλακα του IRA. Ο θεματοφύλακας της είπε ότι στο έντυπο δικαιούχου αναφερόταν η μητέρα της, Cressida, ως κύρια δικαιούχος.

"Η μητέρα μου έχει ήδη πεθάνει".

"Λυπάμαι! Ως δευτερεύων δικαιούχος αναφέρεται ένα καταπίστευμα. Γνωρίζετε τίποτα για αυτό το καταπίστευμα;"

"Ίσως! Βρήκα δύο έγγραφα καταπιστεύματος στα χαρτιά σας. Ποιο είναι το όνομα αυτού του καταπιστεύματος;"

"The Panagos Family Trust! Αναγνωρίζετε αυτό το όνομα;"

"Ναι! Θα θέλατε ένα αντίγραφο της συμφωνίας καταπιστεύματος;"

"Ναι, παρακαλώ! Θα σας δώσω τον αριθμό του φαξ μας. Θα χρειαστούμε επίσης το πιστοποιητικό θανάτου του. Α, και της μητέρας σας επίσης! Υπάρχουν επίσης κάποια χαρτιά που πρέπει να υπογράψει ο προσωπικός αντιπρόσωπος. Ξέρετε αν είστε ο προσωπικός αντιπρόσωπος ή ο εκτελεστής της περιουσίας του;"

"Ναι! Φαίνεται ότι έχουμε πολλά να κάνουμε! Βρήκα μια δήλωση IRA που δείχνει ότι η επένδυση του IRA του είναι σε ένα καταπίστευμα που ονομάζεται Raymond Panagos IRA trust. Αυτό είναι το άλλο έγγραφο καταπιστεύματος που βρήκα. Χρειάζεστε κι από αυτό αντίγραφο;"

"Όχι, σας ευχαριστώ! Έχουμε αυτό το αντίγραφο στο αρχείο μας. Δεν το έχω παραλάβει ακόμα. Ξέρετε αν κάποιο από τα καταπιστεύματα σας αναφέρει ως διαχειριστή;"

"Όχι, δεν ξέρω. Η μητέρα μου αναφέρεται ως αναπληρωματικός διαχειριστής και στα δύο καταπιστεύματα. Δεν νομίζω ότι ο μπαμπάς θυμήθηκε να τα ενημερώσει μετά τον θάνατό της". Η Κρεσίντα αναστέναξε. Συναισθηματική υπερφόρτωση. Ήταν ευγνώμων για την ευγένεια και την αποτελεσματικότητα του διαχειριστή του λογαριασμού, μια ζεστή αχτίδα ήλιου σε μια σκοτεινή εποχή.

Η Μαχαλία συνέχισε. "Γιατί δύο καταπιστεύματα; Δεν καταλαβαίνω".

"Ο IRA του πατέρα σας επενδύεται στο IRA trust και το οικογενειακό trust είναι ο δικαιούχος. Δεν έχω ξαναδεί αυτόν τον συνδυασμό. Δεν είμαι εξουσιοδοτημένη να δίνω νομικές, επενδυτικές ή φορολογικές συμβουλές και, ειλικρινά, δεν ξέρω καν από πού να αρχίσω. Γνωρίζετε κάποιον που μπορεί να σας βοηθήσει;"

"Υπάρχει το όνομα ενός δικηγόρου στο εξώφυλλο του IRA trust. Θα του τηλεφωνήσω. Σας ευχαριστώ για τη βοήθειά σας!"

"Παρακαλώ. Για άλλη μια φορά, λυπάμαι για την απώλειά σας. Αν υπάρχει κάτι άλλο που μπορώ να κάνω, παρακαλώ τηλεφωνήστε ή στείλτε μου email".

Η Μαχαλία τηλεφώνησε στον δικηγόρο και άφησε μήνυμα. Εκείνος την ξαναπήρε τηλέφωνο την επόμενη μέρα. Μερικοί δικηγόροι το κάνουν αυτό. "Πώς μπορώ να σας βοηθήσω;"

"Δημιουργήσατε ένα ταμείο για τον πατέρα μου που θα το χρησιμοποιήσει με τον IRA του. Πέθανε. Δεν ξέρω τι να κάνω!"

"Ευχαρίστως να βοηθήσω. Παρακαλώ δεχτείτε τα βαθύτατα συλλυπητήριά μου για την απώλειά σας. Από πού θα θέλατε να ξεκινήσετε;"

"Ο IRA του μπαμπά αναφέρεται σε δύο καταπιστευματικά κεφάλαια. Το ένα ονομάζεται Raymond Panagos IRA Trust, το οποίο πιστεύω ότι εσείς γράψατε. Το άλλο είναι το Panagos Family Trust, το οποίο αναφέρεται ως δικαιούχος του IRA. Έχω μπερδευτεί πραγματικά. Το γράψατε κι αυτό;"

"Όχι. Θυμάμαι ότι, εκείνη την εποχή, σκόπευε να αναγράψει τη μητέρα του ως κύριο δικαιούχο και τα παιδιά του ως ισότιμους δευτερεύοντες δικαιούχους. Πρέπει να πρόσθεσε αυτό το καταπίστευμα αργότερα".

"Ποια είναι η διαφορά μεταξύ των δύο καταπιστευμάτων; Χρειαζόμαστε και τα δύο; Τι έχει το IRA trust; Λειτουργούν τα καταπιστεύματα με τον ίδιο τρόπο; Έχω μπερδευτεί πολύ!"

Ο δικηγόρος εξήγησε υπομονετικά τα δύο καταπιστεύματα. "Ο IRA επενδύεται στο IRA trust. Αυτό έδωσε στον πατέρα σας τον έλεγχο των επενδύσεων του IRA. Το καταπίστευμα είναι ο ιδιοκτήτης των επενδύσεων. Ο ίδιος ο IRA είναι τόσο ο παραχωρησιούχος όσο και ο δικαιούχος του IRA trust, πράγμα που σημαίνει ότι τα περιουσιακά στοιχεία του trust πρέπει να επιστρέψουν στον λογαριασμό του IRA όταν ο IRA τερματίσει το trust. Ο δικαιούχος του IRA λαμβάνει τα περιουσιακά στοιχεία του IRA. Το εν λόγω καταπίστευμα διατηρεί τις απαιτούμενες ελάχιστες διανομές εντός του καταπιστεύματος IRA ή οι απαιτούμενες ελάχιστες διανομές καταβάλλονται στον δικαιούχο τη στιγμή που το καταπίστευμα λαμβάνει κάθε διανομή. Βγάζει νόημα αυτό μέχρι στιγμής;"

"Νομίζω ότι έχει. Χρειαζόμαστε τα δύο καταπιστεύματα;"

"Αυτό εξαρτάται από εσάς. Το καταπίστευμα IRA θα κατέχει τις επενδύσεις του IRA. Αν σας αρέσουν οι επενδύσεις, μπορείτε να κρατήσετε αυτό το καταπίστευμα. Το καταπίστευμα πρέπει να δημιουργεί αρκετή ρευστότητα για την κάλυψη των RMDs κάθε χρόνο. Το καταπίστευμα IRA μεταφέρει κεφάλαια στον λογαριασμό IRA, ο οποίος διανέμει τα κεφάλαια αυτά στο καταπίστευμα του δικαιούχου. Εάν δεν θέλετε να αναλάβετε την ευθύνη για το IRA trust και τις επενδύσεις του, μπορείτε να ρευστοποιήσετε τα πάντα και να μεταφέρετε τον λογαριασμό IRA σε έναν κληρονομούμενο

IRA με διαφορετικό θεματοφύλακα. Σε κάθε περίπτωση, χρειάζεστε το καταπιστευματικό κεφάλαιο του δικαιούχου".

"Δεν θέλω να ασχοληθώ με κανέναν από τους δύο!" Η Μαχαλία αναστέναξε ξανά. Εντυπωσιάστηκε. Γιατί ο μπαμπάς δεν είχε εξηγήσει καλύτερα τις επιθυμίες του; Γιατί έπρεπε να είναι τόσο περίπλοκο; Ο μπαμπάς έβλεπε πραγματικά την ανάγκη για ένα καταπίστευμα ζωής ή μήπως κάποιος έξυπνος διαφημιστής ή δικηγόρος τον είχε πείσει να το κάνει;

"Δεν χρειάζεται να το κάνεις αυτό. Μπορώ να σας βοηθήσω να διαλύσετε το καταπίστευμα IRA και μπορείτε να προσλάβετε έναν επαγγελματία διαχειριστή για το καταπίστευμα δικαιούχου. Αν δεν γνωρίζετε καμία εταιρεία εμπιστευμάτων, μπορώ να σας κάνω κάποιες συστάσεις. Συζητήστε την ανάγκη για έναν διαχειριστή για το καταπίστευμα δικαιούχου και δείτε αν κάποιος θέλει να εκπληρώσει αυτόν τον ρόλο. Πολλοί άνθρωποι πιστεύουν ότι αξίζει να πληρώσετε μια μικρή αμοιβή διαχείρισης σε έναν επαγγελματία διαχειριστή για να αποφύγετε τις οικογενειακές εντάσεις και να διασφαλίσετε την ακριβή λογιστική του καταπιστεύματος".

"Αυτή είναι μια καλή συμβουλή! Σας ευχαριστώ πολύ. Μπορώ να σας ξανακαλέσω αν χρειαστώ περισσότερη βοήθεια;"

"Οποιαδήποτε στιγμή! Χαίρομαι που μπορώ να βοηθήσω. Για άλλη μια φορά, τα συλλυπητήριά μου για τον θάνατο του πατέρα σας".

Διαχείριση κληρονομιάς ενός καταπιστεύματος SDIRA: Τα βήματα για την κληρονομιά ενός καταπιστεύματος SDIRA είναι τα ίδια με εκείνα για μια IRA LLC. Απλώς βεβαιωθείτε ότι έχετε να κάνετε με ένα καταπίστευμα SDIRA και όχι με ένα καταπίστευμα δικαιούχου

IRA. Το καταπίστευμα SDIRA διαχειρίζεται τις επενδύσεις του IRA σε καθεστώς αναβαλλόμενης φορολόγησης- ο IRA είναι τόσο ο δικαιοπάροχος όσο και ο δικαιούχος. Ένα IRA beneficiary trust εμφανίζει τον IRA ως δικαιοπάροχο, οι δικαιούχοι είναι φυσικά πρόσωπα και τα περιουσιακά στοιχεία του trust είναι φορολογητέες διανομές από τον IRA με τους φόρους να μεταβιβάζονται από το trust στους δικαιούχους. Συνοψίζοντας:

1. Αποφασίστε μια επιλογή διανομής,

2. Αποφασίστε αν θα συνεχίσετε ή θα τερματίσετε το καταπίστευμα SDIRA,

3. Επιλέξτε έναν θεματοφύλακα (τον ίδιο που χρησιμοποιούσε ο θανών ή άλλον),

4. Επιλέξτε τις επενδύσεις σας,

5. Συμπληρώστε τα κατάλληλα έντυπα.

Ερώτηση δοκιμής: Ο Errol πέθανε πριν από την ενεργοποίηση των RMDs για τον IRA του. Διαχειριζόταν τις επενδύσεις του IRA του μέσω ενός καταπιστεύματος SDIRA. Ο Errol δεν παντρεύτηκε ποτέ και δεν απέκτησε παιδιά. Συμπλήρωσε το BDF του αναφέροντας "όλα τα εν ζωή ανίψια μου εξίσου" ως κύριους δικαιούχους, αγνοώντας τα τρία αδέλφια του. Επιβίωσαν οκτώ ανίψια, όλα ανήλικα. Το καταπίστευμά του SDIRA δεν ανέφερε εναλλακτικό διαχειριστή. Τα τρία αδέλφια του δεν μπορούσαν να συμφωνήσουν για το ποιος θα έπρεπε να είναι ο επόμενος διαχειριστής. Καθένας από αυτούς υποπτευόταν ότι τα άλλα αδέλφια θα ευνοούσαν τα δικά τους παιδιά εάν διορίζονταν διαχειριστές. Συμφώνησαν ότι ο κηδεμόνας θα μπορούσε να διορίσει έναν επαγγελματία διαχειριστή. Ο διαχειριστής που επιλέγεται από τον κηδεμόνα μπορεί να κάνει τα εξής εκτός από:

1. Να επιλέγει επενδύσεις διαφορετικές από αυτές που αναφέρονται στην κατανομή περιουσιακών στοιχείων του εγγράφου καταπιστεύματος.

2. Να λαμβάνει εύλογη αμοιβή για τις παρεχόμενες υπηρεσίες.

3. Να διανέμει RMDs από τον λογαριασμό καταπιστεύματος.

4. Να αποστέλλει κεφάλαια στον θεματοφύλακα για τη διανομή RMDs από τον λογαριασμό IRA.

Απάντηση: Η ορθή απάντηση στην ερώτηση αυτή απαιτεί τη σωστή διάκριση μεταξύ ενός καταπιστεύματος SDIRA και ενός καταπιστεύματος δικαιούχου IRA. Ο πίνακας περιουσιακών στοιχείων απλώς παραθέτει τα περιουσιακά στοιχεία που μεταβιβάστηκαν αρχικά στο καταπίστευμα. Ορισμένοι εμπιστευματοδόχοι ενημερώνουν αυτόν τον κατάλογο καθώς αλλάζουν οι επενδύσεις, αλλά πολλοί δεν το κάνουν. Ο πίνακας είναι απλώς ένας κατάλογος και όχι ένας περιορισμός της επενδυτικής πολιτικής, οπότε μπορούμε να αποκλείσουμε 1. Ένα αποκλεισμένο πρόσωπο δεν πρέπει να λαμβάνει αποζημίωση από ένα καταπίστευμα SDIRA, αλλά μπορεί να λαμβάνει αποζημίωση από ένα καταπίστευμα δικαιούχου IRA. Εδώ έχουμε έναν επαγγελματία θεματοφύλακα ο οποίος κατά πάσα πιθανότητα δεν είναι αποκλεισμένο πρόσωπο, οπότε μπορεί να λάβει εύλογη αποζημίωση. Με ένα καταπίστευμα δικαιούχου IRA, το καταπίστευμα λαμβάνει διανομές από τον IRA. Ο διαχειριστής διανέμει τα κεφάλαια στους δικαιούχους, οι οποίοι στη συνέχεια πληρώνουν φόρους επί του εισοδήματός τους (απάντηση 4). Με ένα καταπίστευμα SDIRA, ο καταπιστευματοδόχος αποστέλλει τα κεφάλαια στον λογαριασμό IRA, στον δικαιοπάροχο του καταπιστεύματος και στον δικαιούχο. Στη συνέχεια, ο θεματοφύλακας αποστέλλει τα κεφάλαια στους δικαιούχους ως φορολογητέες διανομές. Η σωστή απάντηση είναι η 3.

# Κεφάλαιο 12: Κληρονομικότητα ενός προγράμματος Solo 401(k): Τι είναι το SoloK;

Ακολουθεί μια συνωμοσιολογική άποψη. Το Κογκρέσο δημιούργησε τα προγράμματα 401(k) στο νόμο του 1974 για την ασφάλεια του εισοδήματος των εργαζομένων (ERISA). Οι τροποποιήσεις του ERISA στο νόμο του 2001 για την οικονομική ανάπτυξη και τη φορολογική ανακούφιση (EGTRRA) άνοιξαν το δρόμο για τη χρηματοπιστωτική βιομηχανία να προσφέρει προγράμματα 401(k) στους αυτοαπασχολούμενους. Η EGTRRA δεν δημιούργησε μια νέα κατηγορία προγράμματος 401(k). Έκανε δύο μικρές αλλά σημαντικές αλλαγές στην ισχύουσα νομοθεσία.

Πρώτον, η νομοθεσία του 2001 κατήργησε την απαίτηση οι εργοδότες να μειώνουν τις μέγιστες εκπεστέες από το φόρο εισφορές τους στο πρόγραμμα συνταξιοδότησης κατά το ποσό των μισθολογικών αναβολών που πραγματοποιούν οι εργαζόμενοι σε ένα πρόγραμμα.

Πριν από αυτές τις αλλαγές, το SEP-IRA κυριαρχούσε στα σχέδια συνταξιοδότησης για τους αυτοαπασχολούμενους, τόσο όσον αφορά τον αριθμό των σχεδίων όσο και τα μέγιστα επίπεδα εισφορών. Τα IRA απαιτούν θεματοφύλακες, όπως γνωρίζετε από την ανάγνωση της προηγούμενης ενότητας, γεγονός που αποκλείει τις μη θεματοφύλακες χρηματοπιστωτικές εταιρείες από αυτή την προσοδοφόρα επιχείρηση. Σύμφωνα με το EGTRRA, οι μη θεματοφύλακες εταιρείες μπορούν πλέον να προωθούν προγράμματα 401(k) σε ιδιοκτήτες μικρών επιχειρήσεων, προωθώντας χαμηλότερο διοικητικό κόστος και υψηλότερα όρια εισφορών από ένα SEP-IRA.

Δεύτερον, το EGTRRA πρόσθεσε τα δάνεια του προγράμματος προς τους ιδιοκτήτες εργαζομένων ως εξαιρούμενα από τις απαγορευμένες συναλλαγές. Δεν μπορείτε να πάρετε δάνειο από τον IRA σας. Χρειάζεστε χρήματα από την εταιρεία σας αλλά δεν θέλετε να πληρώσετε φόρο εισοδήματος; Τι θα λέγατε αν μπορούσατε να αναβάλλετε αυτό το εισόδημα σε ένα πρόγραμμα 401(k), να πάρετε τα δανειακά κεφάλαια και να τα επιστρέψετε με ένα μέτριο επιτόκιο προς όφελος της δικής σας συνταξιοδότησης; Άλλο ένα σπουδαίο σημείο πώλησης για τον χρηματοπιστωτικό τομέα!

Μήπως αυτές οι εταιρείες της Wall Street έπαιξαν ρόλο στη δημιουργία αυτών των ρυθμιστικών αλλαγών για το δικό τους οικονομικό όφελος; Πιθανώς ναι! Παρόλα αυτά, αν υπάρχει συνωμοσία, δεν είναι στο ίδιο επίπεδο με τον παρασκηνιακό ρόλο της Wall Street στη δημιουργία του Ομοσπονδιακού Αποθεματικού Συστήματος, ενός μόνιμου ομοσπονδιακού φόρου εισοδήματος ή του τρόπου με τον οποίο κερδίζει από το στρατιωτικο-βιομηχανικό σύμπλεγμα.

Δεν υπάρχει καμία πρόβλεψη για ένα SoloK στον φορολογικό κώδικα. Ούτε ο όρος εμφανίζεται στο νόμο του 2001 για την οικονομική ανάπτυξη και τη φορολογική ανακούφιση. Αντ' αυτού, όπως και η έννοια "αυτοκατευθυνόμενη", οι εταιρείες χρηματοπιστωτικών υπηρεσιών και οι προωθητές δημιούργησαν την ιδέα ως εργαλείο μάρκετινγκ. Τι γίνεται με την ιδέα ότι ένα SoloK δεν υποχρεούται να διεξάγει τεστ διακρίσεων; Αυτό ίσχυε για κάθε συμμετέχον σχέδιο βάσει του νόμου ERISA, όχι για μια νέα διαδικασία που δημιουργήθηκε από το EGTRRA. Διάβασα ένα δελτίο μετά το EGTRRA που διανεμήθηκε σε δικηγόρους και CPAs το οποίο έδειχνε πώς θα μπορούσαν να αυξήσουν το προσωπικό τους εισόδημα παραπέμποντας πελάτες σε εταιρείες χρηματοοικονομικών υπηρεσιών για ένα SoloK. Στα ψιλά γράμματα αναφερόταν ότι οι δικηγόροι και οι CPA θα έπρεπε να έχουν άδεια και να παραπέμπονται στην πλατφόρμα της εταιρείας επενδύσεων. Ο κλάδος των χρηματοπιστωτικών υπηρεσιών ήθελε πρόσβαση στη βιομηχανία IRA αξίας τρισεκατομμυρίων δολαρίων και βοήθησε το Κογκρέσο να βρει έναν τρόπο για να το κάνει αυτό.

Ένας υποστηρικτής του SoloK ισχυρίστηκε ότι ένας ατομικός επιχειρηματίας μπορεί να συνεισφέρει περισσότερα σε ένα SoloK από ό,τι σε ένα SEP. Αυτό ισχύει για εισοδήματα κάτω από ένα ορισμένο ποσό, αλλά όχι για όλα τα εισοδήματα. Τα όρια και για τα δύο σχέδια είναι τα ίδια, αλλά υπολογίζονται διαφορετικά. Ένας άλλος προωθητής του SoloK είπε στους δυνητικούς πελάτες ότι η ίδια η IRS δημιούργησε το SoloK για τους ιδιοκτήτες μικρών επιχειρήσεων. Αυτό είναι 100% ψευδές! Ο IRC ψηφίζεται από το Κογκρέσο- η IRS απλώς εφαρμόζει τον νόμο. Δεν υπάρχει ούτε ένα τμήμα του IRC που να περιγράφει λεπτομερώς τον τρόπο διάρθρωσης ενός SoloK.

Τα σχέδια συντάσσονται από εταιρείες που έχουν κάτι να πουλήσουν, όπως επενδύσεις ή υπηρεσίες σύνταξης σχεδίων.

Τι λέει η IRS για τα σχέδια ενός συμμετέχοντος; Ο ιδιοκτήτης μιας εταιρείας που δεν έχει υπαλλήλους του κοινού δικαίου δεν χρειάζεται να διενεργήσει ελέγχους μη διάκρισης για το σχέδιο, επειδή δεν υπάρχουν υπάλληλοι που θα μπορούσαν να λάβουν διαφορετικές παροχές. Το πλεονέκτημα της μη διενέργειας δοκιμών εξαφανίζεται όταν ο εργοδότης προσλαμβάνει υπαλλήλους. Ανεξάρτητα από το πώς ονομάζεται το πρόγραμμα 401(k) από τον πάροχο του προγράμματος, πρέπει να πληροί τους κανόνες του Κώδικα Εσωτερικών Εσόδων. Εάν προσλάβετε υπαλλήλους και αυτοί πληρούν τις προϋποθέσεις επιλεξιμότητας του προγράμματος, πρέπει να τους συμπεριλάβετε στο πρόγραμμα και οι εκλεκτικές τους αναλήψεις θα υπόκεινται στο τεστ μη διακριτικής μεταχείρισης.

Ο κλάδος των χρηματοπιστωτικών υπηρεσιών και οι προωθητές δημιουργούν διαφημιστικό υλικό και ιστότοπους του SoloK για να σας πουλήσουν κάτι, αντί να περιγράφουν με ακρίβεια τις νομικές παραμέτρους του SoloK. Συχνά δημιουργούν έγγραφα προγράμματος που περιορίζουν τις επενδυτικές επιλογές σε εκείνες για τις οποίες μπορούν να λάβουν αμοιβή ή προμήθεια.

Τι είναι το SoloK; Ένα SoloK επιτρέπει σε κάποιον με εισόδημα από αυτοαπασχόληση να αποταμιεύει κεφάλαια για τη συνταξιοδότηση σε φορολογική βάση, σύμφωνα με τα έγγραφα του προγράμματος που συμμορφώνονται με την IRC. Ένα SoloK συστήνεται με μια εταιρεία χρηματοοικονομικών υπηρεσιών ή έναν προαγωγό υπογράφοντας ειδικά έντυπα και προσθέτοντας κεφάλαια μέσω μιας αναγνωρισμένης μετακύλισης ή εισφοράς εισοδήματος από αυτοαπασχόληση.

Η σύσταση ενός SoloK περιλαμβάνει συνήθως τα ακόλουθα έντυπα:

Συμφωνία υιοθεσίας,

Αίτηση προγράμματος,

Έντυπο εγγραφής,

Συμφωνία παρακράτησης από τη μισθοδοσία,

Έντυπο καθορισμού δικαιούχου,

Έντυπο μεταφοράς.

Μετά την κατάρτιση, τα κύρια λειτουργικά έγγραφα είναι το Βασικό Έγγραφο Προγράμματος (BPD) και η Συνοπτική Περιγραφή Προγράμματος (SPD). Το BPD φυλάσσεται από τον εργοδότη, ενώ το SPD δίνεται στους εργαζόμενους. Τα BPD με τα οποία έχω συνεργαστεί έχουν κατά μέσο όρο μήκος περίπου πενήντα σελίδων, ενώ ένα SPD SoloK έχει συνήθως μήκος δέκα έως δώδεκα σελίδων. Μόλις ολοκληρωθεί η τεκμηρίωση της εγκατάστασης, οι ιδιοκτήτες του προγράμματος απλώς ακολουθούν τις κατευθυντήριες γραμμές για τις εισφορές και διαχειρίζονται τις επενδύσεις.

Εισφορές σε ένα SoloK: Ο τύπος εισφορών έχει δύο μέρη: ένα μέρος για τον εργαζόμενο που ονομάζεται "επιλεκτικές αναφορές" και ένα μέρος για τον εργοδότη που ονομάζεται "μη επιλεκτικές εισφορές". Οι επιλεκτικές αναφορές δεν μπορούν να υπερβαίνουν ένα ποσό που καθορίζεται ετησίως από την IRS. Οι εκλεκτικές αναφορές και οι μη επιλεκτικές εισφορές δεν μπορούν να υπερβαίνουν ένα ποσό που καθορίζεται ετησίως από την IRS. Ο τύπος διαφέρει ανάλογα με το αν υπάρχει ξεχωριστή νομική οντότητα, ή "εργοδότης", σε σύγκριση με κάποιον που είναι αυτοαπασχολούμενος. Το "Solo" στο "SoloK" δεν σημαίνει ότι ο ιδιοκτήτης πρέπει να λειτουργεί την επιχείρηση ως ατομική επιχείρηση, παρά μόνο ότι ο ιδιοκτήτης και ο/η σύζυγος του ιδιοκτήτη είναι οι μόνοι εργαζόμενοι. Είναι δυνατόν να υιοθετηθεί SoloK εάν η επιχείρηση διεξάγεται ως ατομική επιχείρηση, εταιρεία περιορισμένης ευθύνης ή εταιρεία.

Για τα άτομα που απασχολούνται από εταιρεία, το όριο της εκλεκτικής αναβολής είναι το μικρότερο από το ετήσιο όριο ή την αποζημίωση W-2. Η συνεισφορά του εργοδότη είναι το μικρότερο από το 25% της αποζημίωσης, όπως ορίζεται από το πρόγραμμα, και το ποσό που θα οδηγούσε το πρόγραμμα στο συνολικό όριο αναβολής. Για τους αυτοαπασχολούμενους, ο υπολογισμός της προαιρετικής αναβολής είναι ένας τύπος είκοσι ενός βημάτων, για τον οποίο παραπέμπω στην IRS Publication 560 αντί να τον περιγράψω λεπτομερώς εδώ.

Οι υπερβολικές εισφορές σε ένα SoloK συνεπάγονται κυρώσεις εάν δεν διορθωθούν εγκαίρως. Η υπερβολική εισφορά διανέμεται, δημιουργώντας φορολογητέο εισόδημα για το έτος, και επί του ποσού οφείλεται πρόστιμο 10 τοις εκατό, εκτός εάν υπάρχει απαλλαγή. Ο θάνατος του ιδιοκτήτη του λογαριασμού αποτελεί μια τέτοια εξαίρεση. Η συνεισφορά σε ένα SoloK είναι κάτι περισσότερο από τη μεταφορά κεφαλαίων από έναν επαγγελματικό λογαριασμό σε έναν λογαριασμό προγράμματος. Η λογιστική της εταιρείας και οι εκθέσεις τέλους έτους, όπως οι εκθέσεις εσόδων και εξόδων και τα W-2, πρέπει να διαχωρίζουν σαφώς τις εισφορές των εργαζομένων και των εργοδοτών. Τα δεδομένα αυτά πρέπει επίσης να συμφωνούν με τις αναφορές του προγράμματος που υποβάλλονται από τον διαχειριστή του προγράμματος.

Ρυθμιστικές διαφορές μεταξύ SoloKs και IRAs: Τα SoloKs μπορούν να επενδύουν σε δύο επενδύσεις που απαγορεύονται για τους IRAs: μετοχές που χρηματοδοτούνται από τον εργοδότη και ασφάλειες ζωής, εντός ορισμένων παραμέτρων. Οι κανόνες περί απαγορευμένων συναλλαγών εμποδίζουν έναν IRA να επενδύει στην επιχείρηση του ιδιοκτήτη του IRA, ανεξάρτητα από το είδος της επιχείρησης. Οι ατομικοί IRA μπορούν να αγοράζουν μετοχές σε μια εταιρεία-χορηγό που ονομάζεται Qualified Employer Securities (QES). Η αγορά QES είναι σαν να προσλαμβάνετε έναν εργαζόμενο πλήρους απασχόλησης- το σχέδιο δεν πληροί πλέον τις προϋποθέσεις του SoloK. Κάποιος πρέπει να είναι αυτοαπασχολούμενος για να χρηματοδοτήσει ένα SoloK. Όταν το σχέδιο αγοράζει QES, δύο μέτοχοι κατέχουν την εταιρεία, το σχέδιο 401(k) και τουλάχιστον ένας μέτοχος εκτός σχεδίου. Αυτό χαρακτηρίζει το μη φυσικό πρόσωπο ως αυτοαπασχολούμενο.

Η ιδιοκτησία της QES απαιτεί από το σχέδιο να υποβάλει έντυπο 5500 πλήρες με τα σχετικά με την QES σχήματα. Αυτό το βιβλίο καλύπτει τις λεπτομέρειες της QES στην ενότητα ROBS, καθώς αυτό είναι το ρυθμιστικό κλειδί για μια σωστή ρύθμιση ROBS. Προς το παρόν, να έχετε υπόψη σας ότι η αγορά της QES με ένα SoloK δημιουργεί περισσότερες επιπλοκές για τη διαχείριση του σχεδίου από ό,τι η πρόσληψη ενός υπαλλήλου. Εάν κληρονομήσετε ένα SoloK και συνειδητοποιήσετε ότι το επενδυτικό χαρτοφυλάκιο περιλαμβάνει μετοχές της εταιρείας του εργοδότη που το χορηγεί, προχωρήστε με προσοχή και βασιστείτε στην καθοδήγηση κάποιου που γνωρίζει αυτούς τους κανόνες.

Μια SoloK μπορεί επίσης να αγοράσει ασφάλιση ζωής. Η κατοχή ασφάλισης ζωής δεν αλλάζει τις διατάξεις του προγράμματος. Οι απαιτήσεις για την ιδιοκτησία ασφάλισης ζωής περιλαμβάνουν:

1. Οι πληρωμές ασφαλίστρων μπορούν να προέρχονται μόνο από τις εισφορές του εργοδότη, όχι από τις εισφορές των εργαζομένων.

2. Το συμβόλαιο πρέπει να κατέχεται μόνο από τον συμμετέχοντα, τη σύζυγο του συμμετέχοντα ή άλλο φυσικό πρόσωπο στο οποίο ο συμμετέχων έχει ασφαλιστικό συμφέρον.

3. Το συνολικό ασφάλιστρο ζωής για κάθε συμμετέχοντα πρέπει να είναι μικρότερο από ένα ορισμένο ποσοστό των συνολικών εργοδοτικών εισφορών που κατανέμονται στον ατομικό λογαριασμό του συμμετέχοντα, ανάλογα με το είδος της ασφάλισης που αγοράζεται.

4. Τυχόν μερίσματα ή πιστώσεις που λαμβάνονται από ασφαλιστήρια συμβόλαια για έναν συμμετέχοντα κατανέμονται στον ατομικό λογαριασμό του συμμετέχοντα.

5. Τα ασφαλιστήρια συμβόλαια ζωής ενός συμμετέχοντα μετατρέπονται σε μετρητά ή σε προσόδους ή διανέμονται στον συμμετέχοντα όταν αυτός παύσει να εργάζεται για τον εργοδότη.

6. Τα συμβόλαια για την κοινή ζωή ενός συμμετέχοντα και ενός άλλου προσώπου δεν μπορούν να διατηρηθούν εάν ο συμμετέχων παύσει να έχει ασφαλιστικό συμφέρον για το πρόσωπο αυτό.

7. Όταν ένας Συμμετέχων πεθαίνει, η ασφαλιστική εταιρεία πληρώνει το πρόγραμμα και ο διαχειριστής του προγράμματος πληρώνει τον δικαιούχο ως φορολογητέα διανομή.

Τα SoloKs επενδύουν όπως οι IRAs- ένα SoloK μπορεί να κατέχει επενδύσεις στο όνομά του ή να δημιουργεί LLCs και trusts μέσω των οποίων κατέχει επενδύσεις. Καθώς ο ιδιοκτήτης του λογαριασμού είναι εξουσιοδοτημένος υπογράφων ενός SoloK, δεν χρειάζεται LLC ή trust για να διευκολυνθεί ο τοπικός έλεγχος.

# Κεφάλαιο 13: Κληρονομικότητα ενός SoloK χωρίς υποοντότητες

Η κληρονομιά ενός SoloK δεν χρειάζεται να σας κάνει να γυρίσετε το κεφάλι. Αν αισθάνεστε σαν να βρίσκεστε στην κορυφή ενός ψηλού κτιρίου χωρίς κάγκελα, απλά απολαύστε τη θέα και αφήστε τους επαγγελματίες να φροντίσουν τις λεπτομέρειες. Μια τυπική ρύθμιση SoloK είναι παρόμοια με έναν IRA που κατέχει μη παραδοσιακά περιουσιακά στοιχεία στο δικό του όνομα. Μια σημαντική διαφορά είναι ότι ο AO υπογράφει το SoloK, ενώ η αρχή υπογραφής για έναν IRA είναι ένας διαχειριστής που απασχολείται από τον θεματοφύλακα. Ενώ ο προεπιλεγμένος δικαιούχος πολλών IRA είναι η περιουσία του ατόμου, ανεξάρτητα από την οικογενειακή κατάσταση, ο προεπιλεγμένος δικαιούχος ενός SoloK είναι ο σύζυγος, εάν είναι παντρεμένος. Ο σύζυγος πρέπει να συμφωνήσει θετικά στο έντυπο καθορισμού δικαιούχου, εάν το BDF αναφέρει κάποιον άλλον ως κύριο δικαιούχο.

Ένας φίλος Ιταλός δικηγόρος εκμυστηρεύτηκε κάποτε, πάνω από ένα καπνιστό ουίσκι σε μια πίσω γωνιά του ιδιωτικού του κλαμπ, ότι το SoloK του ήταν για τη σύζυγό του και το IRA του ήταν για την gumar του (ιταλική αργκό για την ερωμένη). Στη συνέχεια γέλασε. Τον ρώτησα αν η σύζυγός του γνώριζε για αυτή τη συμφωνία. Σταμάτησε να γελάει.

Μια δραματική βινιέτα από το SoloK: Ο Φρανσουά πρόσεξε για πρώτη φορά την Άμπερ όταν μπήκε σε ένα μάθημα οικονομικών στο Fuqua Business School του Duke. Πέρασε περισσότερο χρόνο απ' όσο ήταν κοινωνικά αποδεκτό, παρακολουθώντας τον τρόπο που περπατούσε, το χαμόγελό της, την ταλάντευση των μαλλιών της μέχρι τους ώμους. Όταν εξέτασε την αίθουσα για μια άδεια θέση, τα μάτια του κλείδωσαν για λίγο. Το χαμόγελό της εντάθηκε για μια στιγμή, και μετά εξαφανίστηκε όταν η αργοπορία του την ανάγκασε να καθίσει στο πίσω μέρος, τη λιγότερο αγαπημένη της θέση στις ημικυκλικές αίθουσες διδασκαλίας που έμοιαζαν με αμφιθέατρο. Μετά το μάθημα, της συστήθηκε. Την προσκάλεσε σε γεύμα αργότερα εκείνη την εβδομάδα. Εκείνη δέχτηκε. Εκείνη τη χρονιά, ανακάλυψε ότι είχε πάρει το όνομά της από το χρώμα των μαλλιών της και από έναν χαρακτήρα του αγαπημένου μυθιστορήματος της μητέρας της. Η οικογένειά της ήταν από τη Νότια Καρολίνα, αλλά δεν ήταν μια παλιά, πλούσια οικογένεια που προσπαθούσε να ελέγχει τα πάντα. Ήθελε να κάνει καριέρα στην επιχειρηματική πλευρά της βιομηχανίας της μόδας. Τη ρώτησε γιατί δεν ήταν μοντέλο και της έκανε κομπλιμέντα για την ομορφιά της. Εκείνη κοκκίνισε ελαφρώς και αποκάλυψε ότι ασχολείται με το μόντελινγκ χωρίς σημαντική φήμη από την εφηβεία της. Εγγράφηκε στη σχολή διοίκησης επιχειρήσεων, με την ελπίδα να γίνει συνέταιρος σε ένα επιτυχημένο πρακτορείο ή να ανοίξει το δικό της.

Έμαθε ότι η οικογένεια του Φρανσουά είχε μεταναστεύσει στη Φλόριντα από την Ευρώπη μόλις μερικές γενιές νωρίτερα. Αστειεύτηκε ότι οι γονείς του επέλεξαν το όνομά του επειδή ήξεραν ότι θα έπρεπε να μάθει να υπερασπίζεται τον εαυτό του, μια ιδέα που πήραν από ένα τραγούδι του Johnny Cash. Του άρεσαν τα ταξίδια, το διάβασμα και ήθελε να εργαστεί στις κεφαλαιαγορές ή στη διαχείριση επενδύσεων. Η αγάπη του για τις έννοιες της ελεύθερης αγοράς και την αξιοποίηση του πλεονάζοντος κεφαλαίου ξεκίνησε όταν ήταν διανομέας εφημερίδων, βάζοντας στην άκρη ένα μέρος του εισοδήματός του κάθε μήνα για το τότε απροσδιόριστο μέλλον του.

Οι γονείς της Άμπερ τη συμβούλεψαν να εδραιώσει την καριέρα της προτού προσθέσει το ανταγωνιστικό άγχος μιας σοβαρής σχέσης. Οι γονείς του Φρανσουά τον συμβούλεψαν να κρατήσει μια μόνιμη σχέση όχι για κάποιον που πίστευε ότι μπορούσε να ζήσει μαζί του, αλλά για κάποιον που ήξερε ότι δεν μπορούσε να ζήσει χωρίς αυτόν. Παρόλα αυτά, παντρεύτηκαν αμέσως μετά την αποφοίτησή τους, με την ευλογία και των δύο οικογενειών. Εκείνη πίστευε ότι η πρότασή του ακουγόταν σαν ομιλία για συγχωνεύσεις και εξαγορές και τον αγαπούσε γι' αυτό. Εκείνος πίστευε ότι το χαμόγελο στα μάτια της έκανε τη ζωή να αξίζει να ζει κανείς.

Εκείνος έπιασε δουλειά σε μια εταιρεία διαχείρισης χρημάτων στο Φορτ Λόντερντεϊλ. Εκείνη συνέχισε το μόντελινγκ σε ένα πρακτορείο στο Μαϊάμι και άρχισε να κάνει επαγγελματικές επαφές. Δύο χρόνια αργότερα, άνοιξε το δικό της πρακτορείο. Ξεχώριζε στο πρακτορείο της για το γεγονός ότι επικεντρωνόταν στα μοντέλα της, δημιουργούσε μόνιμες σχέσεις και νοιαζόταν για αυτά ως ανθρώπους. Επίσης, έγραψε το μόντελινγκ με ένα επιπλέον "λ", με τον ευρωπαϊκό τρόπο, αντί για τον αμερικανικό τρόπο, με ένα μόνο. Όχι ναρκωτικά, όχι υπηρεσίες συνοδείας μεταμφιεσμένες σε εκδηλώσεις μοντέλων, και ενθάρρυνε τα μοντέλα της να αναλάβουν τον έλεγχο του οικονομικού τους μέλλοντος. Τα μοντέλα, άνδρες και γυναίκες, ήθελαν να δουλέψουν μαζί της. Με τη σειρά της, ήταν σε θέση να δώσει στους πελάτες της αυτό που ήθελαν περισσότερο: πωλήσεις. Ο επαγγελματισμός που έφερνε το πρακτορείο της σε κάθε εκδήλωση κρατούσε την εστίαση σε αυτό που οι πελάτες παρουσίαζαν ως μοντέλα και όχι στα ίδια τα μοντέλα.

Η Amber ξεκίνησε ένα SoloK και μεγιστοποίησε τις συνεισφορές της κατά τον πρώτο χρόνο της. Ο François συμμετείχε στο παραδοσιακό 401(k) της εταιρείας του και μεγιστοποίησε επίσης τη συμμετοχή του. Η σύμβαση εργασίας του δεν επέτρεπε στην εταιρεία της Amber να τον θεωρεί υπάλληλο, αν και η Amber βασίστηκε στην εμπειρογνωμοσύνη του για τη λήψη επενδυτικών αποφάσεων.

Χρόνια αργότερα, η Άμπερ προσκάλεσε τα μοντέλα της σε ένα πάρτι στο σκάφος Cruisers Aft Cabin των 36 ποδιών της. Ο Φρανσουά λάτρευε να φιλοξενεί όμορφες γυναίκες, αν και εξακολουθούσε να έχει μάτια μόνο για την Άμπερ. Έσβησε τη μηχανή σε ασφαλή απόσταση από την ακτή και σε ήρεμα νερά. Τα μοντέλα έκαναν ηλιοθεραπεία, έπιναν ποτά, κουτσομπόλευαν και ορκίζονταν πίστη στον καλύτερο ατζέντη του χώρου. Εκείνο το απόγευμα, ο πολυεκατομμυριούχος πλέιμποϊ Ντέιβιντ εκτόξευσε το εικοσιοκτάμετρο F1 Panther του με τη συνηθισμένη του ταχύτητα, ταχύτερα από οποιονδήποτε άλλον στο νερό. Η προτίμησή του για τολμηρές περιπέτειες και η ιπποτική του στάση απέναντι σε όποιον έμπαινε στο δρόμο του, του χάρισαν μια δυσάρεστη φήμη ανάμεσα στους ντόπιους και την αμερικανική ακτοφυλακή. Δεν του άρεσαν οι ιδιοκτήτες σκαφών που κάθονταν στο νερό για ώρες χωρίς να πηγαίνουν πουθενά. Ούτε αυτός πίστευε ότι πήγαιναν κάπου στη ζωή τους.

Ο Ντέιβιντ παρατήρησε ότι η βάρκα με την καμπίνα καθόταν ακίνητη και οι γυναίκες διασκέδαζαν. Παρατήρησε επίσης ότι κανείς από τους επιβαίνοντες δεν παρακολουθούσε. Αποφάσισε να διασκεδάσει και να τους δώσει ένα μάθημα, πλησιάζοντας αρκετά κοντά για να ταρακουνήσει τον κόσμο τους με τα απόνερά του. Δεν εκτίμησε σωστά την ταχύτητά του στη στροφή, όπως κάνει με πολλά πράγματα στη ζωή. Η πρύμνη του σκάφους του χτύπησε το πρυμναίο κατάστρωμα του κρουαζιερόπλοιου, ρίχνοντας τους επιβάτες στο έδαφος ή στη θάλασσα. Η Amber χτύπησε το κεφάλι της στο στήριγμα του καπό πριν πέσει στο νερό και πνιγεί. Ο Ντέιβιντ κατηγορήθηκε για ανθρωποκτονία και αμέλεια. Προσέλαβε τους καλύτερους δικηγόρους υπεράσπισης που μπορούσε να προσφέρει η Φλόριντα και περίμενε να κριθεί αθώος. Οι μάρτυρες δεν ήταν σε θέση να τοποθετήσουν τον Ντέιβιντ στο τιμόνι ή να δηλώσουν με βεβαιότητα ότι το εν λόγω σκάφος ήταν του Ντέιβιντ.

Η απόσταση μεταξύ της αλήθειας και του πέραν πάσης λογικής αμφιβολίας είναι μερικές φορές μεγαλύτερη από την απόσταση μεταξύ του παραδείσου και της κόλασης. Ο Δαβίδ αφέθηκε ελεύθερος, χωρίς να μετανοήσει ή να αναμορφωθεί. Οι δικηγόροι του Φρανσουά πρότειναν την άσκηση πολιτικής αγωγής για ανθρωποκτονία από αμέλεια. Με ένα λιγότερο σοβαρό κριτήριο, αυτό μπορεί να ήταν αρκετό για να πείσει τους ενόρκους. Ο Φρανσουά δεν νοιαζόταν. Οι ένορκοι δεν θα μπορούσαν να του δώσουν αυτό που πραγματικά ήθελε - τη ζωή όπως ήταν με την Άμπερ. Δυστυχώς, η ζωή δεν λειτουργεί έτσι. Ο Φρανσουά του έκανε μήνυση. Η υπόθεση δεν έγινε πρωτοσέλιδο σε εθνικό επίπεδο, όπως οι αθλητικοί αστέρες ή τα αφεντικά του εγκλήματος. Ο Φρανσουά κληρονόμησε την εταιρεία της Άμπερ. Γνώριζε ελάχιστα για το μόντελινγκ και ακόμη λιγότερα για τους πελάτες της Άμπερ. Προσέλαβε ένα μοντέλο με επιχειρηματική εμπειρία για να διευθύνει την εταιρεία, ενώ ο ίδιος διερευνούσε τις επιλογές του.

Λίγους μήνες μετά τον θάνατο της Άμπερ, ο Φρανσουά αποφάσισε να ρίξει μια ματιά στο SoloK της, αν και συναισθηματικά ήθελε να αγνοήσει το σχέδιο. Καταλάβαινε τις επενδύσεις επειδή τις είχε επιλέξει ο ίδιος. Αυτό που δεν καταλάβαινε ήταν πώς θα κληρονομούσε τα περιουσιακά στοιχεία του σχεδίου. Τηλεφώνησε στον διαχειριστή του προγράμματος, ο οποίος του εξήγησε τα δικαιώματά του σύμφωνα με τα έγγραφα του προγράμματος, αλλά δεν μπορούσε να απαντήσει σε συγκεκριμένες νομικές ερωτήσεις. Ο δικηγόρος ανέλυσε το SPD και το BPD πριν από την τηλεφωνική διαβούλευση.

"Μπορώ απλώς να κρατήσω το πρόγραμμα ως έχει;"

"Όχι, για δύο λόγους. Ο ένας είναι ότι η εταιρεία προσέλαβε έναν εργαζόμενο πλήρους απασχόλησης, οπότε δεν πληροίτε πλέον τις προϋποθέσεις για το SoloK. Επίσης, είστε ιδιοκτήτης της εταιρείας, αλλά όχι υπάλληλος της εταιρείας. Πρέπει να τερματίσετε το πρόγραμμα ή να το μετατρέψετε σε παραδοσιακό 401(k)".

"Τι συμβαίνει αν αποφασίσω να διατηρήσω την εταιρεία και να αλλάξω το πρόγραμμα; Μπορώ να διατηρήσω τις επενδύσεις στο πρόγραμμα;"

"Τα έγγραφα του προγράμματος απαιτούν να μεταφέρετε τον λογαριασμό σε έναν κληρονομημένο IRA ή το πρόγραμμα θα αγοράσει μια πρόσοδο και θα αρχίσει τις διανομές το επόμενο έτος. Αυτό είναι όλο". Ο δικηγόρος υπέδειξε στον François ένα τμήμα του BPD με τίτλο "Διανομές μετά τον θάνατο ενός συμμετέχοντος". Ο δικηγόρος συνέχισε. "Το τμήμα "Διανομές σε είδος" αναφέρει ότι ο διαχειριστής του προγράμματος μπορεί, αλλά δεν υποχρεούται, να προκαλέσει οποιαδήποτε διανομή στο πλαίσιο του παρόντος προγράμματος να γίνει σε μορφή που τηρείται στο Ταμείο, ή σε μετρητά, με μετατροπή μη χρηματικών περιουσιακών στοιχείων σε μετρητά, ή με οποιονδήποτε συνδυασμό. Τα μη χρηματικά περιουσιακά στοιχεία πρέπει να αποτιμώνται από τρίτο μέρος πριν διανεμηθούν από το Σχέδιο. Εάν θέλετε να μεταφέρετε μια συγκεκριμένη επένδυση σε αυτοκατευθυνόμενο IRA, θα χρειαστείτε εκτίμηση και έγκριση από τον διαχειριστή του προγράμματος και τον θεματοφύλακα του IRA".

Ο Φρανσουά σιώπησε για μια στιγμή. Κάτι μέσα του ήθελε να απενεργοποιηθεί, να κρυφτεί, να αναθέσει αυτές τις αποφάσεις σε κάποιον άλλον ή να τις αναβάλει επ' αόριστον. Λαχταρούσε συνθήκες που απαιτούσαν μόνο πένθος, όχι αποφάσεις που του επιβάλλονταν σε μια τόσο ευάλωτη κατάσταση. Η ζωή δεν λειτουργεί έτσι.

"Μπορώ απλά να μεταφέρω τα περιουσιακά στοιχεία σε έναν IPA και να ασχοληθώ με αυτό αργότερα;"

"Η ενότητα "Διανομές σε είδος" αναφέρει ότι ο διαχειριστής του προγράμματος μπορεί, αλλά δεν υποχρεούται, να προβεί σε οποιαδήποτε διανομή στο πλαίσιο του παρόντος προγράμματος σε μορφή που τηρείται στο καταπίστευμα. Τα περιουσιακά στοιχεία εκτός των μετρητών πρέπει να αποτιμώνται από τρίτο μέρος πριν από τη διανομή από το σχέδιο. Επανατιτλοφορεί κάθε περιουσιακό στοιχείο στο όνομα του IPA". Ο δικηγόρος μίλησε εν συντομία για τη διακράτηση των περιουσιακών στοιχείων σε μια LLC ή ένα καταπίστευμα".

Περισσότερες αποφάσεις και ο Φρανσουά αισθάνθηκε συγκλονισμένος. Οι αυτοκατευθυνόμενοι IRA δεν του άρεσαν σε εκείνο το σημείο. "Θα τα πουλήσω όλα και θα μεταφέρω τα χρήματα σε έναν IRA με μια εταιρεία διαχείρισης χρημάτων. Μπορείτε να το κάνετε αυτό για μένα;"

"Μπορώ να βοηθήσω, αλλά δεν μπορώ να το κάνω για εσάς. Μόνο ο διαχειριστής του προγράμματος μπορεί να πουλήσει τα περιουσιακά στοιχεία. Προς το παρόν, αυτός είστε εσείς. Ως δικαιούχος, είστε επίσης αυτός που πρέπει να υπογράψει το έντυπο μεταβίβασης".

"Θέλεις να είσαι ο διαχειριστής του προγράμματος;"

Αυτή τη φορά, ο δικηγόρος έκανε μια παύση. Πώς να το εξηγήσει; "Όχι, αυτό θα με έβαζε σε θέση εμπιστευματοδόχου επί των περιουσιακών στοιχείων του προγράμματός σας, και το ασφαλιστήριο συμβόλαιό μου E&O δεν το καλύπτει αυτό". Σωστό, αλλά άσχετο. Αν ήθελε, θα μπορούσε να αγοράσει ένα συμβόλαιο καταπιστεύματος επί του σχεδίου. Δεν του άρεσε η γραφειοκρατία. Ένα σχέδιο δεν θα μπορούσε νομικά να τον πληρώσει αρκετά ως εμπιστευματοδόχο για να ξεπεράσει την περιφρόνησή του για τη γραφειοκρατία. Ο Θεός να ευλογεί τους καλούς διαχειριστές και διαχειριστές, παραδεχόταν στον εαυτό του σχεδόν καθημερινά.

"Πείτε στον διαχειριστή του προγράμματος ότι θέλετε να πουλήσετε τα περιουσιακά στοιχεία και να μεταφέρετε τα χρήματα σε έναν IRA. Θα πρέπει να σας καθοδηγήσουν σε όλα όσα πρέπει να κάνετε. Αν δεν το κάνουν, ξαναπάρε με τηλέφωνο".

Ξεκινήστε με τα έγγραφα του προγράμματος: Η ιστορία της Amber και του François αναδεικνύει τα κύρια ζητήματα που προκύπτουν όταν ένας ιδιοκτήτης SoloK πεθαίνει αντί να κληρονομήσει έναν IRA. Οι κανόνες του προγράμματος 401(k) επιτρέπουν στους εργοδότες μεγαλύτερη ευελιξία από ό,τι οι κανόνες του IRA επιτρέπουν στους θεματοφύλακες να ελέγχουν τις επενδυτικές επιλογές και τις επιλογές διανομής. Το σχέδιο που περιγράφεται σε αυτή την ιστορία βασίζεται σε ένα τυπικό έγγραφο σχεδίου. Μπορείτε να διαφωνήσετε με έναν διαχειριστή ότι οι κανονισμοί επιτρέπουν το X ή το Y, αλλά αν το έγγραφο του προγράμματος δεν επιτρέπει ή περιορίζει μια επιλογή στο A ή το B, τότε αυτό είναι που επιτρέπει το πρόγραμμα. Πολλά προγράμματα SoloK προσφέρουν μόνο δύο επιλογές εάν ένας συμμετέχων πεθάνει πριν από την έναρξη των διανομών του προγράμματος: μεταφορά των κεφαλαίων σε κληρονομημένο IRA για συγκεκριμένο χρονικό διάστημα ή ο διαχειριστής θα δημιουργήσει μια ειδική προσαύξηση. Αυτό είναι όλο! Η μόνη επιλογή IRA που είναι διαθέσιμη σε έναν σύζυγο - η αντιμετώπιση ενός IRA ως δικού σας - συνήθως δεν επιτρέπεται στα σχέδια 401(k).

Ας ρίξουμε μια ματιά σε ένα τυπικό έγγραφο προγράμματος σχετικά με το θέμα αυτό. Το βασικό έγγραφο προγράμματος (BPD) περιέχει ένα τμήμα με τίτλο παρόμοιο με τον παρακάτω. Η ενότητα μπορεί να περιέχει υποπαράγραφοι όπως αυτοί που έχω παραθέσει. Κάθε εδάφιο είναι γραμμένο στη γλώσσα των δικηγόρων συμβολαίων, την επίσημη γλώσσα του νομικού συστήματος.

Διανομές κατά το θάνατο ενός συμμετέχοντος:

α) Καθορισμός δικαιούχου: Ο Συμμετέχων μπορεί να ορίσει δικαιούχο. Εάν είναι έγγαμος και ο δικαιούχος δεν είναι ο σύζυγος, ο σύζυγος πρέπει να συναινέσει.

β) Πληρωμή δικαιούχου: Αναφέρεται η συνήθης σειρά των δικαιούχων, όπως ο καθορισμένος δικαιούχος, στη συνέχεια ο σύζυγος και στη συνέχεια η κληρονομιά. Περιλαμβάνει επίσης λεπτομέρειες σχετικά με τον τρόπο με τον οποίο θα γίνονται οι πληρωμές σε ανήλικους ή ανίκανους δικαιούχους. Μπορεί επίσης να περιλαμβάνει τι θα συμβεί εάν ένας δικαιούχος αρνηθεί.

γ) Αίτηση διανομής: Περιγράφει τον χρόνο και τον τρόπο υποβολής αιτήσεων διανομής στον διαχειριστή.

Το BPD μπορεί να περιλαμβάνει ένα τμήμα σχετικά με τα διάφορα διαθέσιμα τυποποιημένα έντυπα διανομής. Ένα τυπικό τμήμα που περιέχει αυτές τις πληροφορίες είναι παρόμοιο με το ακόλουθο.

Μορφή διανομής στους δικαιούχους:

α) Η αξία του ατομικού λογαριασμού δεν υπερβαίνει τα 5.000 δολάρια: Η προεπιλογή είναι συνήθως ένα εφάπαξ ποσό. Εάν ο δικαιούχος δεν ζητήσει μια διαθέσιμη επιλογή διανομής εντός συγκεκριμένης χρονικής περιόδου, ο διαχειριστής μπορεί να κλείσει τον λογαριασμό εκδίδοντας επιταγή στον δικαιούχο.

β) Ατομική αξία λογαριασμού μεγαλύτερη από 5.000 δολάρια: Περιγράφει την προεπιλεγμένη επιλογή, όπως είναι μια πρόσοδος με διανομές που καταβάλλονται κατά τη διάρκεια του προσδόκιμου ζωής του δικαιούχου.

γ) Άλλες μορφές διανομής στον δικαιούχο: Παραθέτει άλλες διαθέσιμες επιλογές, όπως η μετακύλιση σε κληρονομημένο IRA.

Οι επιλογές σας; Η κληρονομιά ενός Solo-K καταλήγει σε τρεις επιλογές, οι οποίες μπορούν να συνδυαστούν εάν το επιτρέπει ο διαχειριστής:

1. Διανομή που υπόκειται σε φόρο: Οι διανομές μπορούν να γίνουν σε μετρητά ή σε περιουσιακό στοιχείο που έχει αποτιμηθεί κατάλληλα, εν όλω ή εν μέρει, με την έγκριση του διαχειριστή.

2. Διανομές που κατανέμονται σε βάθος χρόνου: Ο διαχειριστής του προγράμματος δεν υποχρεούται να διατηρεί λογαριασμό στο πρόγραμμα για να πραγματοποιεί πληρωμές σε βάθος χρόνου, όπως ένας θεματοφύλακας IRA δομεί τις πληρωμές. Αντ' αυτού, ο διαχειριστής του προγράμματος μπορεί να αγοράσει με περιουσιακά στοιχεία του προγράμματος (τα οποία μετατρέπονται σε μετρητά, εάν είναι απαραίτητο) μια φορολογικά αναβαλλόμενη πρόσοδο. Μια προσαύξηση είναι τόσο μια συμβατική πληρωμή όσο και μια επένδυση με καθορισμένο επιτόκιο. Εάν θέλετε πληρωμές σε βάθος χρόνου, αλλά δεν σας αρέσουν τα επιτόκια που προσφέρει η πρόσοδος, εξετάστε το ενδεχόμενο να μεταφέρετε τα χρήματα σε IPA, ο οποίος σας επιτρέπει να κάνετε τις επενδυτικές επιλογές που θέλετε (επιλογή 3).

3. Μετακύλιση σε άλλο αναγνωρισμένο λογαριασμό: Οι μεταφορές μπορούν να γίνουν σε μετρητά ή σε είδος με την έγκριση του τρέχοντος θεματοφύλακα και του παραλαμβάνοντος θεματοφύλακα ή του διαχειριστή του προγράμματος.

Εάν επιλέξετε τις επιλογές 1 ή 2 παραπάνω, ο διαχειριστής θα πρέπει να σας δώσει κάποια έντυπα για να υπογράψετε και να φροντίσει για τα υπόλοιπα. Εάν επιλέξετε την επιλογή 3, θα πρέπει να αποφασίσετε πώς θέλετε να επενδύσετε τα κεφάλαια, να επιλέξετε τον κατάλληλο θεματοφύλακα για τις επενδυτικές σας επιλογές και να συμπληρώσετε τα απαραίτητα έντυπα για τον διαχειριστή και τον θεματοφύλακα.

Ερώτηση τεστ: O Paris κληρονόμησε ένα SoloK από τον πατέρα του. Το να μεγαλώνετε με το όνομα Paris μπορεί να φαίνεται συναρπαστικό σήμερα, αλλά ως παιδί, η Paris πειράζονταν για το ανδρόγυνο όνομά της και οι συμμαθητές της θύμιζαν ότι ο διάσημος Paris της ελληνικής ιστορίας (ή μυθολογίας) απήγαγε τη γυναίκα ενός άλλου άνδρα, ξεκινώντας έναν δεκαετή πόλεμο με την Τροία. Το δημόσιο εκπαιδευτικό μας σύστημα δίδασκε την κλασική ελληνική λογοτεχνία στο δημοτικό σχολείο και τα λατινικά στο γυμνάσιο ως υποχρεωτικές απαιτήσεις για την αποφοίτηση. Αλλά ο πατέρας του του είπε να αγνοήσει αυτές τις προκλήσεις. "Σχόλια δούρειου ίππου", τα αποκαλούσε. Της άρεσε να ακούει την ιστορία για το πώς ο πατέρας της γνώρισε τη μητέρα της στο Παρίσι: "La ville d'amour". Η μητέρα της, που είχε πάρει το όνομα μιας κέλτισσας πριγκίπισσας, πέθανε νέα, όταν η Πάρις ήταν αρκετά μεγάλη για να κάνει καλές αναμνήσεις, αλλά ήταν ακόμα αρκετά νέα για να λυπάται όταν ένα νεαρό κορίτσι θέλει μια μητέρα να την καθοδηγεί. Η μητέρα της κάποτε της είπε ότι είχε γεννηθεί στις Ηνωμένες Πολιτείες, αλλά είχε μεγαλώσει στο Παρίσι, γεγονός που έκανε το όνομά της ξεχωριστό. Η στοργή της μητέρας της απαλύνει τις προκλητικές πληγές της. Ο συναισθηματικός πόνος μπορεί να πονάει πιο βαθιά και για περισσότερο καιρό από τις σωματικές εκδορές. Ο πατέρας της Πάρις, παντρεμένος για πάντα με την εκλιπούσα σύζυγό του, την ανέθρεψε με μια αγάπη και αφοσίωση που συναντάμε συχνά σε άνδρες αυτής της ασυνήθιστης περίστασης και σπάνια εκτός αυτής. Της έλειπε τρομερά. Δεδομένου ότι δεν είχε καμία συμμετοχή στην επιχείρησή του και δεν ήταν αυτοαπασχολούμενη, αποφάσισε να ζητήσει τη μεταφορά της σε έναν θεματοφύλακα IRA που επέτρεπε αυτοκατευθυνόμενες επενδύσεις. Ενώ ο πατέρας της προτιμούσε τα ακίνητα, η Paris ήθελε να δημιουργήσει μικροδάνεια για ανθρώπους με δημιουργικές ιδέες που θα έκαναν τον κόσμο καλύτερο. Ιδέες πού περιλάμβαναν έναν τρόπο να αποπληρώσει τον IRA του με ένα αξιοπρεπές επιτόκιο.

Η Paris άνοιξε έναν κληρονομημένο IRA. Αποφάσισε να μην χρησιμοποιήσει μια LLC ή ένα καταπίστευμα στο πλαίσιο του IRA, προτιμώντας να πληρώσει τα έξοδα που απαιτούνται για τον θεματοφύλακα για να υπογράψει τα έγγραφα του δανείου, να διεκπεραιώσει τη γραφειοκρατία και να εισπράξει τις πληρωμές. Τα κέρδη του IRA συσσωρεύονταν με ονομαστικό επιτόκιο. Συνέχισε να χορηγεί δάνεια καθώς τα κεφάλαια συσσωρεύονταν, διατηρώντας το υπόλοιπο μετρητών του IRA στο ελάχιστο.

Ο διαχειριστής ετοίμασε τα απαραίτητα έγγραφα για να πουλήσει τα περιουσιακά στοιχεία της SoloKs και να καταθέσει τα χρήματα στον τραπεζικό λογαριασμό του προγράμματος. Στη συνέχεια συνεργάστηκε μαζί της για τη μεταφορά των κεφαλαίων στον θεματοφύλακα του IRA. Στο τμήμα του κληρονομηθέντος IRA της τεκμηρίωσης του θεματοφύλακα, ανέφερε ότι ο αρχικός λογαριασμός ήταν "μη διανεμημένος" και επέλεξε "εφάπαξ πληρωμές εφ' όρου ζωής βάσει της ηλικίας μου". Η Paris εξεπλάγη όταν ο θεματοφύλακας επικοινώνησε μαζί της το επόμενο έτος για να της υπενθυμίσει ότι έπρεπε να λάβει RMD πριν από τις 31 Δεκεμβρίου. Νόμιζε ότι η φράση "με βάση την ηλικία μου" σήμαινε ότι δεν έπρεπε να αρχίσει να λαμβάνει RMD μέχρι να γίνει 70½ ετών. Ο θεματοφύλακας της είπε ότι η επιλογή της άλλαζε μόνο το ποσό της RMD, όχι την προθεσμία. Ο λογαριασμός της δεν είχε αρκετά χρήματα για να λάβει το RMD. Ποιο από τα ακόλουθα απαγορεύεται;

1. Το να εξαναγκάζετε έναν δικαιούχο μικροδανείου να προβεί σε πρόωρη καταβολή κεφαλαίου.

2. Η ανάληψη της RMD από άλλο IRA.

3. Μεταφορά πρόσθετων αναγνωρισμένων κεφαλαίων από άλλη πηγή.

4. Να κάνετε διανομή σε είδος.

Απάντηση: Αν και οι κανόνες απαιτούν να υπολογίζεται RMD για κάθε IRA, μπορείτε να λάβετε την RMD από οποιονδήποτε IRA. Η επιλογή 2 λειτουργεί εάν η Paris έχει έναν άλλο IRA με διαθέσιμα χρήματα. Η επιλογή 3 λειτουργεί επίσης εάν τα κεφάλαια αυτά είναι διαθέσιμα. Η επιλογή 4 είναι πιο συνηθισμένη με την ακίνητη περιουσία, αλλά μπορεί να λειτουργήσει για την Paris εάν το επιτρέπει ο θεματοφύλακας. Η επιλογή 1 δεν επιτρέπεται.

# Κεφάλαιο 14: Κληρονόμηση ενός SoloK με LLC ή Trust

Ας βάλουμε τα υπόλοιπα κομμάτια του SoloK σε μια προοπτική. Δεδομένου ότι το SoloK επιτρέπει ήδη στον ΑΟ να υπογράφει λογαριασμούς στο όνομα του σχεδίου, οι περισσότεροι ΑΟ του SoloK δεν χρησιμοποιούν LLC ή trust στο σχέδιό τους. Όσοι ενσωματώνουν υπο-οντότητες χρησιμοποιούν περισσότερες από μία για προστασία περιουσιακών στοιχείων ή για να απλοποιήσουν θέματα μεταφοράς ή διανομής.

Ένας SoloK ΑΟ κοντά στο γραφείο μου άκουσε για τις νομικές μου υπηρεσίες και θέλησε να μου παρουσιάσει μια ιδέα. Συναντηθήκαμε για καφέ σε ένα Starbucks. Προτιμώ τις τοπικές καφετέριες, αλλά τα Starbucks είναι τουλάχιστον εύκολο να τα βρει κανείς. Η πανταχού παρούσα παρουσία τους στα βορειοδυτικά των ΗΠΑ είναι ένα μάθημα ακρίβειας, καθώς περισσότερες από μία φορές έχω περιμένει σε ένα από αυτά και έχω λάβει ένα μήνυμα ηλεκτρονικού ταχυδρομείου ή ένα τηλεφώνημα στο κινητό μου από μια κοντινή τοποθεσία που με ρωτούσε αν ήμουν καθ' οδόν. Αυτός ο πελάτης ήθελε να καταλάβει πώς λειτουργεί η χρηματοδότηση με την SoloKs.

Γνώριζε ότι το UDFI δεν εφαρμόζεται στο σχέδιό του όπως συμβαίνει με έναν IRA και ότι δεν μπορούσε να εγγυηθεί ένα δάνειο. Δεν ήξερε αν έπρεπε να πάρει το δάνειο από το SoloK του ή από την LLC που θα είχε την ιδιοκτησία του ακινήτου.

Καθόμασταν έξω με κοντομάνικα πουκάμισα του γκολφ, απολαμβάνοντας μια ζεστή, ηλιόλουστη ανοιξιάτικη μέρα στις βορειοδυτικές ΗΠΑ, μια μέρα για την οποία δεν καυχιόμαστε σε ανθρώπους εκτός της περιοχής, επειδή έχουμε περισσότερους από αρκετούς ανθρώπους που μετακομίζουν εδώ, παρά την όχι και τόσο άξια φήμη μας για τους γκρίζους ουρανούς και τη βροχή. Κατά τη διάρκεια της συζήτησης, έμαθα ότι είχε τρία ακίνητα με τον SoloK του, όλα σε μία LLC. Ήθελε να προσθέσει άλλο ένα ακίνητο στο πλαίσιο της ίδιας LLC, αυτή τη φορά χρησιμοποιώντας χρηματοδότηση για την ολοκλήρωση της αγοράς. Στα μισά της διαδρομής του grande triple-shot almond milk latte μου, ρώτησα γιατί χρησιμοποιούσε LLC. Πήρε μια γουλιά από τον μαύρο καφέ του πριν απαντήσει. Δεν κρίνω τους ανθρώπους από τα καφεϊνούχα ποτά τους. Το ουίσκι, ίσως, αλλά όχι τον καφέ.

"Για προστασία περιουσιακών στοιχείων".

Μια άμεση απάντηση, αυτή που περίμενα. Η απάντησή του μου είπε ότι δεν καταλάβαινε πλήρως την έννοια της προστασίας περιουσιακών στοιχείων. Οι πιστωτές που κερδίζουν μια απόφαση στο δικαστήριο μπορούν να δεσμεύσουν την απόφαση αυτή στα περιουσιακά στοιχεία του οφειλέτη. Αυτή η κατάσχεση μπορεί να οδηγήσει σε κατάσχεση τραπεζικών ή χρηματοπιστωτικών λογαριασμών, σε δέσμευση ακινήτων, σε εγγραφή εξοπλισμού στον Ενιαίο Εμπορικό

Κώδικα (UCC) ή σε άλλες διαθέσιμες επιλογές, ανάλογα με τα περιουσιακά στοιχεία.

Αναμένετε να έχετε δύο ή περισσότερες LLC ή Trusts: Όταν συζητώ με τους ανθρώπους για την προστασία των περιουσιακών στοιχείων, αναλύουμε τα στοιχεία μιας αγωγής. Αυτό μας οδηγεί στην ανάλυση των περιουσιακών στοιχείων που θα μπορούσαν να κατασχεθούν με βάση την εν λόγω αγωγή. Ξεκίνησα με το τι θα συνέβαινε αν ένας ενοικιαστής έκανε μήνυση για τραυματισμούς που υπέστη σε ακίνητο που ανήκει στην SoloK LLC του. Ανησυχούσε για την αγωγή αυτή. Εάν κέρδιζε, θα μπορούσε να βγάλει απόφαση εναντίον του προσωπικά; Κατά της κατοικίας του; Εναντίον άλλου ενοικιαζόμενου ακινήτου;

Σκεφτείτε την περίπτωση κατά την οποία η SoloK επενδύεται σε μια εταιρεία της οποίας ο ΑΟ είναι ο εξουσιοδοτημένος υπογράφων. Τι συμβαίνει, αν συμβαίνει κάτι, σε αυτή τη ρύθμιση όταν εμφανιστεί μια αγωγή; Πρώτη αγωγή - μια αγωγή εναντίον του προσωπικά, που δεν σχετίζεται με μίσθωση. Παρουσίασα ένα περιστατικό με όχημα που αφορούσε σημαντικές σωματικές βλάβες, το είδος που θα μπορούσε να υποστεί κάποιος αν το F-250 του χτυπούσε ένα Smart Car με 15 μίλια/ώρα. Γελάσαμε. Κοίταξα τριγύρω για να δω αν κάποιος ιδιοκτήτης Smart Car άκουγε.

"Σωστά, έχουμε μια απόφαση εναντίον σας προσωπικά. Μπορούν να την επισυνάψουν στις μισθώσεις;"

"Όχι."

"Σωστά! Γιατί όχι;"

"Εξαιτίας της LLC."

"Λάθος. Εξαιτίας της SoloK."

Εάν είναι ιδιοκτήτης της LLC προσωπικά, έχει δίκιο ότι μια δικαστική απόφαση εναντίον του δεν θα μπορούσε να προσκολληθεί άμεσα στο ακίνητο, επειδή το ακίνητο ανήκει στην LLC. Ωστόσο, το δικαστήριο θα μπορούσε να επιτρέψει την κατάσχεση της απαίτησης στο μερίδιο της LLC που του ανήκει. Αυτό έχει ως αποτέλεσμα ο πιστωτής να ελέγχει την LLC και να πωλεί τα περιουσιακά της στοιχεία για να ικανοποιήσει την απόφαση. Το κατά πόσον μπορεί κάποιος να επισυνάψει προσωπική δικαστική απόφαση κατά των περιουσιακών στοιχείων SoloK κάποιου άλλου είναι θέμα του ομοσπονδιακού δικαίου ERISA. Σε γενικές γραμμές, δεν επιτρέπεται.

Δεύτερη αγωγή - ένας ενοικιαστής μηνύει επιτυχώς τον ιδιοκτήτη για έναν τραυματισμό που υπέστη στο ακίνητο. Σε ποια περιουσιακά στοιχεία μπορεί να επισυνάψει την απόφαση; Στο ακίνητο όπου ζει ο ενοικιαστής; Ο ίδιος έγνεψε.

Το σπίτι σας; Κούνησε το κεφάλι του. Καλή απάντηση!

Τα άλλα δύο ακίνητα; Η ιδέα έμπαινε στη θέση της. Κατσούφιασε και μετά έγνεψε αργά.

"Ο διευθυντής μου είπε ότι θα μπορούσαν να δημιουργήσουν μια νέα LLC για κάθε αγορά, αλλά ήθελαν 500 δολάρια. Αρνήθηκα. Δεν κατάλαβα γιατί. Δεν μου το εξήγησαν. Μακάρι να σε είχα γνωρίσει νωρίτερα".

Του είπα ότι τα καλά νέα ήταν ότι, χωρίς να γνωρίζει για μια πιθανή αγωγή κατά των ακινήτων, θα μπορούσε ακόμα να τα διαχωρίσει και να δημιουργήσει την προστασία των περιουσιακών στοιχείων που ήθελε. Το μοναδικό του εισόδημα στη σύνταξη, εκτός από την κοινωνική ασφάλιση, θα προερχόταν από αυτά τα ακίνητα που θα νοίκιαζε. Ανησυχούσε μήπως τα χάσει εξαιτίας ενός συμβάντος. Πίστευε, λανθασμένα, ότι μια ενιαία LLC θα απέτρεπε μια αγωγή από το να εξαλείψει το εισόδημά του για συνταξιοδότηση. Του συνέστησα επίσης να μιλήσει με τον ασφαλιστή ακινήτων του για ένα συμβόλαιο γενικής αστικής ευθύνης που θα τον προστάτευε μέχρι τα όρια του συμβολαίου, αν έχανε ένα μόνο ακίνητο. Του άρεσε η ιδέα. Το χαμόγελό του επέστρεψε. Τέλος, απάντησα στην ερώτηση που είχε καλέσει για να συζητήσει.

"Δημιουργήστε μια τέταρτη LLC για το νέο ακίνητο και πάρτε το δάνειο χωρίς αναγωγή μέσω αυτής της LLC".

Τώρα καταλάβαινε γιατί. Με πλήρωσε για μια ώρα συμβουλευτικής και έφυγε χαρούμενος που με συνάντησε. Εγώ έμεινα για λίγα λεπτά, απολαμβάνοντας τη ζεστή λιακάδα και το συναίσθημα που νιώθω όταν βοηθάω τους ανθρώπους να επιτύχουν τους στόχους τους.

Θα χρησιμοποιούσα προσωπικά πολλές LLC σε μια SoloK για να διαχωρίσω την ακίνητη περιουσία για λόγους προστασίας των περιουσιακών στοιχείων; Μάλλον όχι. Το τι θα έκανα εγώ δεν αποτελεί σημαντικό στοιχείο όταν έχω να κάνω με πελάτες. Βοηθάω τους ανθρώπους να κοιμούνται καλύτερα τη νύχτα. Εάν οι άνθρωποι χάνουν τον ύπνο τους επειδή ανησυχούν και η διάρθρωση των περιουσιακών τους στοιχείων με έναν συγκεκριμένο τρόπο τους βοηθά να κοιμούνται καλύτερα, τότε αυτή η λύση είναι η σωστή απάντηση γι' αυτούς. Αν τα νομικά εργαλεία δεν μπορούν να λύσουν τις ανησυχίες κάποιου, μπορώ να συστήσω το βιβλίο του Dale Carnegie "Πώς να σταματήσετε να ανησυχείτε και να αρχίσετε να ζείτε".

Τρεις αποφάσεις κληρονομιάς επιβεβαιώθηκαν: Σε επίπεδο SoloK, οι τρεις επιλογές κληρονομιάς είναι μια φορολογητέα διανομή, μια φορολογικά αναβαλλόμενη πρόσοδος ή μια μεταφορά σε αναγνωρισμένο λογαριασμό. Η αγορά μιας προσόδου απαιτεί χρήματα. Οι ασφαλιστικές εταιρείες ζωής δεν αποδέχονται ορισμένες επενδύσεις ή μερική επένδυση σε αντάλλαγμα για μια πρόσοδο. Η επιλογή προσόδου σε ένα SoloK δεν έχει σχεδιαστεί για τους δικαιούχους, αλλά είναι ένας τρόπος για τους διαχειριστές των προγραμμάτων να διαγράψουν ένα πρόγραμμα από τα βιβλία τους όταν πεθάνει ένας SoloK AO και η περιουσία ή οι καθορισμένοι δικαιούχοι δεν ανταποκρίνονται. Τα περισσότερα έγγραφα SoloK επιτρέπουν διανομές και μεταβιβάσεις σε οποιονδήποτε συνδυασμό μετρητών, μιας ή περισσότερων επενδύσεων και μιας ολόκληρης υπο-οντότητας.

Η διανομή μιας συγκεκριμένης επένδυσης ή μιας ολόκληρης LLC ή ενός trust απαιτεί την έγκριση του διαχειριστή του προγράμματος. Η μεταβίβαση μιας συγκεκριμένης επένδυσης ή μιας ολόκληρης LLC ή εμπιστεύματος απαιτεί την έγκριση του διαχειριστή του προγράμματος και του θεματοφύλακα που λαμβάνει. Ο διαχειριστής του προγράμματος μπορεί να χειριστεί όλες τις συναλλαγές του προγράμματος ή μπορεί να τροποποιήσει τα έγγραφα του προγράμματος ώστε να εξουσιοδοτήσει τον δικαιούχο να υπογράφει για το πρόγραμμα. Τα έγγραφα της LLC ή του καταπιστεύματος μπορεί επίσης να χρειαστεί να τροποποιηθούν έτσι ώστε ο δικαιούχος να γίνει εξουσιοδοτημένος υπογράφων της υπο-οντότητας.

Όταν ένας ατομικός επιχειρηματίας πεθαίνει, η ατομική επιχείρηση πρέπει να κλείσει. Ο τερματισμός τυχόν επενδύσεων, LLC ή καταπιστευμάτων στο πλαίσιο του SoloK εξαρτάται από την επιλογή του δικαιούχου και τα έγγραφα του προγράμματος. Τα έγγραφα του προγράμματος μπορεί να επιτρέπουν σε έναν δικαιούχο να λάβει μια LLC ή ένα καταπίστευμα ως φορολογητέα διανομή ή να μεταβιβάσει μη χρηματικά περιουσιακά στοιχεία με την πρόσθετη έγκριση του θεματοφύλακα υποδοχής.

Η διανομή ή η μεταβίβαση μιας LLC ή ενός καταπιστεύματος, αντί των υποκείμενων επενδύσεων, επιτρέπει στο υποκείμενο φορέα να συνεχίσει να κατέχει τις επενδύσεις. Η υπο-οντότητα μπορεί να λύσει προβλήματα με μη ρευστοποιήσιμα περιουσιακά στοιχεία. Οι ιδιοκτήτες μεμονωμένων κεφαλαίων θα πρέπει να εξετάζουν το ενδεχόμενο μιας LLC ή ενός καταπιστεύματος για περιουσιακά στοιχεία που δεν μπορούν να πωληθούν ή να μεταβιβαστούν γρήγορα εάν τους συμβεί κάτι.

Διανομή ή μεταφορά χρημάτων: Τα βήματα για τη μεταφορά χρημάτων από ένα SoloK σε έναν IRA περιλαμβάνουν το άνοιγμα ενός λογαριασμού κληρονομικού IRA στον πάροχό σας, το αίτημα προς τον διαχειριστή να τροποποιήσει όλα τα έγγραφα του προγράμματος ώστε να μπορείτε να υπογράψετε για το πρόγραμμα, τη μετατροπή όλων των περιουσιακών στοιχείων του προγράμματος σε μετρητά, την κατάθεση των χρημάτων σε λογαριασμό του προγράμματος και τη συμπλήρωση και υποβολή όλων των εγγράφων που απαιτούνται από τον διαχειριστή του προγράμματος και τον θεματοφύλακα του IRA για τη μεταφορά των κεφαλαίων.

Διανομή ή μεταβίβαση ενός μη χρηματικού περιουσιακού στοιχείου: Γιατί θέλετε να κρατήσετε μια συγκεκριμένη επένδυση; Ίσως η επένδυση είναι συμβατική, όπως ένα δάνειο, και οι όροι της σύμβασης δεν επιτρέπουν στον δανειστή να εξαγοράσει το γραμμάτιο. Ή ίσως δεν υπάρχει τρέχουσα αγορά για την επένδυση, τουλάχιστον όχι σε τιμή που ο δικαιούχος είναι πρόθυμος να πωλήσει. Επικοινωνήστε με τον διαχειριστή του προγράμματος και ενημερώστε τον ότι θέλετε να διανείμετε ή να μεταβιβάσετε μια συγκεκριμένη επένδυση που ανήκει στο πρόγραμμα απευθείας ή μέσω μιας LLC ή ενός καταπιστεύματος. Ακολουθήστε τις οδηγίες τους. Εάν η επένδυση ανήκει σε υποκείμενο φορέα, οι περισσότεροι διαχειριστές θα απαιτήσουν να μεταφερθεί η επένδυση πρώτα από τον υποκείμενο φορέα στη SoloK, επειδή οι κανόνες απαιτούν η διανομή ή η μεταβίβαση να προέλθει από τη SoloK. Αυτή η μεταφορά μπορεί να απαιτεί τη δημιουργία λογαριασμού για το SoloK στο ίδιο ίδρυμα, την εκχώρηση ενός δανείου ή την ενημέρωση μιας εγγραφής ιδιοκτησίας. Επαναλάβετε το βήμα για λογαριασμό σας για διανομή ή για λογαριασμό που πληροί τις προϋποθέσεις για μεταφορά.

Για ορισμένα περιουσιακά στοιχεία, τα βήματα εξαρτώνται όχι μόνο από το ποια οντότητα κατέχει το περιουσιακό στοιχείο, αλλά και από τον τρόπο με τον οποίο αυτή η οντότητα κατέχει το περιουσιακό στοιχείο. Για παράδειγμα, εάν η LLC υπό την SoloK κατέχει μετοχές μέσω ενός χρηματιστηριακού λογαριασμού, ο διαχειριστής μπορεί να επιτρέψει τη μεταβίβαση των περιουσιακών στοιχείων του λογαριασμού σε είδος σε λογαριασμό που ανήκει στην SoloK. Εάν η μετοχή είναι μια αγορά με ιδιωτική τοποθέτηση που αποδεικνύεται μόνο από ένα πιστοποιητικό μετοχής, τότε η ίδια η μετοχή περνάει από τα βήματα. Εάν ένα περιουσιακό στοιχείο ανήκει σε ένα καταπίστευμα στην SoloK και θέλετε να το μεταφέρετε σε μια LLC σε έναν νέο IRA, το περιουσιακό στοιχείο θα περάσει στην SoloK, θα μεταφερθεί στον νέο IRA και στη συνέχεια θα περάσει στην LLC. Κάθε στάδιο έχει τη δική του γραφειοκρατία. Ξέρω πόσο πολύ αγαπάμε όλοι τη γραφειοκρατία. Αν χρειάζεστε βοήθεια, ρωτήστε. Ξεκινήστε με τον διαχειριστή του προγράμματος ή τον θεματοφύλακα του IRA σας.

Δοκιμαστική ερώτηση: Ο Juan είχε μια επιτυχημένη εταιρεία γραφικών και εκτυπώσεων σε μια μικρή μεσοδυτική πόλη. Μετά από ένα ακατάστατο διαζύγιο, μετέφερε την εταιρεία του σε μια μεγαλύτερη πόλη για να εξοικονομήσει χρήματα. Πάντα τσακώνονταν για τα χρήματα. Τα δύο παιδιά του που ήταν σχολικής ηλικίας έμεναν με την πρώην σύζυγό του, τη Σαρλότ, και τον επισκέπτονταν κάθε δεύτερο Σαββατοκύριακο και κατά τη διάρκεια των σχολικών διακοπών. Ο Juan έγινε μέλος του Εμπορικού Επιμελητηρίου και του Ροταριανού Ομίλου της πόλης. Σύντομα κέρδισε τον σεβασμό και την αναγνώριση μιας κοινότητας όπου οι δουλειές γίνονταν ακόμα με χειραψία. Ο Χουάν ήταν χορηγός της ποδοσφαιρικής ομάδας του τοπικού λυκείου και μιας ομάδας Little League, σχεδιάζοντας δωρεάν όλα τα λογότυπά τους. Αυτό τον βοήθησε να κρατήσει επαφή με παιδιά στην ίδια ηλικία με τον γιο και την κόρη του. Τα παιδιά του λάτρευαν να συμμετέχουν σε εκδηλώσεις για την υποστήριξη του τοπικού λυκείου, κάτι που δεν ήταν τόσο συνηθισμένο στην πόλη τους με πολλά λύκεια κοντά. Η Σαρλότ τα επισκεπτόταν μάλιστα περιστασιακά, σχολιάζοντας θετικά τη ζωή σε ρυθμούς ψυχωμένου εστιατορίου. Οι αστικοί πελάτες του Χουάν έμειναν μαζί του. Χάρη στο Διαδίκτυο, το οποίο επίσης φαινόταν πιο αργό στην ύπαιθρο, ο Χουάν μπορούσε να προσφέρει τις υπηρεσίες και τα προϊόντα του σχεδόν παντού. Συνέχισε να χρηματοδοτεί το SoloK του. Όταν το SoloK του μπόρεσε να αποπληρώσει, αγόρασε ένα ενοικιαζόμενο σπίτι στην πόλη και έγινε ιδιοκτήτης.

Το μικρό κουδούνι πάνω από την εξώπορτα του γραφείου του χτύπησε. Ο Χουάν σήκωσε το κεφάλι του. Για μια στιγμή, ο χρόνος φάνηκε να σταματά, ή η καρδιά του να χτυπάει πιο γρήγορα, ή σταμάτησε να αναπνέει. Μετά επέστρεψε ο επαγγελματισμός του. Με ένα ελαφρώς πλατύτερο χαμόγελο από το συνηθισμένο, ρώτησε: "Πώς μπορώ να σας βοηθήσω;".

Το όνομά της ήταν Έιμι και μετακόμιζε στην πόλη για να αρχίσει να διδάσκει στο λύκειο. Είχε δει την αγγελία του και ήθελε να δει το σπίτι προς ενοικίαση. Της έδωσε ένα έντυπο αίτησης, έκανε ένα μικρό πρότζεκτ ενώ εκείνη το συμπλήρωνε και στη συνέχεια την οδήγησε στο σπίτι, αφήνοντας στην πόρτα την επιγραφή "να επιστρέψετε σε 30 λεπτά". Τα τριάντα λεπτά έγιναν εξήντα, μετά ενενήντα, καθώς συνέχιζαν τη συζήτησή τους κατά τη διάρκεια του γεύματος. Ένα τοπικό εστιατόριο ισχυριζόταν ότι ήταν "διάσημο" και ένα άλλο "βραβευμένο". Ο Χουάν υποψιαζόταν ότι δεν υπήρχαν στοιχεία που να υποστηρίζουν κανέναν από αυτούς τους ισχυρισμούς, αλλά, όπως πάντα υπενθύμιζε στον εαυτό του, έτσι είναι η ζωή σε μια μικρή μεσοδυτική πόλη.

Μέσα σε ένα μήνα, η Έιμι έγινε μέρος της καρδιάς του Χουάν και, ένα χρόνο αργότερα, μέρος του σπιτιού του ως σύζυγός του. Ο Χουάν προσπάθησε να την πείσει να μετακομίσει πριν από το γάμο για να αποφύγει μια απαγορευμένη συναλλαγή αν έμενε στο σπίτι μετά. Εκείνη ανοιγόκλεισε τα μάτια και του είπε ότι αυτό δεν ήταν το σκάνδαλο που ήθελε να αποφύγει. Κατέληξαν σε έναν ευχάριστο συμβιβασμό, όπως έκαναν σε κάθε διαφωνία. Του άρεσε αυτό στη σχέση τους, σε εκείνη. Κάθε μέρα, ανεξάρτητα από τον καιρό, τον τραπεζικό του λογαριασμό ή τις ειδήσεις από την πόλη ή την πρωτεύουσα, ο Χουάν ένιωθε ευλογημένος. Έβαλε μια νέα αφίσα στο γραφείο του, σε περίοπτη θέση για όποιον περνούσε από την πόρτα: "Η ζωή δεν γίνεται καλύτερη από αυτή".

Σε μια ανατροπή της μοίρας που συνηθίζεται περισσότερο σε σαιξπηρικά δράματα παρά σε μικρές μεσοδυτικές πόλεις, ο Χουάν έπεσε από μια σκάλα ενώ κάρφωνε γάντζους για τα χριστουγεννιάτικα λαμπάκια. Το σφυρί, που βρισκόταν ακόμα στο χέρι του, τρύπησε το στήθος του καθώς έπεφτε στο έδαφος. Ο πρώτος γάμος της Έιμι τελείωσε πολύ σύντομα για τα δεδομένα. Οι περισσότερες συμβουλές από καλοπροαίρετους φίλους δεν βοήθησαν. Οι διαβεβαιώσεις ότι ο χρόνος γιατρεύει όλες τις πληγές ελάχιστα παρηγορούν μια πληγωμένη καρδιά στο παρόν. Είναι πραγματικά καλύτερα να έχεις αγαπήσει και να έχεις χάσει; Η Έιμι δεν το πίστευε. Αλλά η ζωή συνεχίζεται.

Τελικά, η αντιμετώπιση του SoloK του μετακινήθηκε στην κορυφή της λίστας με τις δουλειές που έπρεπε να κάνει. Ανακάλυψε ένα έντυπο δικαιούχου που ανέφερε τη Σάρλοτ. Δεν μπόρεσε να βρει μια ειδική απόφαση οικογενειακών σχέσεων (QDRO) στα χαρτιά του διαζυγίου του. Η Έιμι ήξερε ότι δεν είχε υπογράψει έντυπο συγκατάθεσης που να κατονομάζει άλλον δικαιούχο. Ποιος κληρονομεί τη SoloK και το ενοικιαζόμενο σπίτι της;

1. Η Charlotte, επειδή είναι η κατονομαζόμενη δικαιούχος.

2. Η Charlotte, ελλείψει QDRO.

3. Amy, ως νυν σύζυγός του.

4. Η Amy, επειδή δεν υπέγραψε έντυπο συγκατάθεσης.

5. Δεν υπάρχουν αρκετές πληροφορίες.

Απάντηση: Στο ιστορικό των εξετάσεών μου, η απάντηση "όχι αρκετές πληροφορίες" σπάνια ήταν σωστή. Ωστόσο, είναι σωστή για αυτή την ερώτηση. Πρέπει να ξεκινήσουμε με τα έγγραφα του προγράμματος. Δεν γνωρίζουμε τι καθορίζει το SPD σας σε περίπτωση διαζυγίου του ΑΟ. Ένα κοινό SPD από το SoloK χορηγεί στον πρώην σύζυγο το δικαίωμα να κληρονομήσει ολόκληρη την ημερομηνία του διαζυγίου. Ένα άλλο δεν αναφέρει τη λέξη διαζύγιο, αλλά αναφέρεται σε QDRO σε σχέση με τον πρώην σύζυγο. Σε αυτό το σενάριο, το πρώτο πρόγραμμα θα καταβάλει στη Charlotte την αξία της ημερομηνίας διαζυγίου- το δεύτερο θα καταβάλει στη Charlotte τη μισή αξία της ημερομηνίας θανάτου. Το μη καταβαλλόμενο μέρος σε οποιοδήποτε από τα δύο σενάρια θα μπορούσε να καταθέσει αγωγή κατά του διαχειριστή του προγράμματος. Μια ανεπίλυτη αξίωση θα μπορούσε να καταλήξει στο δικαστήριο. Το δικαστήριο μπορεί να εξετάσει άλλους παράγοντες, αλλά ελλείψει πειστικών αποδείξεων για το αντίθετο, το δικαστήριο θα βασιστεί στα έγγραφα του προγράμματος.

Άλλοι παράγοντες μπορεί να περιλαμβάνουν:

- Η αξία του προγράμματος κατά τη στιγμή του γάμου και του διαζυγίου.

- Το αν ο Juan και η Charlotte συζήτησαν ένα QDRO και ο Juan αποφάσισε ότι δεν ήταν απαραίτητο, ή αν δεν το σκέφτηκαν σε μια προσπάθεια να εξοικονομήσουν χρήματα σε σύγκριση με την πρόσληψη δικηγόρου διαζυγίου.

- Εάν ο Juan τροποποίησε ή όχι άλλα έγγραφα, όπως τη διαθήκη του ή το ασφαλιστήριο συμβόλαιο ζωής του, όσο περισσότερα στοιχεία τροποποίησε, τόσο πιο πιθανό ήταν να σκόπευε να αφήσει τη SoloK στη Charlotte.

- Όσο περισσότερος χρόνος περνούσε από το διαζύγιο χωρίς ο Juan να τροποποιήσει το BDF του, τόσο πιο πιθανό ήταν να σκόπευε να το αφήσει στη Charlotte.

Το νομικό μας σύστημα χρησιμοποιεί μεθοδικούς και προβλέψιμους τρόπους για την επίλυση ζητημάτων. Το σύστημά μας δεν επιτρέπει στους δικαστές να λαμβάνουν αποφάσεις που βασίζονται αποκλειστικά στη δική τους σολομώντεια σοφία. Ο Χουάν θα μπορούσε να είχε αλλάξει το BDF του ώστε να αναγράφει τα παιδιά του, ένα καταπίστευμα για τα παιδιά του, ένα φιλανθρωπικό ίδρυμα ή οποιοδήποτε άλλο ενδεχόμενο. Όταν ο Juan δημιούργησε το SoloK του, ανέφερε την πρόθεσή του να αφήσει τα περιουσιακά στοιχεία του προγράμματος στη Charlotte, όπως αποδεικνύεται από το υπογεγραμμένο BDF. Ο Juan δεν δημιούργησε κανένα αποδεικτικό στοιχείο που να υποδηλώνει διαφορετικό αποτέλεσμα. Η απάντηση διευθετείται από την τεκμηρίωση: το BDF (το οποίο γνωρίζουμε) και το SPD (το οποίο δεν γνωρίζουμε στο παρόν ερώτημα).

Ελέγχετε τακτικά τα BDF στους λογαριασμούς σας που τα χρησιμοποιούν. Οι αληθινές ιστορίες δεν έχουν πάντα αίσιο τέλος. Κάποιοι μπορεί να σκεφτούν ότι η Amy θα μπορούσε απλά να κρατήσει το BDF για λίγο και να δει αν η Charlotte αναφέρει το SoloK. Αν όχι, εξαφανίστε το BDF. Ναι, η Έιμι θα μπορούσε να το κάνει αυτό. Το γεγονός ότι η Σάρλοτ έχει ένα αντίγραφο του BDF είναι στην καλύτερη περίπτωση μια απομακρυσμένη πιθανότητα. Το αν αυτή η ενέργεια είναι νόμιμη ή το σωστό είναι στο χέρι σας. Εάν θέλετε να διασφαλίσετε ότι τα περιουσιακά στοιχεία της SoloK θα φτάσουν στους προβλεπόμενους δικαιούχους, μοιραστείτε μαζί τους το τρέχον BDF σας.

# Κεφάλαιο 15: Κληρονόμηση μιας νεοσύστατης επιχείρησης μεταβίβασης - Βασική ρύθμιση μιας νεοσύστατης επιχείρησης μεταβίβασης (ROBS)

Ορισμένοι επιχειρηματίες χρηματοδοτούν τις νέες επιχειρήσεις τους με τα δικά τους συνταξιοδοτικά κεφάλαια, ένας μηχανισμός χρηματοδότησης που η IRS αποκαλεί roll-over business startup (ROBS). Οι απόψεις σχετικά με τη νομιμότητα της στρατηγικής ROBS κυμαίνονται από κατάφωρα παράνομη, τόσο πολύπλοκη που πρέπει να αποφεύγεται, έως τόσο απλή που ο επιχειρηματίας χρειάζεται μόνο να πληρώσει έναν προωθητή και να υπογράψει μερικά έντυπα. Δεν υπάρχει κανένας ενιαίος, συγκεκριμένος κανόνας που να ορίζει την προσέγγιση ROBS και κανένας κανόνας που να την απαγορεύει. Αντ' αυτού, η στρατηγική χρησιμοποιεί κανόνες από διάφορες πηγές που, όταν συνδυάζονται στη σωστή δομή, επιτρέπουν στα άτομα να επενδύουν τα δικά τους συνταξιοδοτικά κεφάλαια σε μια εταιρεία που τα απασχολεί χωρίς να δημιουργείται απαγορευμένη συναλλαγή ή φορολογητέα διανομή. Αυτό το κεφάλαιο δεν θα μετατρέψει κανέναν σε εμπειρογνώμονα της ROBS, αλλά θα πρέπει να παρέχει σε όλους αρκετές πληροφορίες ώστε να γνωρίζουν πώς να κληρονομήσουν σωστά μια επιχείρηση που χρηματοδοτείται από την ROBS ή να τη δομήσουν έτσι ώστε να κληρονομηθεί όπως επιθυμεί ο ΑΟ.

Οι συναλλαγές ROBS περιλαμβάνουν συνήθως τα ακόλουθα διαδοχικά βήματα:

1. Δημιουργείται μια νέα εταιρεία ή χρησιμοποιείται μια υφιστάμενη,

2. Η εταιρεία αυτή προσλαμβάνει τον πελάτη, ο οποίος μπορεί να υπηρετεί στο διοικητικό συμβούλιο και ως στέλεχος,

3. Η εταιρεία υιοθετεί ένα πρόγραμμα 401(k) που επιτρέπει ρητά στους συμμετέχοντες στο πρόγραμμα να επενδύουν τα ειδικευμένα κεφάλαιά τους σε μετοχές του εργοδότη,

4. Ο επιχειρηματίας, ως εργαζόμενος, δρομολογεί απευθείας μεταφορά ή μεταφορά από διαχειριστή σε διαχειριστή από το υφιστάμενο ειδικευμένο συνταξιοδοτικό του πρόγραμμα στο νεοσύστατο πρόγραμμα,

5. Ο εργαζόμενος-επιχειρηματίας επενδύει τα κεφάλαια του προγράμματος 401(k) για την αγορά μετοχών της εταιρείας σε αξία που πληροί τα πρότυπα της εύλογης αντιπαροχής,

6. Ο επιχειρηματίας κατέχει προσωπικά ή αποκτά μετοχές της εταιρείας σε αντάλλαγμα για άμεσες επενδύσεις στην εταιρεία, περιουσιακά στοιχεία που μεταβιβάζονται στην εταιρεία ή ως αποζημίωση για έξοδα εκκίνησης,

7. Η εταιρεία χρησιμοποιεί τα επενδυμένα κεφάλαια για να αγοράσει μια υφιστάμενη εταιρεία, να ιδρύσει μια νέα εταιρεία ή να προσθέσει πρόσθετο κεφάλαιο σε μια υφιστάμενη εταιρεία.

Κάθε βήμα είναι σημαντικό σε μια σωστή δομή ROBS. Εάν παραλειφθεί οποιοδήποτε βήμα, η επένδυση μπορεί να ανακατασκευαστεί από την IRS ως απαγορευμένη συναλλαγή (PT). Οι IRAs και τα SoloKs μπορούν να επενδύσουν σε εταιρείες. Η διαφορά είναι ότι η εταιρεία μπορεί και, στην πραγματικότητα, υποχρεούται να απασχολεί τον AO. Με μια ROBS, η σχέση απασχόλησης δεν αποτελεί απαγορευμένη συναλλαγή, ενώ με έναν IRA ή SoloK, η επένδυση σε μια εταιρεία που απασχολεί τον AO θα μπορούσε να αποκλείσει τον λογαριασμό του AO. Ποια είναι η διαφορά; Ενώ όλα τα βήματα είναι απαραίτητα, ένα από αυτά είναι το κλειδί για να εξηγήσουμε γιατί αυτή η ρύθμιση επιτρέπει την επένδυση και οι άλλες δύο όχι. Ελπίζουμε ότι ο αριθμός του βήματος είναι προφανής. Εάν όχι, προσπαθήστε να προσδιορίσετε ποιο βήμα είναι πριν διαβάσετε την επόμενη σελίδα. 29 USC § 1108 (ERISA) προσθέτει αρκετές εξαιρέσεις στους κανόνες του PT. Η εξαίρεση (ε) προβλέπει ότι οι κανόνες περί απαγορευμένων συναλλαγών δεν εφαρμόζονται όταν το σχέδιο αποκτά ή πωλεί αναγνωρισμένους τίτλους του εργοδότη, εάν η απόκτηση ή η πώληση γίνεται έναντι εύλογου ανταλλάγματος, δεν χρεώνεται προμήθεια και το σχέδιο είναι επιλέξιμο σχέδιο ατομικού λογαριασμού.

Η κανονιστική βάση για μια ρύθμιση ROBS είναι το τρίτο βήμα, η υιοθέτηση ενός επιλέξιμου προγράμματος ατομικού λογαριασμού που επιτρέπει, στα έγγραφα του προγράμματος, την επένδυση αναγνωρισμένων κεφαλαίων σε εργοδοτικούς τίτλους.

"Πολύ εύκολο!" θα μπορούσε να σκεφτεί κανείς. Κάποιος με το παρατσούκλι Buck, για παράδειγμα, επειδή του αρέσει να εξαπατά το σύστημα. "Το να κόβεις δρόμο είναι το κλειδί για να προχωρήσεις", λέει σε όποιον τον ακούει. "Θα τηλεφωνήσω στην εταιρεία χρηματοοικονομικών υπηρεσιών μου, την TMR, και θα τους πω ότι θέλω ένα πρόγραμμα 401(k) για την εταιρεία μου!"

Ναι, η TMR προσφέρει προγράμματα 401(k). Όχι, η TMR δεν χρεώνει τέλος εγκατάστασης για τα προγράμματά της.

Ο Buck υπογράφει τα έγγραφα που του παρέχει η TMR για να δημιουργήσει ένα πρόγραμμα 401(k) για την εταιρεία του. Στη συνέχεια μεταφέρει τον IRA του σε λογαριασμό στο πρόγραμμα. Στη συνέχεια ζητά από τον εκπρόσωπο του λογαριασμού του να τον βοηθήσει να επενδύσει τα κεφάλαιά του στη δική του εταιρεία.

"Δεν μπορώ να το κάνω αυτό, Buckaroo", απαντά ο αντιπρόσωπος, γελώντας μόνος του με αυτό που νομίζει ότι είναι μια αστεία ερώτηση.

Ο Μπακ δεν το βρίσκει αστείο. "Γιατί όχι, διάολε; Γιατί σας πληρώνω;", ξεχνώντας ίσως ότι δεν έχει πληρώσει τίποτα.

"Για δύο λόγους. Πρώτον, δεν είμαστε εξουσιοδοτημένοι να διευκολύνουμε συναλλαγές με μη εγγεγραμμένους τίτλους. Οι μετοχές σας δεν είναι εγγεγραμμένες. Δεν μπορούμε να σας βοηθήσουμε να τις αγοράσετε, ούτε καν μέσω του προγράμματός σας. Και δεύτερον... (άλλο ένα αστείο, τουλάχιστον στο μυαλό του αντιπροσώπου, με μια δραματική παύση για να το ενισχύσει), οι κανόνες αναφέρουν ότι δεν μπορεί να ληφθεί προμήθεια για μια συναλλαγή QES. Δεν προσφέρουμε δωρεάν σχέδια μόνο και μόνο για να πείσουμε τους ανθρώπους να μεταφέρουν χρήματα σε ένα περιουσιακό στοιχείο που δεν μπορούμε να κρατήσουμε μέσω μιας συναλλαγής που δεν μπορούμε να εμπορευματοποιήσουμε. Το σχέδιό σας σας επιτρέπει να επενδύσετε τα συνταξιοδοτικά σας χρήματα σε οποιαδήποτε επένδυση προσφέρουμε".

Αυτός ακριβώς είναι ο λόγος για τον οποίο οι προωθητές του ROBS χρεώνουν τις αμοιβές που χρεώνουν για τη δημιουργία μιας ρύθμισης ROBS και για τον οποίο η διαδικασία τους αφήνει στον πελάτη να βρει τον δικό του επενδυτικό λογαριασμό για επενδύσεις σε σχέδια μη QES μετά τη συναλλαγή της αρχικής QES μέσω τραπεζικού λογαριασμού και το κλείσιμό της. Αλλά παρεκκλίνω. Η απλούστερη ρύθμιση ROBS περιλαμβάνει μια εταιρεία με δύο μετόχους: το σχέδιο και τον AO, και ένα σχέδιο 401(k). Εάν ο AO πεθάνει, το BDF (ή η προεπιλογή του σχεδίου, εάν δεν υπάρχει BDF) ελέγχει ποιος κληρονομεί τις μετοχές του σχεδίου, ενώ η διαθήκη του AO (ή οι κρατικοί κανόνες διαθήκης, εάν δεν υπάρχει διαθήκη) ελέγχει ποιος κληρονομεί τις προσωπικές μετοχές. Τόσο οι μετοχές του προγράμματος όσο και οι προσωπικές μετοχές μπορούν να καταλήξουν στα χέρια του ίδιου προσώπου, αλλά μέσω διαφορετικών διαύλων και σε διαφορετικές φορολογικές κατηγορίες.

Οι μετοχές του προγράμματος κληρονομούνται σε ευνοϊκό φορολογικό καθεστώς. Η αξία του λογαριασμού περιλαμβάνεται στην ακαθάριστη περιουσία για σκοπούς φορολογίας κληρονομιάς. Ο λογαριασμός δεν υπόκειται σε διαδοχή, εκτός εάν το ΤΕΑ κατονομάσει την κληρονομία ως δικαιούχο ή τα έγγραφα του προγράμματος δεν παραδοθούν στην κληρονομία και δεν μπορεί να βρεθεί ΤΕΑ. Οι προσωπικές μετοχές μεταβιβάζονται με αύξηση της βάσης, χωρίς να οφείλεται φόρος από τον κληρονόμο. Η αξία των μετοχών περιλαμβάνεται επίσης στον τύπο του φόρου κληρονομιάς. Οι μετοχές αυτές είναι πιθανό να υπόκεινται σε διαθήκη, με τη διάθεσή τους να ελέγχεται από τη διαθήκη του θανόντος.

Σε αντίθεση με τα SoloKs, πολλά παραδοσιακά προγράμματα 401(k), συμπεριλαμβανομένων αυτών που δημιουργούμε για τους πελάτες μας ROBS, επιτρέπουν σε σύζυγο ή μη δικαιούχο σύζυγο να αφήσει περιουσιακά στοιχεία εντός του προγράμματος 401(k). Ο δικαιούχος που ορίζεται από τον επιζώντα σύζυγο μπορεί να επιλέξει να αναβάλει τις απαιτούμενες διανομές από το κληροδοτημένο σχέδιο 401(k) μέχρι το έτος που ο επιζών σύζυγος συμπληρώνει την ηλικία των 70½ ετών. Ουσιαστικά, ο επιζών σύζυγος μπορεί να αντιμετωπίσει το πρόγραμμα ως δικό του, ακόμη και αν δεν εργάζεται στην εταιρεία.

Οι δικαιούχοι που δεν είναι σύζυγοι μπορούν να αφήσουν περιουσιακά στοιχεία στο πρόγραμμα, εάν το πρόγραμμα το επιτρέπει. Εάν ο θανών λάμβανε ήδη διανομές, οι διανομές πρέπει να συνεχιστούν τουλάχιστον με τον ρυθμό που γίνονταν πριν από τον θάνατο. Εάν οι διανομές δεν έχουν αρχίσει, ο δικαιούχος μπορεί να επιλέξει να λάβει το πλήρες ποσό σε διάστημα πέντε ετών το πολύ ή ετήσιες πληρωμές με βάση το προσδόκιμο ζωής του. Οι εργοδότες μπορεί να έχουν μικρότερες περιόδους υποχρεωτικής διανομής. Αν αυτό βγάζει νόημα, προσπαθήστε να καταλάβετε τι συμβαίνει αν προσθέσουμε μια επιπλοκή.

Ερώτηση δοκιμής: Ο Frankie και ο Johnnie είναι εταίροι. Σε αντίθεση με τους χαρακτήρες ενός λαϊκού τραγουδιού των αρχών του 20ού αιώνα που έγινε διάσημο σε μια ταινία του Elvis το 1966, ο Frankie και ο Johnnie είναι άντρες, όχι εραστές. Τουλάχιστον όχι μεταξύ τους. Επένδυσαν αρκετά ειδικευμένα κεφάλαια μέσω ενός προγράμματος ROBS και προσωπικών εισφορών σε μετοχές της εταιρείας, ώστε ο καθένας τους να ελέγχει το 50%. Ο Frankie εντυπωσίασε τους πελάτες, ενώ ο Johnnie ξεπέρασε τον ανταγωνισμό. Μαζί, μετέτρεψαν την εταιρεία σε μια εξαιρετικά κερδοφόρα επιχείρηση με πάνω από εκατό υπαλλήλους.

Ο Johnnie παντρεύτηκε τη Nellie μετά από έναν σύντομο αρραβώνα. Ο Frankie ενθάρρυνε τη σχέση, εκλογικεύοντας ότι αν ο Johnnie περνούσε μόνο τριάντα λεπτά την ημέρα με τη Nellie, αυτά θα ήταν τριάντα λεπτά που ο Johnnie θα τον άφηνε ήσυχο. Οι απαιτήσεις του Τζόνι μπορούσαν να συνεχιστούν μέχρι αηδίας: "Πρέπει να κάνουμε αμέσως το X!" "Αυτός ο πελάτης χρειάζεται παρακολούθηση!" "Ο ανταγωνιστής μας μόλις λάνσαρε κάτι καινούργιο, οπότε χρειαζόμαστε...".

Μετά το γάμο, ο Τζόνι ετοίμασε διαθήκη για να αφήσει την περιουσία του στη Nellie. Ενημέρωσε επίσης το BDF του για να ορίσει τη Nellie ως δικαιούχο του προγράμματός του. Ο Frankie και ο Johnnie υπέγραψαν μια συμφωνία αγοράς και πώλησης (PSA) που συντάχθηκε από έναν τοπικό δικηγόρο, η οποία περιλάμβανε μια τυπική ρήτρα ότι αν ένας από τους δύο πεθάνει, ο άλλος θα έχει το δικαίωμα να αγοράσει τις μετοχές του αποβιώσαντος εταίρου. Η εταιρεία αγόρασε ασφάλεια ζωής για κάθε εταίρο για να χρηματοδοτήσει την αγορά της PSA. Η εταιρεία είναι ο δικαιούχος του ασφαλιστηρίου συμβολαίου.

Ας ξαναγράψουμε το δημοφιλές τραγούδι και ας δώσουμε στον Johnnie μια μακρά και ευτυχισμένη ζωή με τη Nellie. Δεν έκανε τίποτα κακό στον Φράνκι και ο Φράνκι δεν τον πυροβόλησε. Υποθετικά, το οποίο μπορεί να φανεί περιττό σε μια υποθετική υπόθεση, τι γίνεται αν ο Τζόνι πεθάνει; Τι πρέπει να συμβεί με τις μετοχές του σχεδίου που κατέχει η FBO του Johnnie;

1. O Frankie είναι ο ιδιοκτήτης.

2. Το σχέδιο κατέχει τις μετοχές της FBO του Frankie.

3. Το σχέδιο κατέχει τις μετοχές της FBO Nellie.

4. Οι μετοχές αποσύρονται.

Απάντηση: Οι έξυπνοι αναγνώστες θα παρατηρήσουν μια ασυμφωνία μεταξύ της διατύπωσης της PSA, η οποία δίνει στον επιζώντα το ατομικό δικαίωμα να αγοράσει τις μετοχές, και της εταιρείας που λαμβάνει τα κεφάλαια. Παίρνετε ένα χρυσό αστέρι. Η ασφαλιστική εταιρεία πληρώνει την εταιρεία. Στη συνέχεια, η εταιρεία πληρώνει την περιουσία του Johnnie για τις μετοχές που ανήκαν προσωπικά στον ίδιο και το πρόγραμμα 401(k) για τις μετοχές που ανήκαν στην FBO του Johnnie. Η εταιρεία στη συνέχεια εξαργυρώνει τις μετοχές ακυρώνοντας τα πιστοποιητικά. Η Nellie κληρονομεί τα περιουσιακά στοιχεία του Johnnie και τον λογαριασμό του προγράμματος. O Frankie ελέγχει πλέον το 100% των τίτλων που βρίσκονται σε κυκλοφορία. Η σωστή απάντηση είναι 4.

Αυτό το σενάριο εγείρει και άλλα ερωτήματα:

Τι γίνεται αν η Nellie θέλει να πουλήσει τις μετοχές και ο Frankie δεν μπορεί να τις πληρώσει; Μπορεί να τις πουλήσει σε κάποιον άλλο;

Τι γίνεται αν η Frankie θέλει να αγοράσει τις μετοχές του προγράμματος και μπορεί να τις πληρώσει, αλλά η Nellie δεν θέλει να τις πουλήσει;

Τι γίνεται αν τα έγγραφα του προγράμματός της δεν επιτρέπουν περιουσιακά στοιχεία μη εργαζομένων, αλλά δεν υπάρχει αγοραστής για τις μετοχές;

Με έναν IRA και ένα SoloK, κληρονομείτε τον αναγνωρισμένο λογαριασμό. Αυτή η κληρονομιά μπορεί να λάβει τη μορφή της συνέχισης του ειδικευμένου λογαριασμού, της μεταφοράς των περιουσιακών στοιχείων σε νέο ειδικευμένο λογαριασμό ή της λήψης μέρους των περιουσιακών στοιχείων ως φορολογητέα διανομή. Με ένα ROBS, η κληρονομιά περιλαμβάνει μετοχές της εταιρείας που κατέχετε προσωπικά και τον λογαριασμό 401(k), ο οποίος περιέχει πρόσθετες μετοχές της εταιρείας και ενδεχομένως άλλα περιουσιακά στοιχεία, όπως αμοιβαία κεφάλαια. Τα επόμενα κεφάλαια εξετάζουν διαδοχικά τρεις επιλογές: Διατήρηση της εταιρείας και του προγράμματος, Διατήρηση της εταιρείας και τερματισμός του προγράμματος και Τερματισμός της εταιρείας και του προγράμματος.

# Κεφάλαιο 16: ROBS: Κρατώντας ανοιχτές τις δύο πόρτες και το αεροπλάνο

Σε αυτό το κεφάλαιο, θα εξετάσουμε τις αποφάσεις που πρέπει να λάβετε υπόψη όταν κληρονομείτε μια εταιρεία που χρηματοδοτείται από το ROBS. Το παράδειγμα αυτό βασίζεται σε ένα οικογενειακό εστιατόριο αιθιοπικής κουζίνας. Παρεμπιπτόντως, αν δεν έχετε ακόμη δειπνήσει σε ένα τέτοιο εστιατόριο, σας συνιστώ ανεπιφύλακτα να το επισκεφθείτε. Οι αγαπημένες μου γευστικές εμπειρίες είναι οικογενειακά εστιατόρια, δημοφιλή σε τοπικό επίπεδο, όπου το φαγητό ξεπερνά τις προσδοκίες και η οικογένεια αντιμετωπίζει τους πελάτες σαν να είναι φιλοξενούμενοι στο σπίτι της. Η ώρα του δείπνου είναι πολυάσχολη, αλλά οι ιδιοκτήτες αφιερώνουν χρόνο για να περάσουν από κάθε τραπέζι. Όταν τους ρωτούν αν όλα είναι εντάξει, θέλουν να μάθουν την αλήθεια και θα διορθώσουν τα πράγματα αν κάποιος απογοητευτεί. Ο θάνατος ενός κύριου ιδιοκτήτη είναι αρκετά αγχωτικός για αυτά τα οικογενειακά εστιατόρια. Δυστυχώς, μια συμφωνία ROBS προσθέτει περαιτέρω επιπλοκές. Ευτυχώς, η γνώση των σωστών βημάτων και οι σωστές ερωτήσεις μπορούν να αμβλύνουν αυτές τις ανησυχίες.

Οι Gondar και Jahzara γνωρίστηκαν στις Ηνωμένες Πολιτείες. Και οι δύο μετανάστευσαν από την Αιθιοπία με βίζα EB για να εργαστούν για μια εταιρεία σχεδιασμού web hosting. Ο καθένας τους συμμετείχε στο πρόγραμμα 401(k) της εταιρείας. Μετά από πέντε χρόνια, ο καθένας τους υπέβαλε επιτυχώς αίτηση για την υπηκοότητα των ΗΠΑ. Παντρεύτηκαν και αποφάσισαν να αφήσουν τις εταιρικές τους δουλειές για να ανοίξουν ένα αιθιοπικό εστιατόριο. Με μικρή πίστωση για τραπεζικό δάνειο, βασίστηκαν στην πιστωτική γραμμή ROBS για τη χρηματοδότηση του εστιατορίου. Ο κόσμος λάτρευε το φαγητό και τη ζεστή ατμόσφαιρα. Η επιχείρησή τους άνθισε.

Να θυμάστε, ωστόσο, ότι είναι δική σας ευθύνη να διασφαλίσετε ότι έχετε ένα σωστά συμπληρωμένο BDF για τους επιλέξιμους λογαριασμούς σας. Ενθαρρύνω τους πελάτες μου να συμπληρώσουν ένα BDF για τον εαυτό τους. Ζητήστε από όλους τους υπαλλήλους να συμπληρώσουν ένα BDF μαζί με τα δικαιολογητικά απασχόλησής τους. Οι ιδιοκτήτες επιχειρήσεων ROBS είναι τελικά υπεύθυνοι να διασφαλίσουν ότι ένα BDF έχει συμπληρωθεί για κάθε εργαζόμενο, συμπεριλαμβανομένων των ιδίων. Ο διαχειριστής του προγράμματός σας μπορεί να σας βοηθήσει να συμπληρώσετε τα απαραίτητα έγγραφα, αλλά δεν θα φέρει κάποιον στην εταιρεία σας για να δώσει σε έναν εργαζόμενο ένα BDF. Να θυμάστε ότι τα δικαιώματά σας στο πρόγραμμα 401(k) επεκτείνονται σε εσάς ως εργαζόμενο ή στον δικαιούχο του εργαζόμενου και όχι σε οποιονδήποτε άλλον. Δώστε στον εαυτό σας τα χαρτιά, συμπληρώστε τα, επιστρέψτε τα στον εαυτό σας και κρατήστε αντίγραφα στα κατάλληλα μέρη.

Οι μέτοχοι της The Best Ethiopian Food in Town Corporation (TBEFIT) είναι οι εξής:

Gondar,

Jahzara,

TBEFIT Corp FBO Gondar 401(k) Plan,

TBEFIT Corp 401(k) Plan FBO Jahzara.

Gondar πεθαίνει. Ο Jahzara αποφασίζει να κρατήσει την εταιρεία και το σχέδιο 401(k). Τι συμβαίνει με τις μετοχές του και τις μετοχές που κατέχει το πρόγραμμα προς όφελός του;

Καθορισμός της τιμής των μετοχών: Τουλάχιστον, ο ακριβής προσδιορισμός της τιμής των μετοχών είναι απαραίτητος για τον υπολογισμό του κατά πόσον η περιουσία του θανόντος οφείλει φόρο κληρονομιάς και για την τεκμηρίωση της νέας βάσης των κληρονομηθέντων προσωπικών μετοχών. Συνιστώ να ζητήσετε τη βοήθεια του λογιστή σας. Ο TAA του προγράμματος μπορεί να χρειαστεί πληροφορίες σχετικά με την τιμή των μετοχών, αλλά δεν θα βοηθήσει στον προσδιορισμό της τιμής ή της μεθόδου υπολογισμού της τιμής. Η τιμή των συναλλαγών μετοχών αποτελεί στοιχείο ελέγχου. Όλες οι συναλλαγές μετοχών σε μια εταιρεία ROBS πρέπει να εξετάζονται για θέματα εύλογης αντιπαροχής, ακόμη και αν το πρόγραμμα δεν εμπλέκεται άμεσα.

Διατήρηση του μητρώου μετοχών: Σε μια εταιρεία ROBS, είναι δυνατόν να διαπραχθεί απαγορευμένη συναλλαγή ή φορολογητέα διανομή απλώς και μόνο με την ακατάλληλη τήρηση του βιβλίου μετοχών. Το μετοχολόγιο αποτελεί επίσης αντικείμενο ελέγχου. Η TPA του προγράμματος 401(k) υποχρεούται να έχει στο αρχείο της ένα ενημερωμένο μητρώο μετοχών, αλλά η TPA δεν είναι υπεύθυνη για την ενημέρωση των εταιρικών μητρώων. Μοιραστείτε επίσης ένα αντίγραφο με τον λογιστή σας και τον τοπικό σας δικηγόρο. Πρέπει να γνωρίζουν ότι το πρόγραμμα 401(k) σας κατέχει μετοχές της εταιρείας σας, ώστε να μπορούν να σας συμβουλεύσουν κατάλληλα. Ορισμένοι πελάτες της ROBS Promoter που έρχονται σε μένα για βοήθεια έχουν εγγραφές στο βιβλίο μετοχών που δείχνουν ότι η επένδυση του προγράμματος έχει απλώς εξαφανιστεί στις δικές τους τσέπες. Η μετατροπή των μετοχών του προγράμματος σε προσωπικό περιουσιακό στοιχείο αποτελεί απαγορευμένη συναλλαγή. Η IRS μπορεί να ανακατασκευάσει τη μετατροπή ως φορολογητέα διανομή εάν δεν διορθωθεί. Εάν χρειάζεστε βοήθεια για να το διορθώσετε αυτό, συμβουλευτείτε τον τοπικό σας λογιστή ή δικηγόρο. Αυτό είναι πολύ σημαντικό. Οι πληροφορίες στο λογιστικό βιβλίο πρέπει να περιλαμβάνουν:

Αριθμός πιστοποιητικού μετοχής,

Αριθμός μετοχών που εκδόθηκαν ή μεταβιβάστηκαν,

Ο μέτοχος στον οποίο εκδόθηκαν ή μεταβιβάστηκαν οι μετοχές,

Στοιχεία επικοινωνίας του μετόχου (χρησιμοποιούνται για την επικοινωνία με τους μετόχους),

Ημερομηνία έκδοσης ή μεταβίβασης,

Ποσό που καταβλήθηκε για τις μετοχές,

Η τιμή ανά μετοχή,

Σημείωση του ιστορικού των μετοχών (δηλ. αρχική έκδοση, σε ποιον μεταβιβάστηκαν και γιατί).

Ανεξάρτητα μέρη που διαβάζουν το μετοχολόγιο (π.χ. ένας πράκτορας της ΔΟΥ σε έλεγχο ή κάποιος που αγοράζει την εταιρεία) θα πρέπει να είναι σε θέση να προσδιορίσουν ποιος ψηφίζει για πόσες μετοχές και να υπολογίσουν τον τρέχοντα συνολικό αριθμό των μετοχών που έχουν εκδοθεί ή βρίσκονται σε κυκλοφορία. Ορισμένοι διατηρούν τον τρέχοντα αριθμό ψήφων σε ξεχωριστό βιβλίο, το οποίο επίσης λειτουργεί.

Ενημερώστε το βιβλίο μετοχών κάθε φορά που εκδίδονται, εξαγοράζονται ή μεταβιβάζονται μετοχές. Το βιβλίο μετοχών πρέπει να καταγράφει την τιμή των μετοχών που εκδίδει ή εξαγοράζει η εταιρεία, αλλά συνήθως δεν παρακολουθεί τις συναλλαγές τιμών μεταξύ των μετόχων. Δεδομένου ότι οι εταιρείες ROBS εκδίδουν συνήθως μετοχές σε ένα σχέδιο και ένα φυσικό πρόσωπο που είναι αποκλεισμένο πρόσωπο εκδίδει μετοχές στο σχέδιο, συνιστώ το βιβλίο να περιλαμβάνει πληροφορίες σχετικά με την τιμή των μετοχών, ακόμη και για τις μεταβιβάσεις.

Η βέλτιστη πρακτική είναι μια εγγραφή στο λογιστικό βιβλίο που δείχνει σαφώς τις μετοχές που εκδόθηκαν στην Gondar την ημερομηνία αυτή, μεταβιβάστηκαν στην Jahzara την ημερομηνία αυτή και ούτω καθεξής. Τα λεπτομερή αρχεία των εκδόσεων μετοχών και οι οικονομικές εγγραφές που υποστηρίζουν το λογιστικό βιβλίο μπορούν να επιλύσουν διαφορές, όπως η αμφισβήτηση της διάτρησης του εταιρικού πέπλου, ή να απαντήσουν σε ερωτήσεις της IRS σχετικά με την παρακολούθηση των μετοχών του προγράμματος.

Πώς να χειριστείτε τις προσωπικές μετοχές του θανόντος: Οι προσωπικές μετοχές του Γκοντάρ (πιστοποιητικό μετοχών 1) αποτελούν μέρος της περιουσίας του. Το τι συμβαίνει με τα περιουσιακά στοιχεία της περιουσίας του καθορίζεται από τη διαθήκη του ή, εάν δεν υπάρχει έγκυρη διαθήκη, από τους νόμους περί κληρονομικής διαδοχής της πολιτείας του. Σε αυτό το παράδειγμα, ο Jahzara κληρονομεί τις προσωπικές μετοχές του Gondar. Η αξία των προσωπικών του μετοχών περιλαμβάνεται στον υπολογισμό του φόρου κληρονομιάς. Κληρονομεί τις μετοχές με αυτή την αξία ως βάση της. Αυτό αναφέρεται συχνά ως κλιμακούμενη βάση. Οι μετοχές της (πιστοποιητικό μετοχών 2) διατηρούν την αρχική τους βάση. Οι λεπτομέρειες της εγγραφής του βιβλίου μετοχών εξαρτώνται από τις στήλες του βιβλίου.

Υπάρχουν πολλοί σωστοί τρόποι για να γίνουν αυτές οι εγγραφές. Κάποιος που δεν έχει γνώση των γεγονότων θα πρέπει να είναι σε θέση να κοιτάξει το βιβλίο και να καταλάβει ότι, σε μια συγκεκριμένη ημερομηνία, οι προσωπικές μετοχές της Gondar μεταβιβάστηκαν στην Jahzara σε μια συγκεκριμένη τιμή. Από εκείνη την ημερομηνία και μετά, ο Jahzara κατέχει και ψηφίζει αυτές τις μετοχές.

Ένα μετοχολόγιο δεν είναι νομικά απαραίτητο για να διακρίνει τις διαφορές στη βάση μεταξύ των μετοχών που κατέχουν οι μέτοχοι, αλλά είναι χρήσιμο. Συνιστώ να τηρείτε και τα δύο προσωπικά μητρώα μετοχών: να εμφανίζετε το πιστοποιητικό μετοχών 1 ως μεταβιβαζόμενο στη Jahzara και να κρατάτε το πιστοποιητικό μετοχών 2 ως έχει.

Πώς να χειριστείτε τις μετοχές του προγράμματος: Οι μετοχές που ανήκουν στο πρόγραμμα 401(k) της FBO Gondar μεταβιβάζονται σύμφωνα με το BDF και, εάν δεν υπάρχει BDF, σύμφωνα με τα έγγραφα του προγράμματος. Όπως και να έχει, ο Jahzara κληρονομεί τις μετοχές σε αυτό το σενάριο. Όπως συζητήθηκε στο προηγούμενο κεφάλαιο, ο επιζών σύζυγος μπορεί να επιλέξει να αναβάλει τις απαιτούμενες διανομές από το κληρονομικό πρόγραμμα 401(k) μέχρι το έτος κατά το οποίο ο επιζών σύζυγος συμπληρώνει την ηλικία των 70½ ετών. Η έννοια της αύξησης της βάσης δεν ισχύει για τις μετοχές του προγράμματος, διότι όλες οι διανομές φορολογούνται με τους συνήθεις συντελεστές εισοδήματος βάσει της τιμής που υπολογίζεται κατά τη στιγμή της διανομής. Εκτός εάν ο TPA δώσει διαφορετικές οδηγίες, απλώς ενημερώστε το πιστοποιητικό μετοχών 3 με τον ίδιο τρόπο που τροποποιήσατε το πιστοποιητικό μετοχών 1. Σε μια ορισμένη ημερομηνία, οι μετοχές που ανήκαν στο πρόγραμμα 401(k) FBO Gondar μεταφέρθηκαν στο πρόγραμμα 401(k) FBO Jahzara. Από εκείνη την ημερομηνία και μετά, το σχέδιο κατέχει και η Jahzara ψηφίζει αυτές τις μετοχές.

Ένας σημαντικός λόγος για τη διάκριση των μετοχών του προγράμματος Jahzara από τις μετοχές του προγράμματος που κληρονόμησε από την Gondar είναι ότι το 10% LDC δεν εφαρμόζεται στον κληρονομημένο λογαριασμό εάν είναι κάτω των 59½ ετών. Μια στρατηγική που θα μπορούσε να συζητήσει με τον λογιστή της είναι να μεταβιβάσει τις κληρονομικές μετοχές του προγράμματος 401(k) στον εαυτό της ως φορολογητέα διανομή σε ποσά που δεν θα επηρεάσουν σημαντικά τους προσωπικούς της φόρους. Με την πάροδο του χρόνου, η Jahzara θα μπορούσε ενδεχομένως να κατέχει περισσότερες μετοχές στο δικό της όνομα χωρίς σημαντικές φορολογικές επιπτώσεις.

Η σωστή ανακατανομή των μετοχών οδηγεί σε έναν, δύο, τρεις ή τέσσερις μετόχους; Εάν βοηθούσα τη Jahzara να τηρήσει το βιβλίο μετοχών της TBEFIT, το βιβλίο που θα προέκυπτε θα είχε τέσσερις εγγραφές που θα έδειχναν ιστορικά στοιχεία και μεταβιβάσεις σε νέους μετόχους. Στην πραγματικότητα, το βιβλίο μετοχών θα μπορούσε να έχει δύο ή τρεις, ανάλογα με τις πληροφορίες που παρακολουθεί το βιβλίο μετοχών για κάθε μέτοχο. Οποιοδήποτε βιβλίο που είναι σαφές και ακριβές θα λειτουργήσει. Σε περίπτωση ελέγχου, το βιβλίο μετοχών, τα οικονομικά στοιχεία, οι φορολογικές δηλώσεις και τα αρχεία του προγράμματος πρέπει να περιέχουν τις ίδιες πληροφορίες. Ένα σωστό βιβλίο μετοχών TBEFIT δεν πρέπει να έχει ούτε μία εγγραφή. Ένα βιβλίο μετοχών που δείχνει ότι η Jahzara κατέχει όλες τις μετοχές μετά τον θάνατο του Gondar υποδηλώνει ότι έλαβε διανομή 100 % από το πρόγραμμα. Έχω ήδη δει αυτό το σφάλμα. Είναι αυτό το σφάλμα αρκετό για να ισχυριστεί η Εφορία ότι υπήρξε διανομή; Όχι, όχι από μόνο του, αλλά θα προκαλέσει προβλήματα αναφοράς εάν δεν διορθωθεί.

Στείλτε το αρχείο μετοχών στον TPA: Στείλτε το συμπληρωμένο αρχείο μετοχών σας στον TPA του προγράμματος. Ο TPA δεν είναι υπεύθυνος για την ενημέρωση των αρχείων της εταιρείας. Πολλοί TPA δεν θέλουν υποστηρικτικά οικονομικά στοιχεία, παρά μόνο το γενικό λογιστικό βιβλίο. Παρέχετε στον TPA σας ό,τι σας ζητήσει.

Το έγγραφο 5500 για το πρόγραμμα 401(k) περιλαμβάνει μια γραμμή για τους "αποβιώσαντες συμμετέχοντες των οποίων οι δικαιούχοι λαμβάνουν ή δικαιούνται να λάβουν παροχές". Το παράρτημα H παρουσιάζει τη συνολική αξία των αναγνωρισμένων τίτλων του εργοδότη που κατέχει το πρόγραμμα, χωρίς να αναλύεται ανά εργαζόμενο. Εάν αυτά τα έντυπα αναφέρουν ότι το σχέδιο κατέχει τις μετοχές, είναι πιθανό ότι το λογιστικό βιβλίο από μόνο του δεν θα προκαλέσει διανομή. Εάν παρέχεται εσφαλμένη εγγραφή στον TPA, ο TPA μπορεί να ενεργήσει βάσει αυτής της εγγραφής και να αλλάξει τα έγγραφα του προγράμματος χωρίς να ρωτήσει τον πελάτη εάν οι πληροφορίες είναι αυτές που ήθελε. Το πρόσωπο που δημιουργεί τα έντυπα του προγράμματος θα μπορούσε να συμπεράνει: "O Jahzara κατέχει τις μετοχές; Αυτό σημαίνει ότι πρέπει να ενημερώσω το 5500 για να εμφανίσω διανομή, να εκδώσω 1099...". Αυτό συμβαίνει. Αυτό είναι ένα σενάριο στο οποίο ένα γραμμάριο πρόληψης αξίζει περισσότερο από ένα κιλό θεραπείας.

Συνεχίζουμε: Η ενημέρωση του βιβλίου μετοχών και των εγγράφων του προγράμματος διαρκεί μία ή δύο ώρες. Ίσως να θέλετε να συμβουλευτείτε έναν δικηγόρο ή έναν Ορκωτό Ελεγκτή Λογιστή, εάν ο ΤΠΔ ζητήσει πρακτικά συνεδριάσεων του διοικητικού συμβουλίου για την καταγραφή των μεταβολών στις μετοχές ή γραπτή ανάλυση της τιμής της μετοχής. Η διαβίωση και η διατήρηση μιας επιχείρησης μετά την απώλεια ενός αγαπημένου προσώπου μπορεί να διαρκέσει μια ολόκληρη ζωή. Τα βήματα του παρόντος κεφαλαίου εφαρμόζονται σε κάθε σενάριο κατά το οποίο η εταιρεία και το πρόγραμμα συνεχίζουν να υφίστανται μετά τον θάνατο κάποιου που κατέχει μετοχές της εταιρείας προσωπικά και μέσω του προγράμματος. Τα σενάρια αυτά περιλαμβάνουν,

- Ο θάνατος ενός ιδιοκτήτη μειοψηφίας, όπου η απόφαση για τη συνέχιση της εταιρείας λαμβάνεται από τον ιδιοκτήτη πλειοψηφίας και όχι από τους κληρονόμους του ιδιοκτήτη μειοψηφίας.

- Ο σύζυγος ή ο κληρονόμος ενός μοναδικού ιδιοκτήτη που δεν συμμετείχε στην εταιρεία, αλλά την κληρονομεί και επιλέγει να συνεχίσει.

- Ένας επιζών ιδιοκτήτης που δεν είναι σύζυγος και δεν είναι κληρονόμος των προσωπικών μετοχών του αποβιώσαντος ιδιοκτήτη ή δικαιούχος των μετοχών στο πρόγραμμα, αλλά χρησιμοποιεί ασφάλεια ζωής ή άλλα περιουσιακά στοιχεία για να αγοράσει τις μετοχές και να αποκτήσει πλήρη κυριότητα της εταιρείας.

- Ένα μη συνδεδεμένο μέρος που αποκτά την εταιρεία και αποφασίζει να διατηρήσει το πρόγραμμα για τους υφιστάμενους εργαζόμενους, συνεισφέροντας ίσως κεφάλαια στο πρόγραμμα για τη χρηματοδότηση μέρους της αγοράς.

Δεν χρειάζεται να είστε ειδικός- πρέπει απλώς να ξέρετε πού να βρείτε τις πληροφορίες που χρειάζεστε, πότε τις χρειάζεστε ή ποιος μπορεί να σας βοηθήσει. Ξεκινήστε με τον TPA και τον CPA σας και στη συνέχεια με αυτό το βιβλίο.

Ερώτηση τεστ: Ο Jahzara αποφασίζει να πουλήσει την εταιρεία σε μια φίλη του, τη Semira, η οποία είναι Αιθίοπας και θαύμαζε το εστιατόριό του από την αρχή. Η Semira επιλέγει την αγορά μετοχών για να διατηρήσει τις υπάρχουσες άδειες, το ενοίκιο και την καλή θέληση της κοινότητας. Διατηρεί τους υπαλλήλους και το πρόγραμμα 401(k). Παρόλο που η Semira συνεισφέρει αναγνωρισμένα κεφάλαια στο πρόγραμμα, δεν αγοράζει μετοχές της εταιρείας με αυτά τα κεφάλαια. Χρηματοδότησε ολόκληρη την αγορά με προσωπικά κεφάλαια. Η Semira υπέβαλε αίτηση για την αναγνώριση της Γυναικείας Επιχείρησης και έλαβε εξαιρετική δημοσιότητα για τη βραδιά των εγκαινίων της "υπό νέα διεύθυνση". Η Jahzara παρευρέθηκε και σύστησε τη Semira σε άτομα που αναγνώρισε. Στη συνέχεια, η Jahzara αποσύρθηκε από την επιχείρηση εστιατορίου για να ασχοληθεί με πρωτοβουλίες για καθαρό νερό στην κοινότητα της πατρίδας της. Το οποίο δεν είναι αλήθεια:

1. Το μετοχολόγιο μετά την αγορά εμφανίζει τη Semira ως μοναδικό μέτοχο.

2. Η τιμή που διαπραγματεύτηκαν η Jahzara και η Semira για την πώληση τεκμαίρεται ότι πληροί τις απαιτήσεις του Σχεδίου για επαρκές αντάλλαγμα.

3. Η προκύπτουσα ενιαία εγγραφή στο μετοχολόγιο σημαίνει ότι η Jahzara επέλεξε μια φορολογητέα διανομή.

4. Εάν το πρόγραμμα το επιτρέπει, η Jahzara μπορεί να διατηρήσει τα προσωπικά της αναγνωρισμένα κεφάλαια και τα αναγνωρισμένα κεφάλαια που κληρονόμησε από τον Gondar στο πρόγραμμα, παρόλο που δεν εργάζεται πλέον στο εστιατόριο.

Απάντηση: Σε αυτό το σενάριο, το μετοχολόγιο που εμφανίζει τη Semira ως μοναδική μέτοχο είναι σωστό. Αυτό δεν σημαίνει ότι η Γιαχζάρα επέλεξε διανομή από το σχέδιο, επομένως το 3 δεν είναι σωστό. Η Semira πλήρωσε απευθείας τον Jahzara για τις μετοχές της και για τις μετοχές που κληρονόμησε από τον Gondar. Η Jahzara οφείλει φόρο υπεραξίας για τις μετοχές της με βάση την αρχική βάση. Οφείλει φόρο υπεραξίας επί των προσωπικών μετοχών που κληρονόμησε για τα κέρδη που πραγματοποιήθηκαν μετά την κληρονομιά. Η Semira πλήρωσε το Σχέδιο για τις μετοχές του Σχεδίου. Η Jahzara μπορεί να μεταφέρει τα κεφάλαια του προγράμματος σε άλλο πρόγραμμα ή IRA, να λάβει μέρος ή το σύνολο των κεφαλαίων ως φορολογητέα διανομή ή να αφήσει τα κεφάλαια στο πρόγραμμα, εάν το πρόγραμμα επιτρέπει στο πρόγραμμα να συνεχίσει να διατηρεί κεφάλαια για μη εργαζόμενους. Το Follow the money ισχύει εξίσου για την IRS που εξετάζει σχέδια 401(k) και για τους εισαγγελείς που αποκαλύπτουν πολιτικά σκάνδαλα.

# Κεφάλαιο 17: ROBS: Διατηρώντας την εταιρεία, κλείνοντας το σχέδιο

Το κεφάλαιο αυτό αναδεικνύει τα ζητήματα που προκύπτουν όταν κάποιος κληρονομεί μια εταιρεία που χρηματοδοτείται από το ROBS και τα κεφάλαια του προγράμματος, αποφασίζει να διατηρήσει την εταιρεία ενεργή και θέλει να τερματίσει το πρόγραμμα 401(k). Ο κατάλογος ελέγχου της IRS για τον τερματισμό ενός προγράμματος συνταξιοδότησης περιλαμβάνει τα ακόλουθα βήματα:

Τροποποίηση του προγράμματος για τη διακοπή των εισφορών,

Ειδοποίηση όλων των συμμετεχόντων στο σχέδιο,

Παροχή ειδοποίησης μετακύλισης,

Καταβολή όλων των οφειλόμενων υποχρεωτικών εργοδοτικών εισφορών,

Θέστε όλους τους "επηρεαζόμενους συμμετέχοντες" στο 100 τοις εκατό,

Μεταφορά ή διανομή όλων των περιουσιακών στοιχείων του προγράμματος το συντομότερο δυνατό από διοικητικής άποψης,

Να καταθέσει τυχόν εφαρμοστέες τελικές δηλώσεις της σειράς Form 5500.

Υπάρχουν μόνο δύο τρόποι με τους οποίους τα περιουσιακά στοιχεία του προγράμματος μπορούν να φύγουν κανονικά από το πρόγραμμα:

1. Το πρόγραμμα μεταφέρει το περιουσιακό στοιχείο από το πρόγραμμα σε άλλο αναγνωρισμένο λογαριασμό. Μια ορθή μεταφορά μειώνει την αξία του προγράμματος και αυξάνει έναν άλλο αναγνωρισμένο λογαριασμό κατά το ίδιο ποσό. Οι μεταφορές δεν αποτελούν φορολογητέα γεγονότα.

2. Το σχέδιο διανέμει το περιουσιακό στοιχείο ως φορολογητέο γεγονός.

Αυτό είναι όλο! Εάν μια μεταβίβαση δεν τεκμηριώνεται σωστά, η TPA ή η IRS μπορεί να επαναχαρακτηρίσει τη μεταβίβαση ως διανομή. Οι TPA φροντίζουν για τις λεπτομέρειες του προγράμματος και μπορούν να συστήσουν δικηγόρο ή λογιστή για να καθορίσουν τη νομική επάρκεια της αποτίμησης ενός περιουσιακού στοιχείου.

Ο Σαμ παραιτήθηκε από τη δουλειά του ως μηχανολόγος μηχανικός όταν ο αριθμός των CD4 του έπεσε κάτω από 200. Η αναρρίχηση στην εταιρική κλίμακα δεν φαινόταν πλέον σημαντική. Ορισμένοι από τους μηχανικούς της εταιρείας θεώρησαν ότι ο Σαμ δεν ταίριαζε με την κουλτούρα του γραφείου: ντυνόταν άψογα, έλεγε αστεία που έκαναν τους άλλους να γελάσουν αντί να γκρινιάζουν και άφηνε τους άλλους να αγγίζουν τα μηχανικά του μολύβια. Αφήνοντας στην άκρη την κουλτούρα των μηχανικών, όταν ένας πελάτης της αεροδιαστημικής χρειάστηκε κάποιον να σχεδιάσει μια δοκιμή καταπόνησης για μια νέα νανοσύνθετη δεξαμενή καυσίμων αεροσκαφών, όλοι έδειξαν τον Σαμ ως το καλύτερο άτομο για τη δουλειά. Οι ιδιοκτήτες προσέφεραν στον Σαμ διάφορα κίνητρα για να παραμείνει, αλλά κατάλαβαν γιατί ήθελε να μετακομίσει σε μια μικρή παραθαλάσσια πόλη και να χαλαρώσει. Περισσότεροι από ένας ανώτεροι συνεργάτες ζήλευαν κρυφά τον νέο τρόπο ζωής του Σαμ, αλλά όχι αρκετά ώστε να προβούν σε αλλαγές για να βελτιώσουν τη δική τους υγεία ή να μειώσουν το άγχος.

Ο Σαμ δεν ήθελε απλώς να συνταξιοδοτηθεί. Χρειαζόταν κάτι να κάνει - κάτι χαλαρωτικό, ευχάριστο και αναζωογονητικό για τον εαυτό του και τη νέα του κοινότητα. Ως παιδί, ενώ άλλα αγόρια ήθελαν να γίνουν σούπερ ήρωες ή διασώστες έκτακτης ανάγκης, ο Σαμ ήθελε να βοηθήσει τους ανθρώπους να δείχνουν τα καλύτερά τους. Αποφάσισε να ανοίξει ένα πολυτελές κουρείο, κάτι ανήκουστο για μια πόλη με λιγότερους από πέντε χιλιάδες κατοίκους που εξαρτιόταν από τον καλοκαιρινό τουρισμό ή τα ηλιόλουστα Σαββατοκύριακα, αφού το τοπικό κονσερβοποιείο έκλεισε δεκαετίες νωρίτερα. Οι δύο κουρείς της πόλης πίστευαν ότι ο Σαμ θα έβγαζε τη δουλειά του μέσα σε ένα χρόνο.

Οι άνθρωποι ξεκινούν επιχειρήσεις που χρηματοδοτούνται από το ROBS για διάφορους λόγους. Όποια και αν είναι η επιχείρηση, πρέπει να έχετε μια λογική προσδοκία απόδοσης της επένδυσης από το σχέδιο. Ο Σαμ φανταζόταν ένα επιτυχημένο ινστιτούτο αισθητικής, αλλά το γεγονός ότι τα έσοδά του ξεπερνούσαν τα έξοδά του χρόνο με το χρόνο δεν ήταν τόσο σημαντικό γι' αυτόν όσο το να απολαμβάνει ό,τι του απέμενε από τη ζωή του. Οι ανίατες ασθένειες αλλάζουν τους ανθρώπους πέρα από τις φυσικές συνιστώσες της ίδιας της ασθένειας. Μερικοί άνθρωποι δυσανασχετούν με την απώλεια της υγείας. Άλλοι βρίσκουν ειρηνική παρηγοριά στη ζωή που τους έχει απομείνει. Η τάση του Σαμ να χαιρετά τους πάντες ως φίλους επεκτάθηκε σε αυτή την πόλη μέχρι που η είσοδος στο σαλόνι του σήμαινε την είσοδο σε ένα μέρος άνευ όρων αποδοχής για τους περισσότερους ανθρώπους, περισσότερο από οποιαδήποτε άλλη πόρτα στην πόλη, ακόμη και περισσότερο από τα ίδια τους τα σπίτια.

Ο Sam ονόμασε το σαλόνι του Pasión (Πάθος, στα ισπανικά) προς τιμήν της Ισπανίδας γιαγιάς του, η οποία τον δίδαξε να ζει τη ζωή στο έπακρο. Μπορούσε ακόμα να ακούσει τη δυνατή φωνή της να διακηρύσσει, "¡vivir con pasión!" (ζήσε με πάθος) όταν του τσίμπησε την επιταγή του ή του ανακατεύει τα μαλλιά. Ο Σαμ άκουγε τους ανθρώπους και τους αποδεχόταν χωρίς να τους κρίνει, ακόμη και εκείνους που τους έκριναν σκληρά. Ένας ντόπιος είπε στον Σαμ ότι η ασθένειά του ήταν η κρίση του Θεού εναντίον του επειδή ήταν ομοφυλόφιλος. Ο Σαμ απάντησε ότι δεν πιστεύει αυτή τη δήλωση, όπως ακριβώς ο Θεός δεν κρίνει τους ετεροφυλόφιλους ανθρώπους για τον Έμπολα, τη νόσο του Lyme ή τον καρκίνο. Τότε χαμογέλασε, μια έκφραση της εσωτερικής (ή μήπως αιώνιας;) ειρήνης που ένιωθε. Ο ιθαγενής έκανε μια γκριμάτσα, αντανακλώντας επίσης την καρδιά του.

Κάποιοι από τους ντόπιους που επισκέπτονταν τακτικά τα παραθαλάσσια εξοχικά του προτιμούσαν τη χαρούμενη διάθεση του Pasión από την περιφρόνηση που μεταμφιέστηκε διακριτικά σε εκλεπτυσμένη στα πιο ακριβά κομμωτήρια της πόλης. Μέσα σε λίγους μήνες, οι ντόπιοι, συνήθως επιφυλακτικοί στο να κάνουν δουλειές με ανθρώπους που είχαν έρθει στην πόλη για λιγότερο από ένα ή δύο χρόνια, περνούσαν τις πόρτες του από περιέργεια και επέστρεφαν ως πελάτες. Το Pasión μεγάλωσε και συμπεριέλαβε τέσσερις σταθμούς κομμωτηρίου, θεραπεία μασάζ, μια αυτοεξυπηρετούμενη μηχανή latte και μια καρέκλα μασάζ μηδενικής βαρύτητας. Οι στιλίστες και ο θεραπευτής μασάζ ήταν αυτοαπασχολούμενοι και δεν μπορούσαν να συμμετάσχουν στο πρόγραμμα 401(k) της εταιρείας. Οι στυλίστες προτίμησαν την ευελιξία και τις ελαφρώς υψηλότερες αποδοχές που προσέφερε το μοντέλο του ανεξάρτητου εργολάβου σε σχέση με το μοντέλο του υπαλλήλου του κομμωτηρίου.

Ένας στυλίστας, ο Matt, δημιούργησε μια καμπάνια στα μέσα κοινωνικής δικτύωσης που έδειχνε τον εαυτό του σε διάφορες πόζες, δίνοντας στους οπαδούς του την ευκαιρία να μαντέψουν τη πόζα της ημέρας και να κερδίσουν μια δωροεπιταγή. Ξαπλωμένος στο πάτωμα έξω από την είσοδο του κομμωτηρίου, ήταν ένας Matt από την πόρτα. Καθισμένος πίσω από το γραφείο, ένας Matt που καλωσόριζε. Φορώντας κράνος και ωτοασπίδες, ένας Ματ ασφαλείας. Οι στιγμές του Matt στα μέσα ενημέρωσης μετατράπηκαν σε ανθρώπους που έστελναν φωτογραφίες με χτενίσματα που τους άρεσαν, αφού ο Matt ξέμεινε από ιδέες για λογοπαίγνια. Η δημιουργικότητα του Matt στην προσέλκυση και διατήρηση επιχειρήσεων κράτησε το Pasión σε λειτουργία κατά τη διάρκεια των περιόδων ασθένειας του Sam.

Όταν η κατάσταση του Σαμ επιδεινώθηκε, αποφάσισε να αφήσει την Pasión στον Ματ και στο 401(k) σχέδιό του για την έρευνα λοιμωδών νοσημάτων.

Θα περάσουμε από τη λίστα δύο φορές, πρώτον επειδή ο Σαμ ήθελε να ρευστοποιήσει πλήρως το σχέδιο πριν πεθάνει και δεύτερον για να συζητήσουμε τι θα έκανε διαφορετικά ο Ματ αν έπρεπε να ολοκληρώσει τα βήματα. Ο Σαμ μπορεί να ολοκληρώσει το σχέδιο όσο είναι ζωντανός. Το αν θα καταφέρει να ολοκληρώσει τη διαδικασία εξαρτάται από τους πόρους και τους στόχους του. Εάν ο Σαμ αποφασίσει να τερματίσει το σχέδιο, θα πρέπει να καλέσει τον TPA του για να τον βοηθήσει να ολοκληρώσει τη διαδικασία των επτά βημάτων της IRS. Οι αριθμημένες παράγραφοι που ακολουθούν υποδεικνύουν τις ενέργειες του Σαμ σε κάθε βήμα.

1. Ο TPA τροποποιεί το σχέδιο για την υπογραφή του Sam. Ο TPA μπορεί να απαιτήσει τα πρακτικά της συνεδρίασης του διοικητικού συμβουλίου που περιλαμβάνουν την απόφαση του διοικητικού συμβουλίου να τερματίσει το σχέδιο. Εάν ο TPA του Sam δεν παρέχει υπόδειγμα, μπορεί να δημιουργήσει τα απαραίτητα πρακτικά χωρίς να προσλάβει δικηγόρο. Ακολουθεί απλώς τις απαιτήσεις της πολιτείας του για το περιεχόμενο και τη μορφή, εάν υπάρχουν, συμπεριλαμβανομένων της πρότασης ενός μέλους του διοικητικού συμβουλίου για τον τερματισμό του σχεδίου, της συζήτησης και της καταγραφής της έγκρισης του ψηφίσματος.

2. Δεν απαιτείται καμία τεκμηρίωση για την ενημέρωση των συμμετεχόντων στο σχέδιο σχετικά με την καταγγελία, δεδομένου ότι ο Σαμ είναι αυτός που αποφάσισε να καταγγείλει το σχέδιο και είναι ο μόνος εργαζόμενος. Η DOL θεωρεί ότι ο Sam γνωρίζει τα πάντα για το σχέδιο, επειδή το χρηματοδότησε. Δεν είναι πιθανό να δείξουν κατανόηση στον Sam, εάν αυτός παραπονεθεί ότι ο εργοδότης του δεν τον ενημέρωσε για τα δικαιώματά του.

3. Το IRC § 402(στ) απαιτεί από τον διαχειριστή ενός αναγνωρισμένου προγράμματος § 401(α) να παρέχει γραπτή δήλωση

σε κάθε δικαιούχο μιας επιλέξιμης διανομής μετακύλισης, όπως ορίζεται στο § 402(γ)(4). Ο TPA απλώς στέλνει με ηλεκτρονικό ταχυδρομείο στον Sam την ειδοποίηση μετακύλισης και το τρίτο βήμα έχει ολοκληρωθεί.

4. Οι εισφορές του εργοδότη στο πρόγραμμα 401(k) είναι διακριτικής ευχέρειας. Αποτελούνται από έναν τύπο αντιστοίχισης εισφορών ή από την αναβαλλόμενη από τον φόρο κατανομή κερδών. Για παράδειγμα, ένας εργοδότης μπορεί να επιλέξει να αντιστοιχίσει το 100% του πρώτου 3% της εισφοράς του μισθού ενός εργαζομένου και το 50% του επόμενου 2% της εισφοράς του μισθού ενός εργαζομένου. Όλοι οι εργαζόμενοι ενημερώνονται εκ των προτέρων. Η αντιστοίχιση του εργοδότη καθίσταται υποχρέωση μισθοδοσίας. Το Διοικητικό Συμβούλιο μπορεί να αποφασίσει ότι δεν είναι σε θέση να συνεχίσει την εξίσωση και να σταματήσει τη δαπάνη. Ο εργοδότης δεν απαλλάσσεται από την καταβολή των καθυστερούμενων δεσμευμένων εισφορών με την ψήφο του για τη διακοπή της αντιστάθμισης ή τη διακοπή του προγράμματος. Ο TPA θα εξετάσει τα έγγραφα του προγράμματος και τις οικονομικές καταστάσεις για να διαπιστώσει εάν ο εργοδότης οφείλει χρήματα στο πρόγραμμα. Εάν ναι, η Sam πρέπει να χρηματοδοτήσει τις οφειλόμενες εισφορές.

5. Αυτά τα προγράμματα 401(k) περιέχουν ένα χρονοδιάγραμμα κατοχύρωσης που ισχύει για τις εργοδοτικές εισφορές. Οι εργαζόμενοι κατοχυρώνουν πάντα πλήρως τις δικές τους εισφορές. Μια κοινή φόρμουλα κατοχύρωσης αυξάνει την κατοχύρωση κατά 20% για κάθε έτος απασχόλησης, έως ότου ο εργαζόμενος κατοχυρώσει πλήρως την αντιστοιχία του εργοδότη στο έκτο έτος απασχόλησης. Ο εργοδότης μπορεί να χρησιμοποιήσει τα μη κατοχυρωμένα κεφάλαια για να αντισταθμίσει μελλοντικές εισφορές. Ο εργοδότης δεν μπορεί να

επιστρέψει στην εταιρεία τα μη κατοχυρωμένα κεφάλαια. Όταν ένα πρόγραμμα τερματίζεται, όλοι οι εργαζόμενοι αποκτούν πλήρη κατοχύρωση. Εάν ο εργοδότης δεν συνεισφέρει, αυτό είναι άσχετο.

6. Αυτό το βήμα είναι το πιο δύσκολο για τους ιδιοκτήτες επιχειρήσεων ROBS. Τα περισσότερα προγράμματα δεν επιτρέπουν μεταφορές χωρίς μετρητά και οι περισσότεροι πελάτες και εταιρείες ROBS δεν έχουν τα χρήματα για να αγοράσουν τις μετοχές του προγράμματος. Ακόμη και αν το σχέδιο του Sam του επέτρεπε να μεταφέρει μετοχές της εταιρείας, ένας IRA που κατέχει μετοχές της εταιρείας του δημιουργεί απαγορευμένη συναλλαγή. Ο Σαμ διαθέτει ασφαλιστήριο συμβόλαιο ζωής με παροχή θανάτου μεγαλύτερη από την αξία των μετοχών του προγράμματος. Εάν αφήσει το πρόγραμμα στον Matt και την ασφάλεια ζωής σε ένα φιλανθρωπικό ίδρυμα, ο Matt θα κατέχει το 100% της εταιρείας και θα πρέπει να λάβει RMDs από τις κληρονομημένες μετοχές ως φορολογητέο γεγονός. Ωστόσο, εάν ορίσει την ασφάλεια ζωής του για να αποσύρει τις μετοχές στο πρόγραμμα, η κληρονομιά των προσωπικών μετοχών του Σαμ από τον Ματ θα αφήσει στον Ματ το 100% της εταιρείας χωρίς ζητήματα RMD. Σε κάθε περίπτωση, η φιλανθρωπική οργάνωση κληρονομεί χωρίς φορολογητέο γεγονός. Εάν ο Σαμ θέλει να χρησιμοποιήσει ένα ασφαλιστήριο συμβόλαιο ζωής για να πληρώσει το σχέδιο για τις μετοχές του και να αποφύγει τη φορολόγηση της διανομής ορίζοντας ως δικαιούχο ένα φιλανθρωπικό ίδρυμα, δεν μπορεί να κάνει αυτό το βήμα όσο είναι εν ζωή. Για να κάνει ο ίδιος αυτό το βήμα, ο Σαμ πρέπει είτε να πληρώσει για τις μετοχές και να μεταφέρει τα χρήματα σε άλλον αναγνωρισμένο λογαριασμό είτε να διανείμει τις μετοχές στον εαυτό του ως φορολογητέο γεγονός.

7. Η TPA θα σημειώσει το 5500 ως τελική δήλωση του προγράμματος μόνο για το έτος κατά το οποίο το πρόγραμμα φτάνει σε μηδενικό υπόλοιπο. Το αν ο λογαριασμός του Sam μεταφέρεται ή διανέμεται σε μηδενικό υπόλοιπο κατά τη διάρκεια της ζωής του εξαρτάται από την προσέγγισή σας στο βήμα 6.

Ας αναλύσουμε τώρα την κατάσταση από την οπτική γωνία του Matt. Ο Σαμ έχει πεθάνει. Ο Σαμ άφησε το ασφαλιστήριο συμβόλαιο ζωής του στον Ματ και το πρόγραμμα 401(k) του σε ένα φιλανθρωπικό ίδρυμα. Αυτό δίνει στον Matt την επιλογή να πουλήσει ή να κρατήσει την επιχείρηση. Ο Matt αποφασίζει να κρατήσει το κομμωτήριο ανοιχτό και να κλείσει το πρόγραμμα αγοράζοντας τις μετοχές με τα χρήματα της ασφάλειας ζωής. Με αυτόν τον τρόπο ο Ματ πρέπει να ολοκληρώσει τα βήματα για να τερματίσει το σχέδιο.

1. Ο TPA τροποποιεί το σχέδιο για την υπογραφή του Matt. Ο TPA μπορεί να ζητήσει τα πρακτικά της συνεδρίασης του διοικητικού συμβουλίου που περιλαμβάνουν την απόφαση του διοικητικού συμβουλίου να τερματίσει το σχέδιο και να κατονομάσει τον Matt ως υπογράφοντα του σχεδίου. Εάν ο TPA του Matt δεν παρέχει κάποιο πρότυπο, μπορεί να προετοιμάσει τα απαραίτητα πρακτικά χωρίς να προσλάβει δικηγόρο. Απλώς θα ακολουθήσει τις απαιτήσεις της πολιτείας του για το περιεχόμενο και τη μορφή, εάν υπάρχουν, συμπεριλαμβανομένων των προτάσεων ενός μέλους του διοικητικού συμβουλίου για τον τερματισμό του σχεδίου και τον διορισμό του για την υπογραφή όλων των υπόλοιπων εγγράφων του σχεδίου για την εταιρεία. Ο Matt μπορεί επίσης να χρειαστεί πρακτικά της συνέλευσης των μετόχων για να αποδείξει την εκλογή του στο διοικητικό συμβούλιο.

2. Κανένας εργαζόμενος δεν χρειάζεται να ενημερωθεί για τη λήξη του σχεδίου.

3. Το φιλανθρωπικό ίδρυμα δικαιούται ειδοποίηση σύμφωνα με το άρθρο 402(στ) του IRC.

4. Ο TPA θα ελέγξει τον λογαριασμό για καθυστερούμενες εργοδοτικές εισφορές. Στην απίθανη περίπτωση που η εταιρεία οφείλει εργοδοτικές εισφορές στον λογαριασμό του προγράμματος του Σαμ, ο Ματ θα πρέπει να πραγματοποιήσει τις πληρωμές αυτές πριν από τον υπολογισμό του υπολοίπου που οφείλεται στο φιλανθρωπικό ίδρυμα.

5. Επειδή ο Σαμ απεβίωσε προτού το διοικητικό συμβούλιο ψηφίσει για τη λήξη του προγράμματος, ο λογαριασμός του Σαμ δεν δικαιούται απαραιτήτως τυχόν μη επενδεδυμένα κεφάλαια. Το σχέδιο πιθανότατα επιτρέπει στην εταιρεία να επιστρέψει τα κεφάλαια αυτά στην εταιρεία. Ο TPA θα συμβουλεύσει αναλόγως τον Matt σχετικά με την ύπαρξη τυχόν μη επενδεδυμένων κεφαλαίων και την τεκμηρίωση του προγράμματος.

6. Ο Matt χρειάζεται μια αποτίμηση της εταιρείας ταυτόχρονα με τον θάνατο του Sam για διάφορους λόγους, συμπεριλαμβανομένης της αποτίμησης των μετοχών που ανήκουν στο πρόγραμμα. Στη συνέχεια, ο Matt καταβάλλει το ποσό αυτό στο σχέδιο. Δεν είναι υποχρεωμένος να χρησιμοποιήσει συγκεκριμένα τα έσοδα από την ασφάλιση, αν και αυτή είναι η πιο πιθανή πηγή κεφαλαίων του. Στη συνέχεια, ο Matt θα ενημερώσει το μετοχολόγιο της εταιρείας για να δείξει ότι αγόρασε τις μετοχές στο σχέδιο και τώρα τις κατέχει.

7. Ο TPA εκδίδει μια επιταγή προς το φιλανθρωπικό ίδρυμα για να αδειάσει το σχέδιο και καταγράφει ένα τελικό 5500.

Ερώτηση δοκιμής: Ο Σαμ ενημέρωσε τον Ματ για την πρόθεσή του να αφήσει την εταιρεία στον Ματ και τον λογαριασμό του προγράμματος στο φιλανθρωπικό ίδρυμα. Ο Σαμ είπε μάλιστα στον Ματ πώς η ασφάλιση ζωής ταιριάζει στο σενάριο. Πριν προλάβει να εκτελέσει το σχέδιό του, ο Σαμ πέθανε γρήγορα σε ένα ατύχημα που δεν είχε σχέση με την πιο αργή διαδικασία θανάτου που προκαλούσε η ασθένειά του. Ο Ματ δεν μπόρεσε να βρει διαθήκη. Ο TPA και η ασφαλιστική εταιρεία ζωής ανέφεραν ότι δεν μπόρεσαν να εντοπίσουν ένα BDF υπογεγραμμένο από τον Sam. Τι μπορεί να κάνει ο Ματ νομικά για να εκπληρώσει τις επιθυμίες του Σαμ;

1. Να αναλάβει την πλήρη κυριότητα της εταιρείας, να εκλέξει τον εαυτό του στο διοικητικό συμβούλιο, να διοριστεί διαχειριστής του προγράμματος, να συμπληρώσει ένα BDF για το πρόγραμμα και την ασφάλεια ζωής όπως ήθελε ο Σαμ, υπογράφοντας με το όνομα του Σαμ και χρονολογώντας τα έντυπα πριν από το ατύχημα του Σαμ.

2. Τίποτα.

3. Να τροποποιήσει το μετοχολόγιο ώστε να εμφανιστεί η μεταβίβαση των προσωπικών μετοχών του Σαμ στον εαυτό του και στη συνέχεια να εκλέξει τον εαυτό του μέτοχο και διευθυντή, ώστε να μπορέσει τουλάχιστον να κρατήσει την εταιρεία ανοιχτή για δουλειά, ενώ όλα τα υπόλοιπα τακτοποιούνται.

4. Να καταθέσει αίτηση στο δικαστήριο διαθήκης για να γίνει ο προσωπικός αντιπρόσωπος (PR) της περιουσίας του Σαμ και να εκτελέσει τις επιθυμίες του Σαμ ως PR. Το πρόγραμμα και η ασφάλεια ζωής του Σαμ θα περάσουν στην περιουσία εξ ορισμού. Ελλείψει διαθήκης, ο Matt μπορεί να διανείμει την περιουσία του Sam όπως

επιθυμεί, χρησιμοποιώντας τα περιουσιακά στοιχεία της περιουσίας για να πληρώσει τους φόρους της διανομής.

Απάντηση: Η 100% σωστή απάντηση εξαρτάται από τους νόμους περί κληρονομικής διαδοχής της πολιτείας κατοικίας του Σαμ. Από τις τέσσερις επιλογές που παρατίθενται, η πιο σωστή απάντηση είναι η 2 - Τίποτα. Τα στοιχεία 1 και 3 είναι παράνομα. Ο Matt μπορεί να υποβάλει αίτηση στο δικαστήριο διαθήκης για να γίνει εκτελεστής της κληρονομιάς, αλλά δεν μπορεί να εκτελέσει τις επιθυμίες του Sam. Εφόσον ο Σαμ δεν είχε έγκυρη διαθήκη, η περιουσία του είναι εξ αδιαθέτου και ο Ματ πρέπει να ακολουθήσει τους κανόνες διανομής εξ αδιαθέτου της πολιτείας.

Δεν υπάρχει μία προσέγγιση που να λειτουργεί για όλους. Ελπίζουμε ότι οι ιδιοκτήτες ROBS θα σκεφτούν αυτά τα βήματα πριν τους συμβεί κάτι. Αφιερώστε χρόνο για να έχετε τα αποτελέσματα που θέλετε. Οι άνθρωποι συχνά με ρωτούν πόσο καιρό μπορούν να περιμένουν για να επιστρέψουν τα BDF ή να δημιουργήσουν διαθήκη. Τους λέω να το κάνουν πριν πεθάνουν. Δεν ξέρετε ποια μέρα είναι αυτή; Τότε μην περιμένετε. Κάποιοι άνθρωποι, όπως εγώ, μπορεί να θέλουν να μάθουν ποια μέρη των σημείων 1 και 3 είναι παράνομα και ποιες είναι οι ποινές. Ποιος έχει το δικαίωμα να διαμαρτυρηθεί; Αν ο Ματ δημιουργεί τις προθέσεις του Σαμ, έχουν σημασία οι λεπτομέρειες της διαδικασίας; Δεν θα ζητωκραυγάζουν όλοι κρυφά, όπως κάνουμε όταν βλέπουμε ταινίες στις οποίες οι ήρωες και οι ηρωίδες παραβιάζουν τους κανόνες για να κάνουν το "σωστό"; Στην πραγματική ζωή δεν λειτουργούν έτσι τα πράγματα.

Ποια μέρη των 1 και 3 είναι παράνομα; Όλα! Η συμπλήρωση ενός BDF για την ασφαλιστική εταιρεία στο όνομα του Σαμ είναι ασφαλιστική απάτη. Η υπογραφή του ονόματος του Σαμ σε ένα BDF προγράμματος είναι πλαστογραφία και παραβίαση του ERISA. Η χειραγώγηση των μετοχών της εταιρείας αποτελεί παραβίαση των κρατικών κανόνων ασφαλείας. Το αν οποιαδήποτε ομοσπονδιακή ή πολιτειακή υπηρεσία θα αφιέρωνε χρόνο για να διερευνήσει αυτές τις περιστάσεις είναι εκτός θέματος. Δεν το κάνουν. Αν ο Matt ήταν πελάτης μου, θα τον συμβούλευα να μην κάνει τίποτα ή να ζητήσει από το δικαστήριο μια λύση για τις δημόσιες σχέσεις. Αυτό είναι όλο! Το γεγονός ότι ενεργείτε ως δημόσιες σχέσεις δεν σας δίνει την εξουσία να κάμψετε τη διαδικασία σύμφωνα με τις επιθυμίες του Σαμ. Στην πραγματικότητα, η αποδοχή των καθηκόντων δημοσίων σχέσεων θα μπορούσε να οδηγήσει σε πρόσθετες παραβάσεις, εάν ενεργεί αντίθετα με την πολιτειακή νομοθεσία. Ακολουθήστε τους κανόνες, ακόμη και αν αυτό έχει ως αποτέλεσμα διαφορετικό αποτέλεσμα από αυτό που πιστεύετε ότι θα ήθελε ο αποθανών.

Ελπίζω αυτό το βιβλίο να φτάσει σε ανθρώπους σαν τον Σαμ με το μήνυμα να μην φέρνετε τους δικαιούχους σας στη θέση να εξετάζουν παράνομες δραστηριότητες για να επιτύχουν τους στόχους τους. Κάντε τη διαθήκη σας και συμπληρώστε τα BDFs σας. Δεν είναι για εσάς - δεν θα είστε εδώ όταν θα τεθούν σε ισχύ αυτά τα έντυπα. Είναι για τους ανθρώπους και τους σκοπούς που αγαπάτε.

# Κεφάλαιο 18: ROBS: Κλείσιμο του σχεδίου, κλείσιμο της επιχείρησης

Δεν χρειάζεται να πεθάνετε για να τερματίσετε ένα σχέδιο και να κλείσετε μια εταιρεία. Ορισμένοι από τους πελάτες μου επιλέγουν να μεταβιβάσουν την εταιρεία στα παιδιά τους, να την πουλήσουν σε έναν νέο, άσχετο ιδιοκτήτη ή απλώς να κλείσουν τις πόρτες και να προχωρήσουν στην επόμενη φάση της ζωής τους. Το παρόν κεφάλαιο πραγματεύεται μια κατάσταση όπου ο κύριος ιδιοκτήτης της ROBS πεθαίνει, αφήνοντας μια διαθήκη που αναφέρει ποιος κατέχει τις προσωπικές μετοχές και ένα σχέδιο BDF 401(k) που αναφέρει το ίδιο άτομο ως δικαιούχο. Από πού να ξεκινήσετε, εν μέσω θλίψης και στενοχώριας, έτοιμοι να ουρλιάξετε αν χτυπήσει το τηλέφωνο της επιχείρησης άλλη μια φορά;

Ξεκινήστε φροντίζοντας τον εαυτό σας. Ζητήστε από τους ανθρώπους να αναλάβουν όσο το δυνατόν μεγαλύτερο μέρος αυτής της διαδικασίας. Προσλάβετε τους αν χρειαστεί. Το κλείσιμο της εταιρείας και του σχεδίου μπορεί να διαρκέσει αρκετούς μήνες.

Εξετάστε το ενδεχόμενο επαγγελματικής βοήθειας από μεσίτη επιχειρήσεων, δημόσιο λογιστή ή δικηγόρο. Δημιουργήστε ένα ευέλικτο χρονοδιάγραμμα και αφήστε τους να το διαχειριστούν. Κάθε μέρα, επικεντρωθείτε πρώτα στην ευημερία σας και έπειτα σε ό,τι πρέπει να γίνει εκείνη την ημέρα. Η επαγγελματική σας βοήθεια θα σας βοηθήσει να προσδιορίσετε την αξία της επιχείρησης. Εάν η επιχειρηματική ιδέα είναι εμπορεύσιμη, πουλήστε ολόκληρη την επιχείρηση μέσω πώλησης περιουσιακών στοιχείων ή μετοχών. Διαφορετικά, πουλήστε όλα τα πολύτιμα περιουσιακά στοιχεία! Χρησιμοποιήστε τα κεφάλαια που θα συγκεντρωθούν για την εξόφληση των ανεξόφλητων χρεών. Αγοράστε τις μετοχές από τους μετόχους όταν τα περιουσιακά στοιχεία και οι υποχρεώσεις της επιχείρησης έχουν μειωθεί σε μετρητά. Τότε θα είστε έτοιμοι να τερματίσετε το σχέδιο και να διαλύσετε την εταιρεία.

Ο αγοραστής μπορεί να επιλέξει να αναλάβει το πρόγραμμα 401(k). Σε αυτή την περίπτωση, θα ασχοληθείτε μόνο με τον τερματισμό του δικού σας μέρους του σχεδίου 401(k), όχι ολόκληρου του σχεδίου. Κατ' αρχάς, ας αναλύσουμε τις ταμειακές ροές σε καθεμία από τις τρεις επιλογές τερματισμού της εταιρείας: κλείσιμο των θυρών, πώληση περιουσιακών στοιχείων και πώληση μετοχών. Παρόλο που τα βήματα της ταμειακής ροής είναι ελαφρώς διαφορετικά, ο στόχος είναι ο ίδιος για κάθε επιλογή. Η εταιρεία πωλεί τα περιουσιακά της στοιχεία, πληρώνει τους λογαριασμούς της και επαναγοράζει τις μετοχές αναλογικά από τους μετόχους της.

Συνιστώ να αποφεύγεται η προσφορά χρηματοδότησης στον πωλητή. Αν και επιτρέπεται, εάν η εταιρεία επιτρέπει στον αγοραστή να κάνει πληρωμές, τόσο η εταιρεία όσο και το σχέδιο πρέπει να παραμείνουν ανοικτά μέχρι να οριστικοποιηθεί το εν λόγω σχέδιο πληρωμών. Ένα άτομο που επικοινώνησε με το γραφείο μου πούλησε την εταιρεία ως πώληση περιουσιακών στοιχείων με επταετές γραμμάτιο. Ζήτησε τη βοήθειά μου για να κλείσει το σχέδιό του. Αφού συζητήσαμε λογιστικές συμβουλές για τον ορθό έλεγχο των πληρωμών και τη διατήρηση της κυριότητας του σχεδίου, τον ενημέρωσα ότι δεν μπορούσαμε να ολοκληρώσουμε τη διαδικασία μέχρι ο αγοραστής να εξοφλήσει το γραμμάτιο. Θα ήθελε να μου μιλήσει πριν από την πώληση.

Ένας άλλος ιδιοκτήτης της ROBS δεν μπόρεσε να πουλήσει ένα μοναδικό περιουσιακό στοιχείο. Φαίνεται ότι η αγορά για αυτά τα αντικείμενα έχει στερέψει. Είναι δύσκολο να καθοριστεί μια δίκαιη αγοραία αξία όταν δεν υπάρχει πρόθυμος αγοραστής. Η εταιρεία της έδωσε το περιουσιακό στοιχείο χωρίς καμία αξία και έκλεισε την εταιρεία και το σχέδιο. Δεν έχω συναντήσει ακόμη ανυπέρβλητο εμπόδιο στην εκκαθάριση μιας εγκατάστασης ROBS. Απλώς ακολουθήστε τις γενικά αποδεκτές λογιστικές αρχές και όλα θα πάνε καλά. Εάν χρειάζεστε βοήθεια, ζητήστε τη.

Απλά κλείστε τις πόρτες: Οι μέτοχοι και το διοικητικό συμβούλιο μιας εταιρείας θα ψηφίσουν να κλείσουν απλώς τις δραστηριότητες, εάν η εταιρεία δεν έχει αγοραία αξία. Τα συνήθη βήματα για το κλείσιμο μιας εταιρείας περιλαμβάνουν:

- Τον γραπτό τερματισμό των σχέσεων με τους υπαλλήλους,

- Ακύρωση ή εκχώρηση συμβάσεων,

- Πώληση πολύτιμων περιουσιακών στοιχείων,

- Πληρωμή των λογαριασμών,

- εξαγορά μετοχών από τους μετόχους,

- Αντιμετώπιση του σχεδίου όπως συζητήθηκε στο προηγούμενο κεφάλαιο,

- Ακολουθεί τη διαδικασία εκκαθάρισης της εταιρείας.

Τι γίνεται αν κάποιος που κληρονομεί αυτή τη ρύθμιση πουλήσει τα περιουσιακά στοιχεία στον εαυτό του σε τιμή σημαντικά χαμηλότερη από την αγοραία αξία, αφήνοντας μόλις αρκετά χρήματα στην εταιρεία για να πληρώσει τους λογαριασμούς, και στη συνέχεια κλείσει τις μετοχές στο μηδέν, ισχυριζόμενος ότι η εταιρεία δεν έχει καμία αξία; Μια δήλωση στον διαχειριστή του προγράμματος σχετικά με τις άχρηστες μετοχές θα ήταν ακριβής σε εκείνο το σημείο, αλλά δεν θα ήταν όλη η ιστορία. Το εν λόγω πρόσωπο θα απέφευγε έξυπνα τη φορολογητέα διανομή της διαφοράς μεταξύ των πραγματικών πωλήσεων και της FMV. Εάν ανακαλυφθεί από την IRS, αυτή η αυτοδιαχείριση θα οδηγήσει σε πρόσθετα πρόστιμα και κυρώσεις. Η πώληση επιχειρηματικών περιουσιακών στοιχείων στον εαυτό του δεν αποτελεί από μόνη της απαγορευμένη συναλλαγή, αλλά μπορεί να εγείρει παρόμοια ζητήματα εάν γίνεται σε τιμή χαμηλότερη από την εύλογη αγοραία αξία.

Εάν ένα περιουσιακό στοιχείο πωλείται ή δωρίζεται σε κληρονόμο της περιουσίας ή του σχεδίου, τεκμηριώστε την αξία του περιουσιακού στοιχείου και ακολουθήστε τις γενικά αποδεκτές λογιστικές αρχές. Για παράδειγμα, η εταιρεία διαθέτει ένα φορτηγό αξίας 25.000 δολαρίων. Η εταιρεία μεταβιβάζει το φορτηγό σε ένα μέλος της οικογένειας. Τα 25.000 δολάρια είναι φορολογητέα για τον δικαιούχο, αλλά οι φόροι είναι πολύ λιγότεροι από το κόστος του φορτηγού. Συμβουλευτείτε τον λογιστή σας για βοήθεια σχετικά με αυτούς τους τύπους συναλλαγών μη χρηματικών συναλλαγών ή συναλλαγών κάτω της FMV και αναφέρετέ τις κατάλληλα.

Πώληση της εταιρείας με πώληση περιουσιακών στοιχείων: Περίπου το 90% των εταιρειών πωλούνται ως πωλήσεις περιουσιακών στοιχείων. Η συμφωνία αγοράς και πώλησης (PSA) απαριθμεί τα περιουσιακά στοιχεία που επιθυμεί ο αγοραστής, που συχνά περιλαμβάνουν την επωνυμία της εταιρείας, πελατολόγια, διαδικασίες λειτουργίας, μεταβιβάσιμες συμβάσεις, πνευματική ιδιοκτησία, κτίρια, εξοπλισμό και ίσως μια ρήτρα απαγόρευσης ανταγωνισμού που απαιτεί από τον πωλητή να μην ιδρύσει νέα παρόμοια εταιρεία σε ορισμένη ακτίνα για ορισμένο χρονικό διάστημα. Μια ενιαία πώληση, αν και πολύπλοκη, αντί για δεκάδες ή εκατοντάδες μεμονωμένες πωλήσεις περιουσιακών στοιχείων που συνδέονται με το απλό κλείσιμο των θυρών.

Θυμηθείτε την προηγούμενη προειδοποίηση σχετικά με τη χρηματοδότηση του πωλητή. Απλά πείτε όχι. Συνιστώ να εξηγήσετε στον αγοραστή γιατί λέτε όχι αν ζητήσει χρηματοδότηση από τον πωλητή. Ίσως ο αγοραστής να διαθέτει κατάλληλα κεφάλαια για επένδυση και να μην γνωρίζει για την επιλογή μετακύλισης για την έναρξη μιας επιχείρησης. Ενώ υπάρχει τρόπος να επιτρέψετε στην εταιρεία του αγοραστή να γίνει ο νέος χορηγός του προγράμματος, δεν το συνιστώ για διάφορους δευτερεύοντες αλλά απογοητευτικούς λόγους. Είναι προτιμότερο να τους αφήσετε να γίνουν χορηγοί του δικού σας σχεδίου και να ολοκληρώσουν την αγορά περιουσιακών στοιχείων, επιτρέποντάς σας να διαλύσετε την εταιρεία σας και το σχέδιό σας.

Παρόλο που οι εργαζόμενοι αποτελούν ένα είδος περιουσιακού στοιχείου, ο αγοραστής δεν χρειάζεται να τους απασχολεί. Θυμηθείτε να καταγγείλετε όλες τις συμβάσεις εργασίας, ανεξάρτητα από το αν ο νέος εργοδότης τους προσλάβει ή όχι. Σε μια πώληση περιουσιακών στοιχείων, η σύμβαση εργασίας μπορεί να λήξει με μια εταιρεία την Παρασκευή και να ξεκινήσει με έναν νέο εργοδότη την επόμενη Δευτέρα. Ο πωλητής σας θα δημιουργήσει πιθανότατα έναν λογαριασμό μεσεγγύησης. Ο αγοραστής καταθέτει τα κεφάλαια, η πωλήτρια εταιρεία μεταβιβάζει ικανοποιητικά τα αποκτηθέντα περιουσιακά στοιχεία και η εταιρεία μεσεγγύησης μεταφέρει τα κεφάλαια στον τραπεζικό λογαριασμό της εταιρείας. Η εταιρεία εξοφλεί τυχόν ανεξόφλητα χρέη και επαναγοράζει τις μετοχές από τους μετόχους. Το σχέδιο λαμβάνει τα κατάλληλα κεφάλαια και στη συνέχεια εκτελεί τις οδηγίες του δικαιούχου.

Πώληση των μετοχών της εταιρείας ως πώληση μετοχών: Σε μια πώληση μετοχών, ο αγοραστής αποκτά τις μετοχές από τους μετόχους και γίνεται ο νέος ιδιοκτήτης της εταιρείας. Ακούγεται απλό, σωστά; Οι νέοι ιδιοκτήτες απλώς συνεχίζουν τις υφιστάμενες σχέσεις εργαζομένων, τις μισθώσεις, τις συμβάσεις και τις άδειες χρήσης. Ωστόσο, οι νέοι ιδιοκτήτες κληρονομούν επίσης τις υποχρεώσεις της εταιρείας, συμπεριλαμβανομένων άγνωστων υποχρεώσεων, όπως αγωγές που έχουν κατατεθεί αλλά δεν έχουν καταχωρηθεί ή δεν είναι γνωστές στους πωλητές.

Η προσέγγιση της πώλησης μετοχών λειτουργεί καλύτερα από την πώληση περιουσιακών στοιχείων για μη μεταβιβάσιμα περιουσιακά στοιχεία, όπως ορισμένες άδειες, πνευματική ιδιοκτησία ή συμβάσεις. Η εταιρεία θα συνεχίσει να κατέχει όλα αυτά τα περιουσιακά στοιχεία. Να θυμάστε ότι η χρηματοδότηση από τον πωλητή σημαίνει ότι το πρόγραμμα 401(k) πρέπει να παραμείνει ανοικτό και να υποβάλλονται ετήσιες δηλώσεις μέχρι να ολοκληρωθεί η πληρωμή, ακόμη και αν το πρόγραμμα είναι ευθύνη του αγοραστή. Οι αγοραστές αποκτούν τα ίδια κεφάλαια (μετοχές) απευθείας από τους μετόχους. Όλα όσα ανήκουν στην εταιρεία παραμένουν εκεί που είναι. Έχουν το δικαίωμα να πουλήσουν περιουσιακά στοιχεία που δεν θέλουν, να καταγγείλουν συμβάσεις εργασίας, να ακυρώσουν συμβάσεις ή να αποσχίσουν πνευματική ιδιοκτησία. Μπορούν επίσης να αποφασίσουν αν θα διατηρήσουν το σχέδιο ή θα το κλείσουν. Το σχέδιο 401(k) θα λάβει τα έσοδα από την πώληση απευθείας ως μέτοχος και στη συνέχεια θα ενεργήσει με βάση το έντυπο καθορισμού δικαιούχου.

Προσθήκες της ROBS στη διαδικασία διάλυσης της εταιρείας: Ένας προσεκτικός αναγνώστης θα παρατηρήσει ότι η διαδικασία διάλυσης μιας εταιρείας αρχίζει όταν το διοικητικό συμβούλιο και οι μέτοχοι, σε μια δεόντως συγκροτημένη συνεδρίαση, ψηφίζουν για τη διάλυση της εταιρείας. Ωστόσο, η διαδικασία διάλυσης δεν μπορεί να ολοκληρωθεί χωρίς την αντιμετώπιση των περιουσιακών στοιχείων και των υποχρεώσεων, η οποία περιλαμβάνει την επαναγορά των μετοχών που ανήκουν στο πρόγραμμα 401(k). Το προηγούμενο κεφάλαιο ασχολήθηκε λεπτομερώς με το κλείσιμο του προγράμματος σύμφωνα με τα βήματα της IRS για το κλείσιμο ενός προγράμματος. Το παρόν κεφάλαιο προσθέτει ορισμένες εκτιμήσεις που δεν αναφέρονται στον κατάλογο ελέγχου της IRS.

Οι κύριες ευθύνες σας ως καταπιστευματοδόχου περιλαμβάνουν τη διασφάλιση ότι το σχέδιο λαμβάνει "επαρκές αντάλλαγμα" για τα περιουσιακά του στοιχεία κατά τη διαδικασία εκκαθάρισης και ότι όλα τα περιουσιακά στοιχεία του καταπιστεύματος διατηρούνται στο όνομα των πραγματικών δικαιούχων. Διαθέτει το σχέδιο λογαριασμό ή μέθοδο για την είσπραξη χρημάτων από την εξαγορά μετοχών; Εάν δεν γνωρίζετε, ρωτήστε τον TPA. Τουλάχιστον, μπορεί να χρειαστεί να ανοίξετε έναν τραπεζικό λογαριασμό για το σχέδιο. Μην χρησιμοποιείτε τον λογαριασμό της εταιρείας για τον σκοπό αυτό. Μόλις τα χρήματα επιστρέψουν στον λογαριασμό 401(k), διανείμετε ή μεταφέρετε τα χρήματα σύμφωνα με το ΔΑΔ. Εάν οι μετοχές δεν έχουν καμία αξία, ρωτήστε το ΤΑΑ ποια έγγραφα απαιτούνται για να επαληθεύσετε την απώλεια της επένδυσης και τερματίστε το πρόγραμμα. Επανεξετάστε τα βήματα της μεταφοράς με τον TPA, συμπεριλαμβανομένων των ποσών σε δολάρια όλων των συναλλαγών. Ο TPA θα πρέπει να εκδώσει 1099 για ορισμένες συναλλαγές, όπως διανομές ή μεταβιβάσεις.

Ο TPA μπορεί να σας ρωτήσει αν σκοπεύετε να ζητήσετε επιστολή προσδιορισμού από την IRS. Οι περισσότεροι από τους πελάτες μου ROBS δεν ζητούν τέτοια επιστολή, αλλά η απόφαση αυτή πρέπει να λαμβάνεται κατά περίπτωση. Για να δείτε τι έχει να πει η IRS για το θέμα αυτό - το έντυπο που πρέπει να συμπληρώσετε για να ζητήσετε μια τέτοια επιστολή - αναζητήστε στον ιστότοπο της IRS την ένδειξη "determination letter". Δεν πειράζει να μην ζητήσετε μία, απλώς πάρτε μια τεκμηριωμένη απόφαση με βάση το κόστος και τον χρόνο που συνεπάγεται και τι θα σας ωφελήσει η επιστολή ως διαχειριστής ή δικαιούχος του προγράμματος. Μόλις το σχέδιο αδειάσει και η TPA έχει τις πληροφορίες που απαιτούνται για την υποβολή του τελικού 5500, ολοκληρώστε τη διαδικασία διάλυσης της εταιρείας.

Διαδικασία εταιρικής διάλυσης: Η εταιρική διάλυση είναι μια διαδικασία που διαχειρίζεται το κράτος. Εάν θέλετε να το κάνετε μόνοι σας, ξεκινήστε διαβάζοντας το καταστατικό της εταιρείας.

Το καταστατικό μπορεί να απαριθμεί τα βήματα διάλυσης που απαιτούνται στην εν λόγω πολιτεία. Η επόμενη καλύτερη πηγή σας είναι ο δικτυακός τόπος και η τηλεφωνική γραμμή εταιρικής βοήθειας του Secretary of State. Δεν είναι όλες οι πολιτείες εξίσου χρήσιμες. Εάν θέλετε νομική καθοδήγηση για να βεβαιωθείτε ότι ακολουθείτε όλα τα βήματα διάλυσης της πολιτείας σας, σας συνιστώ να ξεκινήσετε με τον δικηγόρο που χρησιμοποιούσε ο αποθανών για εταιρικές εργασίες. Αν δεν είχε σχέση με δικηγόρο, ρωτήστε ιδιοκτήτες παρόμοιων επιχειρήσεων στην περιοχή ποιον χρησιμοποιούν και αν τους αρέσει ο δικηγόρος. Συνιστώ επίσης να επικοινωνήσετε με μια διακρατική εταιρεία συνεργατικού δικαίου. Οι συνεργατικές εταιρείες συνδέουν διοικητικά ανεξάρτητες πρακτικές σε κάτι που αντιπροσωπεύει μια πολυεθνική εταιρεία, αλλά γενικά προσφέρουν καλύτερες υπηρεσίες σε χαμηλότερη τιμή.

Τα περισσότερα κράτη διαλύουν μια εταιρεία με τρεις τρόπους: διοικητικά, δικαστικά ή οικειοθελώς. Στην εκούσια διάλυση, τη διαδικασία που χρησιμοποιείται σε αυτές τις περιπτώσεις, η πλειοψηφία των μετόχων και των διευθυντών ψηφίζει για τη διάλυση της εταιρείας. Το πρώτο καθήκον είναι να καθοριστεί ποιος ψηφίζει τις εκδοθείσες μετοχές και ποιος συμμετέχει στο διοικητικό συμβούλιο. Το πρόσωπο που κληρονομεί τις μετοχές στο σχέδιο θα ψηφίσει πιθανώς την πλειοψηφία των μετοχών που έχουν εκδοθεί και μπορεί να διορίσει νέο διοικητικό συμβούλιο, εάν είναι απαραίτητο. Η οικειοθελής διάλυση, σε πολλές πολιτείες, απαιτεί την κατάθεση άρθρων διάλυσης στο γραφείο του υπουργού Εξωτερικών που περιέχουν τις ακόλουθες πληροφορίες:

- Την επωνυμία της εταιρείας,

- Την ημερομηνία σύστασής της,

- Δήλωση ότι η εταιρεία δεν έχει αρχίσει ή παύσει να ασκεί επιχειρηματική δραστηριότητα,

- ότι όλα τα χρέη της εταιρείας έχουν εξοφληθεί,

- ότι τα καθαρά περιουσιακά στοιχεία της εταιρείας έχουν διανεμηθεί στους μετόχους,

- ότι η πλειοψηφία των μετόχων ή των διευθυντών (ή και οι δύο) έχουν εγκρίνει τη διάλυση.

Μια εταιρεία διαλύεται κατά την ημερομηνία έναρξης ισχύος του καταστατικού διάλυσής της. Μια διαλυθείσα εταιρεία συνεχίζει την εταιρική της ύπαρξη, αλλά μπορεί να διεξάγει μόνο τις κατάλληλες επιχειρήσεις για την εκκαθάριση και την εκκαθάριση των επιχειρήσεων και των υποθέσεών της, συμπεριλαμβανομένων:

- Την είσπραξη των περιουσιακών της στοιχείων,

- Διάθεση της περιουσίας της, είτε σε είδος στους μετόχους της είτε με πώληση ή πλειστηριασμό,

- την εξόφληση των υποχρεώσεών της,

- διανομή των εναπομεινάντων περιουσιακών στοιχείων στους μετόχους σύμφωνα με τα συμφέροντά τους.

Είναι σημαντικό να γνωρίζετε τι κάνει και τι δεν κάνει η διάλυση. Η διάλυση μιας ανώνυμης εταιρείας δεν επιφέρει τίποτα από μόνη της:

- Μεταφέρει την κυριότητα των περιουσιακών στοιχείων της εταιρείας στους πιστωτές ή στους μετόχους,

- Εμποδίζει τη μεταβίβαση των μετοχών ή των τίτλων της,

- Υποβάλλει τους διευθυντές ή τα στελέχη σε πρότυπα άλλα από εκείνα που προβλέπονται από την κρατική νομοθεσία,

- Αλλάζει τις απαιτήσεις απαρτίας ή ψηφοφορίας του διοικητικού συμβουλίου ή των μετόχων,

- να αλλάξει τις διατάξεις για την εκλογή, παραίτηση ή απόλυση των διευθυντών ή των στελεχών,

- Τροποποίηση του καταστατικού της,

- να υπερασπιστεί την κατάθεση οποιασδήποτε αγωγής από ή κατά της εταιρείας,

- Αναστολή οποιασδήποτε διαδικασίας που ήδη εκκρεμεί από ή κατά της εταιρείας,

- να τερματίσει την εξουσία του εγγεγραμμένου αντιπροσώπου της εταιρείας.

Ακολουθήστε τις θεσμοθετημένες διαδικασίες της πολιτείας σας για την επίλυση καταγγελιών κατά της εταιρείας. Η εταιρεία πρέπει να δώσει γραπτή ειδοποίηση της διάλυσης στους γνωστούς καταγγέλλοντες. Η γραπτή ειδοποίηση πρέπει να περιέχει τις ακόλουθες ελάχιστες πληροφορίες:

- Περιγράψτε τις πληροφορίες που πρέπει να περιλαμβάνονται σε μια αξίωση,

- Να παρέχει μια ταχυδρομική διεύθυνση στην οποία μπορεί να αποσταλεί η αξίωση,

- Αναφορά της ημερομηνίας μέχρι την οποία η διαλυθείσα εταιρεία πρέπει να παραλάβει την αξίωση,

- Να δηλώνεται ότι η απαίτηση θα παραγραφεί εάν ο ενάγων που έλαβε την απαιτούμενη γραπτή ειδοποίηση δεν παραδώσει εγκαίρως την απαίτηση στη διαλυθείσα εταιρεία ή εάν ο ενάγων του οποίου η απαίτηση απορρίφθηκε από τη διαλυθείσα εταιρεία δεν κινήσει διαδικασία για την εκτέλεση της απαίτησης εντός ενενήντα ημερών από την ημερομηνία έναρξης ισχύος της ειδοποίησης απόρριψης.

Τελικές πινελιές: Ειδοποιήστε εγγράφως την IRS ότι δεν χρειάζεστε πλέον την EIN για την εταιρεία και το σχέδιο. Ανατρέξτε στο άρθρο της IRS "Cancelling an EIN-Closing Your Account" (Ακύρωση EIN-Κλείσιμο του λογαριασμού σας) για το πώς να το κάνετε αυτό. Δείτε τον κατάλογο ελέγχου της IRS για το κλείσιμο της εταιρείας. Υποβάλετε οποιεσδήποτε άλλες απαραίτητες δηλώσεις για την εταιρεία. Εάν ετοιμάζετε μόνοι σας τη φορολογική δήλωση της εταιρείας με το έντυπο 1120, βεβαιωθείτε ότι έχετε τσεκάρει το τετραγωνίδιο "τελική δήλωση". Ελέγξτε τα βήματα διάλυσης της πολιτείας σας. Η IRS διατηρεί μια καλή σελίδα πόρων για κάθε πολιτεία στους ιστότοπους της πολιτειακής κυβέρνησης.

Αυτό ήταν, η εταιρεία και το σχέδιο έχουν κλείσει. Αυτή είναι πολλή δουλειά. Το να αφήσετε τις προσωπικές ενέργειες και τις ενέργειες του σχεδίου σε κάποιον άλλο είναι εύκολο. Το να ακολουθήσετε τις κατάλληλες διαδικασίες για να κλείσετε την εταιρεία και το σχέδιο είναι περίπλοκο. Ελπίζουμε ότι η δουλειά αξίζει την ανταμοιβή.

Ερώτηση τεστ: Οι χειρουργοί ασκούν γενικά τα χέρια τους. Κάποιοι παίζουν πιάνο, άλλοι παίζουν γκολφ και κάποιοι κάνουν βελονάκι. Ο Βίκτωρ καλλιεργούσε ορχιδέες. Παρόλο που ήταν προσεκτικός και σχολαστικός, έλεγε πάντα στους ανθρώπους ότι οι ορχιδέες του μεγάλωναν παρά την αμέλεια του προγράμματος ενός χειρουργού. Ο Βίκτωρ έγινε μέλος της Αμερικανικής Εταιρείας Ορχιδέας (AOS). Συμμετείχε σε τοπικά εργαστήρια και εκδηλώσεις κρίσης. Μια χρονιά, πέρασε μια εβδομάδα από τις διακοπές του στο Παγκόσμιο Συνέδριο Ορχιδέας. Όταν συνταξιοδοτήθηκε, ο Victor χρησιμοποίησε τα χρήματα της σύνταξής του για να αγοράσει ένα αγρόκτημα ορχιδέας στη Χαβάη. Το αγρόκτημα περιλάμβανε ένα όμορφο μπανγκαλόου του ιδιοκτήτη με υπέροχη θέα στη θάλασσα. Ο Victor ήθελε να δημιουργήσει ένα νέο υβρίδιο ορχιδέας. Ήλπιζε επίσης να κερδίσει το βραβείο AOS Frank Mr and Elizabeth Jasen Award.

Γιατί το συγκεκριμένο βραβείο; Όπως το περιέγραφε πάντα ο Victor: "Είναι για τη γυναίκα μου- της αξίζει". Το βραβείο τιμά τους ερασιτέχνες καλλιεργητές και τους συζύγους που τους ανέχονται. Η Inga όχι μόνο ανέχθηκε τον Victor, αλλά και τον ενθάρρυνε. Υποστήριξε τόσο τη χειρουργική του καριέρα όσο και το χόμπι του με τις ορχιδέες με την αγάπη, την ενθάρρυνση και το φωτογραφικό της έργο. Οι φωτογραφίες της με τις ορχιδέες ήταν συχνά πιο δημοφιλείς από τα ίδια τα φυτά. Αντί να βλέπουν τους στόχους τους ως ανταγωνιστικούς, ο Victor και η Inga βοηθούσαν ο ένας τον άλλον να είναι πιο επιτυχημένοι από ό,τι θα μπορούσε να είναι ο καθένας τους μόνος του. Η αναπτυσσόμενη επιχείρηση ορχιδέας αναπτύχθηκε υπό την ηγεσία του Victor. Το μικρό του αγρόκτημα ορχιδέας πούλησε ό,τι παρήγαγε. Όταν δεν συμμετείχε ενεργά στην επιχείρηση, ο Victor έμενε στο προσωπικό του θερμοκήπιο τελειοποιώντας τις υβριδικές του ιδέες.

Δυστυχώς, ο Victor δεν έζησε αρκετά για να ωριμάσει ένα μοναδικό υβρίδιο ή να λάβει το πολυπόθητο βραβείο του. Ένα βράδυ, η Inga τον βρήκε στο θερμοκήπιό του, θύμα εγκεφαλικού επεισοδίου ώρες νωρίτερα, πεσμένο σε αυτό που αποκαλούσε χειρουργικό τραπέζι ορχιδέας. Η Ίνγκα ήταν πολύ ταραγμένη για να φροντίσει τη φυτεία ορχιδέας. Επικοινώνησε με τον μεσίτη που τους είχε πουλήσει την επιχείρηση, ελπίζοντας ότι κάποιος που είχε επικοινωνήσει μαζί του την τελευταία φορά θα ενδιαφερόταν ακόμα. Τηλεφώνησε επίσης στον διαχειριστή του προγράμματος για να συζητήσει τις επιλογές της. Το βιβλίο μετοχών της εταιρείας έδειχνε ότι το πρόγραμμα 401(k) κατείχε το 95% των μετοχών, όλες με τα κατάλληλα κεφάλαια του Victor. Ο Victor και η Inga κατείχαν από 2,5 τοις εκατό. Η διαθήκη του Victor άφησε την περιουσία του σε αυτήν. Το σχέδιο BDF του ονόμασε την Inga ως κύριο δικαιούχο.

Ο μεσίτης επικοινώνησε με έναν προηγούμενο μέτοχο, έναν ντόπιο ονόματι Kaimana, ο οποίος ήθελε ακόμη να αγοράσει την εταιρεία. Η Kaimana συμφώνησε να αγοράσει τα περιουσιακά στοιχεία. Ο μεσίτης συμφώνησε να μειώσει σημαντικά την αμοιβή του λόγω των ασυνήθιστων περιστάσεων. Η Inga αποφάσισε να τερματίσει το σχέδιο και την εταιρεία. Ήθελε τελικά να μεταφέρει τα αναγνωρισμένα κεφάλαια σε έναν IRA. Ποιο από τα παρακάτω αποτελεί κατάλληλη ταμειακή ροή για αυτό το σενάριο;

1. Η Kaimana εκδίδει τρεις επιταγές: προς το σχέδιο, προς την περιουσία του Victor και προς την Inga. Η εταιρεία μεταβιβάζει τις μετοχές στην Καϊμάνα. Ο διαχειριστής του προγράμματος μεταφέρει τα αναγνωρισμένα κεφάλαια σε έναν κληρονομημένο IRA για την Inga και καταγράφει ένα τελικό 5500.

2. Η Kaimana εκδίδει επιταγή προς την εταιρεία. Η εταιρεία μεταβιβάζει τα περιουσιακά της στοιχεία στην Kaimana. Η Inga χρησιμοποιεί τα κεφάλαια για να εξοφλήσει τις υπόλοιπες υποχρεώσεις της εταιρείας. Στη συνέχεια, γράφει μια τελική εταιρική επιταγή στον εαυτό της για να κλείσει τον τραπεζικό λογαριασμό της εταιρείας. Εντός εξήντα ημερολογιακών ημερών, γράφει επιταγή σε έναν κληρονομημένο λογαριασμό IRA στο ποσό του μεριδίου του προγράμματος στο υπόλοιπο κλεισίματος. Ο διαχειριστής του προγράμματος καταγράφει κλείσιμο 5500.

3. Η Kaimana εκδίδει επιταγή προς την εταιρεία. Η εταιρεία μεταβιβάζει τα περιουσιακά της στοιχεία στην Kaimana. Η Inga χρησιμοποιεί τα κεφάλαια για να εξοφλήσει τις υπόλοιπες υποχρεώσεις της εταιρείας. Στη συνέχεια εκδίδει τρεις τραπεζικές επιταγές για να κλείσει τον τραπεζικό λογαριασμό της εταιρείας: μία στο πρόγραμμα, μία στην περιουσία του Victor και μία στον εαυτό της, με τα σωστά ποσά που οφείλονται σε κάθε μέτοχο. Ο διαχειριστής του προγράμματος μεταφέρει τα κεφάλαια του προγράμματος σε έναν κληρονομημένο IRA και υποβάλλει το τελικό 5500.

4. Η Kaimana εκδίδει τρεις επιταγές: προς το πρόγραμμα, προς την περιουσία του Victor και προς την Inga. Η εταιρεία μεταβιβάζει τα περιουσιακά της στοιχεία στην Kaimana. Η Inga πληρώνει τις υπόλοιπες υποχρεώσεις της εταιρείας από την περιουσία του Victor. Ο διαχειριστής του προγράμματος μεταφέρει τα κεφάλαια του προγράμματος σε έναν κληροδοτούμενο IRA και υποβάλλει τελικό 5500.

Απάντηση: Τα υβρίδια λειτουργούν για τις ορχιδέες, αλλά όχι για τις πωλήσεις επιχειρήσεων. Έτσι, το #4 είναι εν μέρει πώληση περιουσιακών στοιχείων, εν μέρει πώληση μετοχών και δεν ακολουθεί τις κατάλληλες λογιστικές διαδικασίες ούτε για την επιχείρηση ούτε για την κληρονομιά. Θα μπορούσε αυτό να λειτουργήσει; Πιθανώς ναι, αν η εργασία ορίζεται ως η απλή επίτευξη των κύριων στόχων της Inga. Το ποσό των χρημάτων στο σχέδιο και που μεταφέρθηκε στον IRA σας είναι μεγαλύτερο από το απαραίτητο, επειδή η εταιρεία θα έπρεπε να έχει πληρώσει τις υπόλοιπες υποχρεώσεις της, όχι η κληρονομιά.

- Η επιλογή #1 είναι μια πραγματική πώληση μετοχών, όχι μια πώληση περιουσιακών στοιχείων. Η Inga θα μπορούσε να ακολουθήσει αυτή την προσέγγιση, αλλά αυτό θα είχε ως αποτέλεσμα η Kaimana να γίνει ιδιοκτήτης της εταιρείας αντί να την κλείσει όπως προβλεπόταν.

- Η επιλογή #2 δεν θα λειτουργήσει επειδή τα προγράμματα 401(k) δεν επιτρέπουν μεταβιβάσεις εξήντα ημερών. Η μεταφορά εξήντα ημερών επιτρέπεται μόνο μεταξύ IRAs. Αυτή η προσέγγιση θα οδηγήσει σε φορολογητέα διανομή στην Inga.

- Η επιλογή #3 περιγράφει μια σωστή πώληση περιουσιακών στοιχείων.

# Γλωσσάριο

ΑΟ - Ιδιοκτήτης λογαριασμού. Δεν είστε ιδιοκτήτης ενός συνταξιοδοτικού λογαριασμού, τουλάχιστον όχι με τον ίδιο τρόπο που είστε ιδιοκτήτης ενός σπιτιού, ενός αυτοκινήτου ή ενός σχολικού σακακιού που θα έπρεπε να έχει χαριστεί εδώ και χρόνια. Αντίθετα, το άτομο έχει το δικαίωμα, σύμφωνα με τους κανόνες, να επιλέγει επενδύσεις, να λαμβάνει διανομές ή να ορίζει δικαιούχους. Ορισμένα έγγραφα αναφέρονται σε αυτόν τον ρόλο ως πραγματικός δικαιούχος του λογαριασμού, αυτός που δικαιούται τα οφέλη του λογαριασμού. Χρησιμοποιώ τον όρο ιδιοκτήτης λογαριασμού σύμφωνα με τον όρο που χρησιμοποιεί η IRS.

Επαρκής αντιπαροχή. 29 U.S. Code § 1108(b)(17)(B)(i)(II) ορίζει την επαρκή αντιπαροχή για τίτλους που δεν διαπραγματεύονται σε εθνικό χρηματιστήριο αξιών ως "μια τιμή όχι λιγότερο ευνοϊκή για το πρόγραμμα από την τιμή προσφοράς του τίτλου, όπως καθορίζεται από τις τρέχουσες τιμές προσφοράς και ζήτησης που αναφέρονται από πρόσωπα ανεξάρτητα από τον εκδότη και τον ενδιαφερόμενο, λαμβάνοντας υπόψη παράγοντες όπως το μέγεθος της συναλλαγής και η εμπορευσιμότητα του τίτλου".

BPD - Βασικό έγγραφο προγράμματος. Το βασικό έγγραφο προγράμματος περιέχει όλες τις μη επιλεκτικές διατάξεις ενός προγράμματος. Ο εργοδότης πρέπει να θέτει αντίγραφο του BPD στη διάθεση των εργαζομένων, αλλά δεν υποχρεούται να παρέχει αντίγραφο σε όλους τους εργαζομένους.

Εισφορά. Μια κατάθεση που πραγματοποιείται σύμφωνα με τους κανόνες για τον τύπο του λογαριασμού σας, μετατρέποντας το εισόδημα που αποκτάται σε αναγνωρισμένα κεφάλαια και επομένως είναι επιλέξιμη για την αναβολή της φορολόγησης αυτού του εισοδήματος.

Επιχείρηση. Η πρώτη μη τραπεζική εταιρεία στις ΗΠΑ πιστεύεται ότι δημιουργήθηκε στη Βοστώνη το 1813. Μια εταιρεία είναι μια νομική οντότητα που δημιουργείται από το κράτος με μετόχους (τους ιδιοκτήτες), διοικητικό συμβούλιο και αξιωματούχους. Όταν είναι σωστά δομημένη, οι ιδιοκτήτες προστατεύονται από την εταιρική ευθύνη. Σε επίπεδο πολιτείας, μια εταιρεία είναι μια εταιρεία. Οι όροι "C" corporation και "S" corporation είναι προσδιορισμοί από τον ομοσπονδιακό φορολογικό κώδικα: μια "C" corporation είναι μια εταιρεία στην οποία η ίδια η εταιρεία (το "C") είναι ο υπόχρεος φορολογούμενος, και μια "S" corporation είναι μια εταιρεία στην οποία οι μέτοχοι (το "S" μέρος μιας εταιρείας) είναι οι υπόχρεοι φορολογούμενοι.

Επιστολή προσδιορισμού. Μια "επιστολή προσδιορισμού" είναι μια γραπτή απόφαση που εκδίδεται από έναν διευθυντή της IRS και εφαρμόζει τις αρχές και τα προηγούμενα που έχουν ανακοινωθεί προηγουμένως από την υπηρεσία σε ένα συγκεκριμένο σύνολο γεγονότων. Εκδίδεται μόνο όταν μπορεί να γίνει προσδιορισμός με βάση σαφώς καθορισμένους κανόνες σε νόμο, φορολογική πραγματεία, κανονισμούς, συμπέρασμα σε απόφαση εσόδων ή δικαστική γνώμη ή απόφαση που αντιπροσωπεύει τη θέση της υπηρεσίας. Βλ. την απόφαση Revenue Ruling 2016-01_IRB.

Διανομή. Με ορισμένες εξαιρέσεις, όπως οι ROTH IRAs, η διανομή μετατρέπει τα αναγνωρισμένα κεφάλαια πίσω σε εισόδημα από μισθωτές υπηρεσίες, δημιουργώντας ένα φορολογητέο γεγονός.

EGTRRA - Economic Growth and Tax Relief Reconciliation Act of 2001 (Νόμος του 2001 για την οικονομική ανάπτυξη και τη φορολογική ανακούφιση). Σε γενικές γραμμές, η πράξη μείωσε τους φορολογικούς συντελεστές και απλοποίησε τους κανόνες για τα σχέδια συνταξιοδότησης και τα εξειδικευμένα σχέδια, όπως οι ατομικοί λογαριασμοί συνταξιοδότησης, τα σχέδια 401(k), τα σχέδια 403(b) και τα συνταξιοδοτικά σχέδια.

EIN - Αριθμός αναγνώρισης εργοδότη. Είναι ένας μοναδικός εννεαψήφιος αριθμός που αποδίδεται από την IRS σε μη προσωπικές οντότητες.

ERISA - Νόμος του 1974 για την ασφάλεια του εισοδήματος των συνταξιούχων. Ο ERISA είναι ένας ομοσπονδιακός νόμος που ορίζει ελάχιστα πρότυπα για τα περισσότερα προγράμματα συνταξιοδότησης και υγείας που δημιουργούνται εθελοντικά στον ιδιωτικό τομέα, ώστε να παρέχει προστασία στα άτομα που συμμετέχουν στα εν λόγω προγράμματα.

FBO - For the benefit of. Κεφάλαια που κατέχονται από ένα αναγνωρισμένο σχέδιο για λογαριασμό ενός συγκεκριμένου ατόμου.

FDIC - Federal Deposit Insurance Corporation. Ανεξάρτητος οργανισμός που δημιουργήθηκε από το Κογκρέσο το 1933 για τη διατήρηση της σταθερότητας και της εμπιστοσύνης του κοινού στο τραπεζικό σύστημα της χώρας.

FMV - Δίκαιη αγοραία αξία. Η τιμή που θα συμφωνούνταν μεταξύ ενός πρόθυμου αγοραστή και ενός πρόθυμου πωλητή, κανένας από τους οποίους δεν είναι υποχρεωμένος να ενεργήσει και αμφότεροι έχουν εύλογη γνώση των σχετικών γεγονότων.

IRA - Ατομικός λογαριασμός συνταξιοδότησης. Δημιουργήθηκε αρχικά το 1974. Υπάρχουν διάφορες παραλλαγές.

IRC - Κώδικας Εσωτερικών Εσόδων. Επίσημα ο Κώδικας Εσωτερικών Εσόδων του 1986, ο IRC είναι το εσωτερικό μέρος του ομοσπονδιακού φορολογικού νόμου των Ηνωμένων Πολιτειών, που δημοσιεύεται ως τίτλος 26 του Κώδικα των Ηνωμένων Πολιτειών (USC). Ο IRC συντάσσεται από το Κογκρέσο και εφαρμόζεται από την Υπηρεσία Εσωτερικών Εσόδων (IRS).

IRM - Εγχειρίδιο Εσωτερικών Εσόδων. Η IRS δημοσιεύει εκατοντάδες εγχειρίδια λειτουργικών διαδικασιών για τους πράκτορές της. Οργανωμένα ανά κατηγορία και διαθέσιμα ηλεκτρονικά στο κοινό, τα εγχειρίδια αυτά παρέχουν καθοδήγηση στους πράκτορες για όλες τις πτυχές της εργασίας τους.

IRS - Υπηρεσία Εσωτερικών Εσόδων. Η IRS είναι τμήμα του Υπουργείου Οικονομικών. Δουλειά της IRS είναι να βοηθά τους φορολογούμενους που συμμορφώνονται με τη φορολογική νομοθεσία και, ταυτόχρονα, να διασφαλίζει ότι όσοι δεν είναι πρόθυμοι να συμμορφωθούν με το νόμο θα πληρώσουν το μερίδιο που τους αναλογεί.

LLC - Εταιρεία περιορισμένης ευθύνης. Μια οντότητα που δημιουργήθηκε από την πολιτεία και εγκρίθηκε για πρώτη φορά στο Wyoming το 1977. Πρόκειται για μια επιχειρηματική δομή που απλοποιεί την ιδιοκτησία και τη διαχείριση σε ένα μόνο επίπεδο, χωρίς να διακυβεύεται η περιορισμένη ευθύνη μιας εταιρείας.

PR - Προσωπικός αντιπρόσωπος. Ο PR είναι η νομική αρχή για την περιουσία ενός αποθανόντος. Η θέση αυτή είναι γνωστή σε ορισμένες πολιτείες ως εκτελεστής. Εάν κάποιος αποβιώσει χωρίς διαθήκη, η θέση αυτή μπορεί να ονομάζεται διαχειριστής.

Ειδικός λογαριασμός. Οποιοσδήποτε λογαριασμός που ανήκει σε αναγνωρισμένο πρόγραμμα. Οι λογαριασμοί αυτοί παρέχουν πρόσβαση σε επενδυτικές επιλογές που επιτρέπονται από το ίδρυμα που προσφέρει τον λογαριασμό.

QDRO- Qualified Domestic Relations Order. Δικαστική απόφαση που εκδίδεται στο πλαίσιο διαχωρισμού περιουσίας σε διαζύγιο ή δικαστικό χωρισμό και η οποία διαχωρίζει ένα συνταξιοδοτικό πρόγραμμα ή συνταξιοδοτικό πρόγραμμα, αναγνωρίζοντας κοινά συζυγικά περιουσιακά συμφέροντα στο πρόγραμμα ή δημιουργώντας μεταφορά συγκεκριμένου ποσού σε λογαριασμό στο όνομα του πρώην συζύγου.

Τίτλοι αναγνωρισμένου εργοδότη (QES). Μετοχές που εκδίδονται από τον εργοδότη, μεταβιβάζονται στο πρόγραμμα και πληρούν τις απαιτήσεις του τμήματος 407(δ)(5) του ERISA.

Εγκεκριμένα κεφάλαια. Κεφάλαια που ανήκουν σε αναγνωρισμένο πρόγραμμα σύμφωνα με τους κανόνες του προγράμματος.

Εξειδικευμένο σχέδιο. Προσφέρει φορολογικά αναβαλλόμενη ανάπτυξη και πληροί τις απαιτήσεις της IRS για το είδος του σχεδίου.

RLT - Revocable Living Trust. Ένας κοινός τύπος καταπιστεύματος που δημιουργείται ενώ ο δικαιοπάροχος είναι εν ζωή και στο οποίο ο δικαιοπάροχος διατηρεί το δικαίωμα να ανακαλέσει το καταπίστευμα, μεταβιβάζοντας τα περιουσιακά στοιχεία πίσω στον δικαιοπάροχο. Αυτά τα καταπιστεύματα καθίστανται γενικά αμετάκλητα μετά τον θάνατο του δικαιοπάροχου.

ROBS - Rollover Business Startup. Ένας τρόπος χρηματοδότησης μιας εταιρείας μέσω επένδυσης του προγράμματος 401(k) σε αναγνωρισμένους τίτλους του εργοδότη.

SDIRA - Self-Directed IRA - Αυτοκατευθυνόμενος IPA. Πιθανώς υπερβολικά χρησιμοποιούμενος όρος που οι περισσότεροι άνθρωποι κατανοούν ότι σημαίνει ότι ο πελάτης ελέγχει απευθείας τα κεφάλαια στον IRA, ή τουλάχιστον έχει πρόσβαση σε ένα ευρύτερο φάσμα επενδυτικών επιλογών από ό,τι είναι διαθέσιμο με τους IRA χρηματοπιστωτικών εταιρειών.

SDQA - Αυτοκατευθυνόμενος αναγνωρισμένος λογαριασμός. Ο όρος μου για ένα ευρύ φάσμα ειδικών λογαριασμών που προσφέρουν κάποιο επίπεδο ελέγχου του πελάτη επί της επενδυτικής διαδικασίας, όχι μόνο επί της επενδυτικής απόφασης.

Αυτοκατευθυνόμενος. Σημαίνει κυριολεκτικά ότι ο πελάτης κατευθύνει τις επενδύσεις, κάτι που ισχύει για όλους τους ειδικευμένους λογαριασμούς. Όπως χρησιμοποιείται στο μάρκετινγκ των ειδικευμένων λογαριασμών, μπορεί να σημαίνει ότι το σχέδιο δεν περιορίζει τις επενδυτικές επιλογές ή ότι το σχέδιο δεν περιορίζει τις επενδυτικές επιλογές ΚΑΙ ότι ο ΑΟ είναι η αρχή υπογραφής σε λογαριασμό που περιέχει τα ειδικευμένα κεφάλαια.

SoloK. Σχέδιο 401(k) για αυτοαπασχολούμενο άτομο (και σύζυγο) χωρίς καλυπτόμενους εργαζόμενους.

SSN - Αριθμός κοινωνικής ασφάλισης. Μοναδικός εννεαψήφιος αριθμός που χορηγείται στους πολίτες των ΗΠΑ, τους μόνιμους κατοίκους και τους προσωρινά διαμένοντες από τη Διοίκηση Κοινωνικής Ασφάλισης.

SIPC - Securities Investor Protection Corporation. Δημιουργήθηκε το 1970. Επιβλέπει την εκκαθάριση των χρηματιστηριακών εταιρειών μελών που κλείνουν όταν η χρηματιστηριακή εταιρεία πτωχεύσει ή αντιμετωπίζει οικονομικά προβλήματα και λείπουν περιουσιακά στοιχεία πελατών.

SPD - Συνοπτική περιγραφή προγράμματος. Οι εργοδότες είναι υποχρεωμένοι να παρέχουν αντίγραφο του SPD σε όλους τους εργαζόμενους. Το SPD ενημερώνει τους συμμετέχοντες για το τι προσφέρει το πρόγραμμα, πώς λειτουργεί, πότε ένας εργαζόμενος μπορεί να αρχίσει να συμμετέχει στο πρόγραμμα και πώς να υποβάλει αίτηση για παροχές.

Μεταφορά. Η μετακίνηση αναγνωρισμένων κεφαλαίων από έναν αναγνωρισμένο λογαριασμό σε έναν άλλο.

UBTI / UBIT - Unrelated Business Taxable Income / Φόρος εισοδήματος μη συνδεδεμένων επιχειρήσεων. Το μη συνδεδεμένο επιχειρηματικό εισόδημα είναι εισόδημα από τακτικά ασκούμενο εμπόριο ή επιχείρηση που δεν σχετίζεται ουσιαστικά με τον φιλανθρωπικό, εκπαιδευτικό ή άλλο σκοπό που αποτελεί τη βάση της απαλλαγής του οργανισμού.

UDFI - Μη σχετιζόμενο εισόδημα από τη χρηματοδότηση χρέους. Το εισόδημα αυτό προέρχεται από ακίνητο που αποκτήθηκε ή βελτιώθηκε με δανειακά κεφάλαια και η παραγωγή εισοδήματος δεν σχετίζεται με τον σκοπό που αποτελεί τη βάση της φορολογικής απαλλαγής του οργανισμού.

USC - Κώδικας των Ηνωμένων Πολιτειών. Η κωδικοποίηση κατά αντικείμενο των γενικών και μόνιμων νόμων των Ηνωμένων Πολιτειών. Συντάσσεται από το Γραφείο του Συμβούλου Αναθεώρησης Νόμου της Βουλής των Αντιπροσώπων των Ηνωμένων Πολιτειών. http://uscode.house.gov.

# Αναφορές

Carnegie, Dale. (n.d.). How to Stop Worrying and Start Living.

Cornell Law. (n.d.). US Code: § 29-1108. Retrieved from https://www.law.cornell.edu/uscode/text/29/1108

Doyle, Charles Clay, et al., eds. (2012). The Dictionary of Modern Proverbs. New Haven; London: Yale University Press.

"Fearless Girl" statue. (n.d.). AP News. Retrieved from https://apnews.com/article/01e65418a58748008ef2ad40f4427f52

Internal Revenue Service (IRS). (n.d.). Beneficiary. Retirement Topics: Beneficiary. Retrieved from https://www.irs.gov/retirement-plans/plan-participant-employee/retirement-topics-beneficiary

Internal Revenue Service (IRS). (n.d.). Calculating Required Minimum Distributions. Publication 590-B - Calculating Required Minimum Distributions. Retrieved from https://www.irs.gov/publications/p590b

Internal Revenue Service (IRS). (n.d.). Canceling an EIN - Closing Your Account. Retrieved from https://www.irs.gov/businesses/small-businesses-self-employed/canceling-an-ein-closing-your-account

Internal Revenue Service (IRS). (n.d.). Closing a Business

Checklist. Retrieved from https://www.irs.gov/businesses/small-businesses-self-employed/closing-a-business-checklist
Internal Revenue Service (IRS). (n.d.). Determination, Opinion, and Advisory Letter for Retirement Plans. Retrieved from https://www.irs.gov/retirement-plans/determination-opinion-and-advisory-letter-for-retirement-plans-scope-and-benefit-of-a-favorable-determination-opinion-or-advisory-letter
Internal Revenue Service (IRS). (n.d.). Form 5498. Retrieved from https://www.irs.gov/pub/irs-pdf/f5498.pdf
Internal Revenue Service (IRS). (n.d.). Form 990-T. Retrieved from https://www.irs.gov/pub/irs-pdf/f990t.pdf
Internal Revenue Service (IRS). (n.d.). Infrared Manual (IRM) Part 4 Section 72. Retrieved from https://www.irs.gov/irm/part4/irm_04-072-011
Internal Revenue Service (IRS). (n.d.). Infrared Manual (IRM) Part 4 Section 72. Retrieved from https://www.irs.gov/irm/part4/irm_04-072-011
Internal Revenue Service (IRS). (n.d.). Internal Revenue Service (IRS). (n.d.). Unrelated Debt Finance Income (UDFI). Retrieved from https://www.irs.gov/irm/part7/irm_07-027-008
Internal Revenue Service (IRS). (n.d.). Infrared Manual (IRM) Part 4 Section 72. Retrieved from https://www.irs.gov/irm/part4/irm_04-072-011
Internal Revenue Service (IRS). (n.d.). IRA FAQs - Investments. Retrieved from https://www.irs.gov/retirement-plans/retirement-plans-faqs-regarding-iras-investments
Internal Revenue Service (IRS). (n.d.).

Non-Bank Trustees List. Retrieved from https://www.irs.gov/pub/irs-tege/nonbank_trustees_list.pdf

Internal Revenue Service (IRS). (n.d.). Publication 598 - UDFI Section. Retrieved from https://www.irs.gov/pub/irs-pdf/p598.pdf

Internal Revenue Service (IRS). (n.d.). Publication 598. Retrieved from https://www.irs.gov/pub/irs-pdf/p598.pdf

Internal Revenue Service (IRS). (n.d.). Retirement Plan Participant Notices - Distributions. Retrieved from https://www.irs.gov/retirement-plans/retirement-plan-participant-notices-distributions

Internal Revenue Service (IRS). (n.d.). Retirement Plans: Types of Retirement Plans. Retrieved from https://www.irs.gov/retirement-plans/plan-sponsor/types-of-retirement-plans

Internal Revenue Service (IRS). (n.d.). Retirement Topics: Beneficiary. Retrieved from https://www.irs.gov/retirement-plans/plan-participant-employee/retirement-topics-beneficiary

Internal Revenue Service (IRS). (n.d.). State Government Websites. Retrieved from https://www.irs.gov/businesses/small-businesses-self-employed/state-government-websites

Internal Revenue Service (IRS). (n.d.). Terminating a Retirement Plan. Retrieved from https://www.irs.gov/retirement-plans/terminating-a-retirement-plan

Peek and Fleck v. Commissioner, 140 T.C. 216 (2013). Retrieved from https://www.leagle.com/decision/intco20130509e06

Public Law 93-406. (n.d.). Retrieved from https://www.govinfo.gov/content/pkg/COMPS-896/pdf/COMPS-896.pdf

Public Law 107-16. (n.d.). Retrieved from https://www.govinfo.gov/content/pkg/PLAW-107publ16/pdf/PLAW-107publ16.pdf

Retirement Industry Trust Association (RITA). (n.d.). Retrieved from https://rita.memberclicks.net/

Segal, Troy. (n.d.). How can I put my IRA in a trust? Investopedia. Retrieved from https://www.investopedia.com/ask/answers/081815/can-i-put-my-ira-trust.asp

Tucker, Gideon. (1870). Reports of cases argued and determined in the Surrogate's Court of the County of New York. New York, NY: Banks & Brothers, Law Publishers, vol. I.

U.S. Securities and Exchange Commission (SEC). (2018, August 8). Investor Alert. Retrieved from https://www.sec.gov/investor/alerts/sdira.html

# Αίτημα αναθεώρησης βιβλίου

Αγαπητέ αναγνώστη, σε ευχαριστώ που αγόρασες αυτό το βιβλίο! Θα ήθελα να μάθω τη γνώμη σου. Η συγγραφή μιας βιβλιοκριτικής με βοηθά να κατανοήσω τον αναγνώστη και επηρεάζει επίσης τις αποφάσεις αγοράς άλλων αναγνωστών. Η γνώμη σας είναι σημαντική. Παρακαλώ γράψτε μια κριτική! Η καλοσύνη σας θα εκτιμηθεί πολύ!

# Λίστα βιβλίων

Ελπίδα: Κατανόηση της αυτοκτονίας και των επιπτώσεών της

Πίστη στη ζώνη μάχης: Ένα ταξίδι αγώνων, επιμονής και θριάμβου

Σχεδιασμός περιουσίας για αυτοκατευθυνόμενους λογαριασμούς συνταξιοδότησης

# Σχετικά με τον Εκδότη

Αυτό το βιβλίο εκδόθηκε από τον εκδοτικό οίκο 22 Lions Publishing.

www.22Lions.com

www.ingramcontent.com/pod-product-compliance
Lightning Source LLC
LaVergne TN
LVHW042050051026
849517LV00012B/523